MÉNOPOWER

Drsse Faïza Bossy

MÉNOPOWER

Ménopause, Liberté, Féminité

Éditions Favre SA

Siège social et bureaux
29, rue de Bourg
CH-1003 Lausanne
Tél. : (+41) 021 312 17 17
lausanne@editionsfavre.com

www.editionsfavre.com

Groupe Libella, Paris

Distribution France, Belgique, Canada :
Interforum
92 Avenue de France
F-75013 Paris
Contact.clientele@interforum.fr

Distribution Suisse :
Office du livre de Fribourg
Route André Piller
CH-1720 Corminboeuf

Dépôt légal : juin 2025

Rang : 01
Imprimé en France par Normandie Roto Impression s.a.s. (2502509)

Mise en page : SIR
Couverture : Catherine Duval

ISBN : 978-2-8289- 2269-6

Les Éditions Favre bénéficient d'un soutien structurel
de l'Office fédéral de la culture pour les années 2020-2025.

SOMMAIRE

PRÉFACE

Demander à des spécialistes de la dysfonction érectile de préfacer un livre sur la ménopause pourrait paraître facétieux voire même provocateur si le sujet ne portait pas en lui tous les tourments intimes de la vie de couple. Faïza montre bien tous les aspects physiologiques de cette étape cruciale de la vie de toutes les femmes. Tellement bien établis que, pour une fois jaloux, les hommes ont voulu décalquer leurs propres déficits survenant aux alentours de la cinquantaine en les nommant *andropause*. Merveilleux « pitch » de marketing saisi par les spécialistes autoproclamés de l'anti-âge et les médias pour établir un équilibre bienvenu entre les deux sexes. Or le parallèle est d'autant plus faux que, comme le montre très savamment ce livre, la ménopause n'est pas une maladie, mais une étape inéluctable, brutale, agissant tel un couperet – la fin du processus reproductif –, alors que ce qu'on nomme improprement andropause est un lent processus, survenant plus tard dans l'existence, qui affecte très peu, voire pas du tout, la possibilité d'enfanter. Ici, souvent, comme dans d'autres domaines, hommes et femmes ne jouent pas dans la même catégorie, même si les équilibres hormonaux sont impliqués chez les uns comme chez les autres. Ils partagent le même débat avec une question clé : faut-il compenser les déficits hormonaux, brutaux chez la femme, beaucoup plus progressifs et variables chez l'homme ? Faïza détaille abondamment les arguments développés par ceux qui combattent, par la peur du cancer ou le risque cardio-vasculaire, les partisans de la compensation hormonale des manques induits par la ménopause, et les raisons de ne pas les écouter. Même refrain pour les hommes et leurs médecins à qui on a inculqué, depuis des lustres, la peur du cancer de la prostate et de la survenue de l'infarctus à cause de la compensation en testostérone. Même si certaines sociétés savantes reviennent de nos jours sur ces paradigmes surannés, la doxa ancienne prévaut toujours surtout du côté féminin. Ce que nous développerons à présent provient de notre expérience clinique fondée sur le vécu des consultations de près de trente mille patients consultant pour des troubles érectiles, vus en une quarantaine d'années. Les hommes y parlent souvent de la ménopause de leurs compagnes, et celles qui accompagnent leur mari sont des « supportrices » attentives des tentatives de remise à niveau de leur compagnon de jeux sexuels. Mais ce n'est pas toujours *ensemble* qu'ils vivent la ménopause de Madame. Et toutes les femmes n'ont pas la même approche de cette étape obligée de leur vie, notamment sur le plan psycho-affectif et sexuel. On peut définir trois stéréotypes : 1 – Rien de changé ; après quelques orages physiques contrôlés, la vie antérieure reprend son cours. 2 – La ménopause, c'est stop ; et l'on entend alors nos consultants, interrogés sur la fréquence de leurs rapports, répondre en soupirant : « Oh, vous savez ma femme, depuis sa ménopause, est beaucoup moins demandeuse »... 3 – Situation diamétralement opposée dans laquelle l'époux moins performant est en difficulté devant une épouse libérée par la survenue de la ménopause. Bien évidemment que la sexualité interroge plus largement la féminité dans son ensemble, et la conception qu'en a celle qui y est confrontée. De plus, Faïza, en médecin de travail, souligne que l'étape critique et brutale de la ménopause frappe les femmes qui travaillent et rien n'est fait pour elles pour en atténuer les conséquences dans les entreprises. Ainsi, aujourd'hui, avec une durée de vie moyenne de quatre-vingt-cinq ans, la ménopause n'est plus vraiment le début de la vieillesse, ce d'autant que les progrès médicaux permettent d'en diminuer les conséquences comme le montre, avec beaucoup de détails, cet ouvrage. Comme le dit très joliment Étienne Émile Beaulieu, pionnier de l'endocrinologie et père de la DHEA : « Le but n'est pas de donner des années à la vie mais de donner de la vie aux années. » Débarrassée définitivement de sa charge reproductrice, elle peut désormais donner de la vie aux années, sans aucune contrainte, et sans regretter le temps des règles mensuelles, synonymes de jeunesse. Pour ce faire, il convient de «traiter» sa ménopause pour en éviter toutes les conséquences fâcheuses. Et pourquoi ne pas commencer par la lecture de cet ouvrage qui vulgarise tout en respectant les données scientifiques indispensables à sa crédibilité. Notre dernier opus, *Le sexe des hommes* (Pocket 2025) a été écrit en partie pour sensibiliser un lectorat féminin aux difficultés sexuelles de leurs partenaires. Si elle nous a confié la tâche de rédiger cette préface, l'auteure de *Ménopower* pensait bien qu'on lui rendrait la pareille, en incitant «ces messieurs» à la lire. Comme nous évoquions ce projet, à un dîner, au cours d'une réunion professionnelle, une de nos consœurs de s'esclaffer: «Vous rêvez, y a pas un mec qui lira votre livre...» Comme je lui faisais observer que notre livre traitant des problèmes des hommes trouvait facilement le lectorat féminin. Elle répliqua avec justesse que celles-ci sont beaucoup plus attentives aux problèmes de leur santé, même si elle est bonne. Les hommes, eux, lèvent le capot de leur moteur personnel uniquement s'il y a des ratés sérieux! «Alors déjà qu'ils ne font pas attention à eux ou si peu, tu penses bien qu'ils ne vont pas s'intéresser aux problèmes de santé des femmes, même de la leur!» Certes, mais à une époque où tous les codes changent, n'est-il pas temps de mettre les formidables progrès médicaux à la portée d'une vie meilleure, à la fois individuelle et pour le couple? Avec ce livre, ils apprendront que la ménopause n'est pas une maladie, qu'elle n'entraîne pas l'arrêt de la vie sexuelle; et que ses effets néfastes peuvent être combattus tant dans l'immédiat que pour l'avenir. Que le traitement hormonal substitutif (le fameux TSH) est sans danger et permet aux femmes qui le pratiquent de garder un aspect physique identique à celui qu'il était dans la première partie de leur vie. Séduction et désir inclus. Qu'est-il d'autre, ce traitement, qu'une remise à niveau du taux des hormones sexuelles brutalement bouleversées par l'arrêt brusque de l'appareil reproductif? Observons quelques instants un groupe de femmes ayant dépassé la cinquantaine; un spécialiste exercé pourra vous désigner, sur leur seule apparence, celles qui observent le TSH. Toutes les clés figurent dans le livre que vous allez lire.

N'oublions pas que ce qui fait la solidité d'un couple c'est l'osmose. Si l'on souhaite l'obtenir, il convient de connaître et aider l'autre, même – j'ai envie de dire surtout – dans son intimité. On ne veut plus entendre dire de l'autre à ce propos : « Je ne m'en occupe pas ». Ou pire « C'est son problème, pas le mien ». Et pourquoi pas, Messieurs, ne prépareriez-vous pas le soir le comprimé de progestérone de votre partenaire tout en vérifiant que l'oestrodose n'est pas en rupture de stock chez votre pharmacien ? C'est aussi important que son parfum préféré. Si cela se produisait à grande échelle, cela prouverait que là aussi les codes ont changé. Nul doute que ce livre y aura contribué.

Ronald Virag et Hélène Sussman

AVANT-PROPOS

« *Docteur, dites-moi toute la vérité* »

Parmi toutes les femmes qui ont marqué ma vie, mon arrière-grand-mère Chacha occupe une place unique. Fine, vive et espiègle, elle portait ses cent ans avec grâce et élégance. C'était surtout une conteuse hors pair. Lors des réunions de famille, sa voix douce transformait chaque récit en une aventure captivante, tandis que nous, les enfants, buvions ses paroles. Autour d'elle gravitait un cercle féminin : ma mère, mes grands-mères, mes tantes, mes cousines. Elles échangeaient des confidences, partageaient des regards complices et parlaient des hommes, toujours des hommes, et de l'amour, sujet qui les tenait en haleine pendant des heures. Elles partageaient des rituels de beauté, elles évoquaient avec les plus jeunes les premières règles, les émois amoureux et les grossesses futures avec beaucoup d'humour. Elles riaient du temps qui passe, plaisantaient sur les « premiers dégâts de la vie » en évoquant leur arthrose ou « Art-rose » comme prononçait Chacha, leurs sillons sur le visage, et ces seins, autrefois fermes et toniques, qui semblaient répondre inexorablement à l'appel de la gravité. Et ce corps en feu ! Combien de fois les ai-je vues secouer leurs robes avec frénésie avant de se précipiter vers le frigo familial comme si c'était une porte ouverte vers un monde meilleur ? Pour moi, ces gestes n'avaient aucun sens. Chaque fois que ma curiosité débordante s'exprimait, je récoltais soit des remontrances bien senties de mes vieilles tantes, soit – et surtout – les fous rires de Chacha qui résonnent encore dans ma tête.

Une femme âgée, dans mon esprit d'enfant, se résumait à une conteuse, une conseillère protectrice pour sa famille, exempte des routines, de beauté ou de relations amoureuses qui font le sel de la vie des plus jeunes. Le mot « ménopause » m'était littéralement inconnu et c'était, je crois, un non-sujet, une parenthèse invisible qu'elles contournaient avec soin.

En y repensant, Chacha avait bien des secrets qu'elle taisait. Je me demande ce qu'elle aurait pu me dire de cette période de sa vie. Ses silences, ses yeux rieurs… semblaient porter en eux une autre vérité, celle que je découvrirais plus tard et qui m'inspire ce livre aujourd'hui.

Les échanges sincères et précieux que j'ai eus avec les patientes en tant que médecin, mais aussi avec les femmes de mon entourage, m'ont ouvert les portes d'un univers intime : celui de la ménopause. Dans ces instants confidentiels, qu'ils se déroulent en consultation ou au détour d'un repas en tête à tête, les femmes se livrent avec sincérité. Elles rient parfois, pour masquer un brin de tristesse ou d'embarras, et partagent les hauts et les bas de cette période de transition. Leurs mots révèlent un panel d'émotions : l'exaspération face à des bouffées de chaleur impromptues et dérangeantes, le vertige des sautes d'humeur incontrôlables, mais aussi la fierté d'une reconnexion avec un soi libéré du poids des menstruations, de la fertilité et des impératifs familiaux.

Et puis, il y a les hommes. Eux aussi, lors de nos entretiens médicaux s'aventurent à parler de la ménopause de leurs partenaires. Longtemps distants, ils osent désormais poser des questions, partager leurs inquiétudes et chercher des moyens d'être présents et soutenants. Leur démarche, encore hésitante, témoigne d'une volonté touchante de mieux comprendre ce qui leur semble souvent insondable.

Aujourd'hui, la recherche scientifique sur la ménopause évolue, éclairant cette étape de la vie sous des angles nouveaux. Pourtant, au-delà des études et des avancées, une réalité demeure : les femmes tendent à minimiser leurs ressentis, reléguant leur vécu à l'arrière-plan. Face à des symptômes pourtant réels – insomnie, irritabilité, fatigue persistante – elles murmurent comme une litanie apaisante: «Ce n'est rien, ça va passer, on n'en parle plus.» Ainsi, chacune traverse cette période en silence, retranchée dans une expérience pourtant universelle, répétant à elle-même ce mantra d'effacement.

Cette mosaïque de récits, d'aveux et de non-dits m'a incitée à explorer la ménopause autrement: non pas comme un simple phénomène biologique, mais comme une étape profondément humaine, marquée par des luttes, des réinventions et, souvent, une émancipation insoupçonnée.

Les secrets sont comme les étoiles: ils brillent plus quand on les partage. Mais alors, pourquoi tant de femmes choisissent-elles de passer sous silence les bouleversements de la ménopause? Est-ce par ignorance, par pudeur, ou parce qu'un tabou collectif nous pousse à détourner les yeux de cette indubitable évidence? Serions-nous comme Luke Skywalker, face à une révélation qui nous sidère autant qu'elle nous échappe (et rassurez-vous, aucun spoiler ne viendra gâcher la surprise des rares âmes encore innocentes sur le sujet)? Mais là où il est question d'une galaxie lointaine, très lointaine, notre réalité est bien plus proche: toutes les femmes seront ménopausées. Le nier, c'est tourner le dos à la réalité, mais surtout, passer à côté d'une occasion inestimable: celle de s'approprier cette étape, d'en décrypter les subtilités, d'en accepter les leçons. Pourquoi se réfugier dans le silence, alors que chaque étoile – et chaque secret – mérite de briller, révélant sa lumière singulière.

La représentation des corps féminins, façonnée depuis des siècles par des normes sociétales souvent pesantes, n'a cessé de conditionner notre rapport à ces transformations. Je songe à la célèbre tirade de Tartuffe, où Molière fustige l'hypocrisie des regards masculins: «Couvrez ce sein, que je ne saurais voir. Par de pareils objets, les âmes sont blessées…» Cette injonction à cacher le corps féminin, à en faire un objet de honte ou de contrôle, a laissé des traces profondes.

Parler des transformations liées à la ménopause ne devrait pas être un sujet sensible. Au contraire, il est urgent d'ouvrir le dialogue, d'interroger notre entourage, nos professionnels de santé, et aussi la société dans son ensemble. Quelle est la place de la femme ménopausée, en tant que citoyenne, en tant qu'être au sens universel ? Pourquoi les non-dits, alors qu'il y a tant à dire ?

La ménopause n'est pas une maladie ; c'est une étape de vie qui mérite d'être accompagnée avec des conseils avisés et une compréhension éclairée. En chinois, on la surnomme « la seconde adolescence », et ce terme est porteur d'une véracité essentielle : la ménopause est une période de renouveau, de redécouverte.

Changeons de paradigme, mesdames ! Imaginons que la ménopause est une fête surprise orchestrée par notre propre corps. Au programme : des bouffées de chaleur dignes d'un sauna nordique, des sautes d'humeur comparables aux caprices de la nature, et ces fameuses nuits blanches où l'on rumine des questions philosophiques comme : « Le sommeil est-il un droit fondamental ou juste un lointain souvenir ? ». Certes, cette vision un brin dramatique ne s'applique pas à toutes. Beaucoup de femmes décrivent cette période comme un véritable feu d'artifice : une explosion de nouveautés et d'émancipation. Les protections hygiéniques sexy deviennent un souvenir lointain, les cycles ne rythment plus nos vies, et il devient possible d'aimer notre corps pour ce qu'il est vraiment, libéré du regard des autres.

Ce nouvel âge de la vie est aussi ponctué de moments burlesques. Qui n'a jamais ri en voyant une amie lutter contre une bouffée de chaleur avec un éventail gigantesque, ou ouvrir la fenêtre en plein hiver, défiant les lois du changement climatique ? Et que dire de ces mots suspendus au bord des lèvres, qui s'évaporent dans le vide pour mieux réapparaître quand on s'y attend le moins ? Ces petites anecdotes sont autant de clins d'œil à une humanité partagée.

Pour bien vivre la ménopause, il faut d'abord la comprendre. Ce manuscrit se veut une exploration, une invitation à découvrir des stratégies et des conseils pratiques pour apprivoiser cette étape. La ménopause est une période de transition, riche en possibilités et en imprévus. Bienvenue dans ce voyage fascinant, drôle et profondément humain.

La ménopause, après tout, c'est la vie !

INTRODUCTION

> *Dans la vie, il n'y a rien à craindre et tout à comprendre. Il est temps de comprendre davantage pour avoir moins peur.*
>
> Dr Marie Curie

Je vous rassure, nul besoin d'être ménopausée ou médecin pour s'emparer de cet ouvrage.

La ménopause est une étape comparable à une mue. On pourrait la définir comme un ensemble de processus physiques et psychologiques à l'origine de changements réels ou d'une transformation significative dans la vie d'une personne.

Toute transformation personnelle, même la plus discrète, joue comme un changement de stratégie en plein match : elle chamboule l'équilibre de l'équipe. Dans toutes les organisations humaines – qu'il s'agisse d'une famille, d'un cercle d'amis ou d'un collectif plus large – se construit une dynamique systémique digne d'un bon 4-4-2. Les interactions, les habitudes, et les attentes partagées sont les passes décisives qui assurent le jeu. Mais voilà, un jour, vous décidez de « changer de poste ». Une nouvelle valeur, un nouveau comportement : vous passez de défenseur tranquille à attaquant fougueux. Résultat, l'équipe vacille. Le collectif, pris au dépourvu, doit réorganiser sa tactique. Les autres membres ajustent leurs placements, jonglent avec de nouvelles passes, et tentent, parfois avec panache, parfois avec maladresse, de retrouver un équilibre collectif.

Dans une relation de couple, c'est carrément la Ligue des Champions des réajustements. Les liens, aussi serrés qu'un marquage de maillot, transforment chaque changement individuel en véritable contre-attaque. Une nouvelle passion pour le yoga ? Une aversion soudaine pour les dimanches pizza ? L'autre doit revoir son jeu : positionnement, stratégie. Mais c'est justement dans ces moments de remaniement tactique que la relation progresse. Car finalement, le couple évolue ensemble, souvent en prolongation, parfois en but en or, mais toujours avec l'objectif de marquer un équilibre à deux.

La ménopause, loin d'être une affaire privée ou marginale, touche directement toutes les femmes – presque la moitié de l'humanité – mais aussi, par ricochet, l'autre moitié : les hommes. Qu'ils soient compagnons, collègues, employeurs, pères ou fils, ils ne restent pas en marge de cette expérience. Pourtant, cette période de vie, si souvent voilée de malentendus ou de silence, appelle un regard plus lucide et une conversation plus sincère. Pour que ce dialogue prenne corps, encore faut-il que les hommes disposent d'outils de compréhension. Non pas seulement pour répondre aux préoccupations des femmes ou appréhender leurs variations d'humeur, mais pour saisir, dans toute sa complexité, l'impact physique, émotionnel et social de cette transformation. Ce livre s'adresse à eux, avec l'ambition d'éclairer cette traversée et de leur offrir des clés pour un soutien véritable. Car leur engagement ne se limite pas au rôle de spectateurs ou d'aides ponctuelles. Ils sont des acteurs essentiels dans la déconstruction des stéréotypes et des discriminations qui entourent encore la ménopause. En comprenant mieux, ils peuvent accompagner autrement. En accompagnant, ils peuvent contribuer au changement collectif.

Ensemble, il devient possible de défier les idées reçues et de tisser un dialogue qui dépasse les barrières du malentendu, pour construire une relation plus équilibrée et authentique.

D'ici à 2030, l'Organisation mondiale de la santé OMS[1] estime qu'1,2 milliard de femmes vivront cette transition. Vingt-cinq millions chaque année entameront ce voyage biologique. Pourtant,

1. https://www.who.int/fr/news-room/fact-sheets/detail/menopause

ce phénomène d'une ampleur mondiale reste étrangement absent des débats publics.

Avec une espérance de vie mondiale avoisinant les 73 ans – et même 87,5 ans en France[2] –, la postménopause représente plus d'un tiers de la vie féminine. L'âge moyen de la ménopause naturelle ? Environ 51 ans. Mais cette transition se dessine différemment selon les individus, influencée par des facteurs comme la génétique, le stress, le tabac ou les inégalités sociales.

Au-delà des variations individuelles, la ménopause s'impose comme un phénomène inscrit dans des contextes socioculturels et géographiques qui en modèlent profondément le vécu. En Afrique, par exemple, l'entrée dans cette étape de vie se fait généralement plus tôt, souvent autour de 48 ans. Les femmes asiatiques décrivent des manifestations plus discrètes : les bouffées de chaleur, qui tourmentent jusqu'à 80 % des femmes occidentales, sont moins décrites. En Occident, la ménopause reste souvent associée à une image de déclin : une vieille femme courbée, prisonnière de ses douleurs et de ses angoisses. En Asie, c'est l'effacement : la femme devient invisible, confinée à un rôle de grand-mère ou perçue comme dépendante, en Afrique ou en Inde, c'est parfois l'inverse : la ménopause peut être une libération, une renaissance sociale, où la femme gagne en respect en s'affranchissant des menstruations[3]. Ces différences physiologiques ne sont qu'une facette. Ce sont les cadres sociaux et culturels qui impriment leur marque sur cette expérience. Qu'ils l'entourent de silence, de stigmate ou au contraire de reconnaissance, ces regards collectifs façonnent une réalité où la ménopause devient non seulement un événement biologique, mais aussi un reflet des normes, des attentes et des tabous qui structurent chaque société.

Partout, la ménopause se murmure. En France, une femme sur deux n'évoque pas sa ménopause avec son partenaire[4]. Les

---

2. https://www.insee.fr/fr/statistiques/7750004
3. Delanoë, D. (2001). « La ménopause comme phénomène culturel ». *Champ psychosomatique*, n° 24, 57-67. https://doi.org/10.3917/cpsy.024.0057
4. « Les Français et la ménopause ». Résultats d'étude – décembre 2019, Kantar.

conversations entre femmes se cantonnent souvent aux simples symptômes visibles, oubliant les risques sanitaires majeurs comme l'ostéoporose ou les maladies cardiovasculaires. Moins de la moitié des femmes consultent un médecin, et seulement 6 % d'entre elles en France utilisent un traitement hormonal de la ménopause THM*[5], malgré des bénéfices scientifiquement validés. Dans les pays en voie de développement, ce pourcentage est encore plus bas.

Pourquoi « cette omerta » ? Est-ce un manque de formation chez les professionnels de santé, un manque de communication des pouvoirs en matière de santé publique ? ou un poids culturel qui pousse inconsciemment ou consciemment les femmes à taire cette étape de leur vie ? Peu importe où se trouve la responsabilité, ce qui importe, c'est de rompre avec les « causeries tacites du passé ». Car la ménopause n'est ni une fin ni une déchéance. C'est un passage obligé qui s'inscrit dans le continuum de la vie. Il est temps d'en parler sans ambages, de l'inscrire dans un discours clair, scientifique, et profondément humain. Ce livre ambitionne d'éclairer cette étape de vie sous un jour nouveau, en s'appuyant sur des données scientifiques rigoureuses et des réflexions culturelles approfondies. Il s'adresse à toutes celles et tous ceux concernés – femmes, hommes, praticiens, décideurs – et invite à changer de paradigme. Il ne s'agit pas simplement de mieux comprendre la ménopause, mais de transformer l'expérience en un moment d'autonomie, de santé et de renaissance. La ménopause n'est pas une faiblesse. C'est une force, et il est grand temps de la rendre visible.

La structure de cet ouvrage repose sur trois piliers fondamentaux : la compréhension, l'appropriation et l'émancipation. Ensemble, ils forment une approche intégrée pour aborder la ménopause avec lucidité, confiance et détermination.

---

5. https://www.inserm.fr/dossier/menopause/

La compréhension : une clé essentielle

Comment peut-on espérer affronter sereinement un changement sans s'y préparer ? C'est une évidence : il faut connaître pour anticiper. S'engager dans la ménopause sans informations, c'est un peu comme vouloir courir un marathon sans entraînement. L'intuition suffit rarement à mener une course réussie.

La compréhension passe par un accès facile à des données fiables, validées par des experts, et un dialogue ouvert. Qu'est-ce que la ménopause, exactement ? Quels sont les impacts sur la vie intime, personnelle, et professionnelle ? Quels outils, thérapies et approches reconnues sont disponibles pour accompagner cette transition ?

Les réponses à ces questions ne sont pas qu'un luxe, elles sont une nécessité pour appréhender cette étape avec sérénité et efficacité.

Un aspect souvent négligé, pourtant capital, est la relation entre ménopause et travail. La ménopause sur le lieu de travail reste un défi complexe : âgisme, remise en question de l'employabilité, critiques implicites ou explicites sur les performances. Pourtant, les femmes ménopausées apportent une richesse inestimable grâce à leur expérience et à leur savoir-faire. La formation continue, la valorisation des compétences, et des environnements de travail inclusifs, tenant compte des besoins spécifiques de cette période de vie, sont des enjeux essentiels. Ils ne sont pas seulement bénéfiques pour l'épanouissement individuel, mais aussi pour la productivité collective.

L'appropriation : reprendre les rênes

Comprendre, c'est une chose. Mais encore faut-il s'approprier les notions et en faire un outil de transformation personnelle. Avec les connaissances acquises, chaque femme peut définir une réponse adaptée à son propre parcours. Les réactions à la ménopause sont indubitablement individuelles, influencées par des émotions, des expériences et des contextes uniques. Pourtant, elles convergent vers un point commun : la transformation. Ce moment de vie redéfinit l'être, tant sur le plan physique que psychologique. Accepter la ménopause ne signifie pas la subir, au contraire. En apprenant à embrasser ces changements, chaque femme peut emprunter un chemin balisé par la confiance et une attitude résolument positive.

L'émancipation : une révélation de soi

Le chemin vers la doxa, qu'il soit long ou court, mène toujours à une révélation de soi, des autres et du monde.

Ce voyage d'émancipation change non seulement la perception de la ménopause, mais aussi celle de la féminité au sens large. En brisant les tabous et les schémas limitants, il devient possible de promouvoir une culture de la ménopause où cette étape est perçue non comme un épilogue, mais comme un ou des autres chapitres.

Nous discuterons dans ce livre des moyens de sensibiliser et de normaliser la ménopause dans la culture populaire, au sein des organisations, et dans les interactions quotidiennes. L'éducation, j'en suis convaincue, est l'outil le plus puissant pour changer les règles. Elle redonne aux femmes ménopausées la visibilité qu'elles méritent et leur donne l'opportunité de se réapproprier pleinement leur corps, leur esprit, et leur rôle dans la société.

Une invitation au voyage

Vous avez choisi de me lire, et je vous en suis profondément reconnaissante. Cet ouvrage se veut un guide pour naviguer dans le monde fascinant et complexe de la ménopause. À travers lui, je vous invite à vous informer, à vous interroger et, surtout, à vous révéler. Le savoir, c'est le pouvoir – celui de tracer sa propre voie et de renouer avec une féminité affranchie et lumineuse.

1.

LA MÉNOPAUSE UN CONCEPT MÉDICAL RÉCENT

> « *Quarante ans, c'est la vieillesse de la jeunesse,*
> *mais cinquante ans, c'est la jeunesse de la vieillesse.* »
>
> Victor Hugo

Récit historique de la ménopause

Depuis l'Antiquité, médecins et philosophes ont longuement débattu sur les mystères de la reproduction féminine, concentrant leurs travaux sur l'anatomie et la physiologie. Pourtant, l'un des grands tournants de la vie féminine – la fin des menstruations – est longtemps resté à la lisière des préoccupations médicales et philosophiques. On y voyait simplement l'entrée dans une phase dite critique, partagée par les hommes et les femmes, généralement autour de 49 ans, marquée par les premiers signes visibles du vieillissement.

De Pétrarque à Diderot : la théorie des âges critiques

Cette représentation de la « crise » plonge ses racines dans les théories de Pythagore[6], philosophe et mathématicien de l'Antiquité, qui considérait la vie humaine comme un enchaînement de cycles de sept ans. Selon cette vision, chaque septième année constituait une étape critique, propice aux bouleversements, aux maladies ou à la mort. En particulier, les âges de 49 ans (7 × 7) et de 63 ans (9 × 7) étaient perçus comme des jalons de vulnérabilité extrême, cristallisés autour d'un phénomène appelé le climatère, chargé d'une forte dimension symbolique et biologique. Le Huangdi Neijing (黄帝内经), un des plus anciens manuscrits médicaux chinois de la période des Royaumes combattants (475-221 av. J.-C.), connu sous le nom de Classique interne de l'Empereur jaune rédigé sous la forme d'un dialogue est attribué au mythique Empereur jaune (Huangdi) et à son médecin et ministre Qi Bai. Il est divisé en deux sections principales, le Su Wen et le Ling Shu. Il explore tous les aspects de la médecine de l'époque, en mettant notamment l'accent sur les traitements par acupuncture. Parmi les nombreuses observations consignées dans ce texte, la vie des femmes est décrite comme une succession de cycles de sept années. Le cinquième cycle, à l'âge de 35 ans, est associé à un affaiblissement progressif de l'éclat du teint et à une augmentation des risques de fausses couches. Le septième cycle, à 49 ans, est quant à lui marqué par l'arrêt des menstruations, signalant la fin de la capacité reproductive et marquant l'entrée dans la ménopause.

Pour les femmes, le grand climatère est souvent appréhendé comme l'incarnation même de l'« âge critique ». Il se traduit par trois ruptures majeures : la cessation de l'activité de l'utérus, marquant la fin de la fertilité ; l'arrêt définitif des menstruations, scellant une transformation profonde du corps ; et l'entrée dans la vieillesse, fréquemment associée, dans l'imaginaire collectif, à la décrépitude physique et à une perte de statut social. Chez les hommes, cette période de la vie est interprétée comme un moment

6. Delanoë, D. (2001). « La ménopause comme phénomène culturel ». *Champ psychosomatique* n° 24(4), 57-67. https://doi.org/10.3917/cpsy.024.0057.

de déclin progressif, marqué par une diminution notable de la force physique, un affaiblissement de la virilité et une mise à l'épreuve de leur identité traditionnelle.

Le climatère ne se limite pas à une simple transition biologique : il est investi d'une charge symbolique accablante, incarnant les peurs, les mythes et les préjugés liés au passage du temps et à l'inexorable déclin du corps. Pendant des siècles, cette conception a façonné les représentations sociales et médicales de l'âge, influençant durablement la manière dont les sociétés ont appréhendé les transformations corporelles liées à l'avancée en âge.

Cette vision héritée de l'Antiquité nous invite à réfléchir sur la manière dont les schémas culturels et symboliques continuent d'imprégner notre rapport à la biologie, projetant sur les corps les angoisses universelles du vieillissement et de la fragilité humaine.

Le tournant du XIXe siècle : la rationalisation de la ménopause

Le XIXe siècle, héritier des Lumières, a marqué une rupture profonde avec les interprétations traditionnelles et mystiques du corps, longtemps influencées par des conceptions holistiques ou ésotériques. À cette époque, les penseurs et scientifiques, guidés par les principes de la raison et de l'observation empirique, se sont efforcés de déconstruire les croyances héritées des siècles précédents.

Le corps humain, jusque-là souvent perçu à travers le prisme des symboles et des influences occultes, devint un objet d'étude soumis à des lois naturelles et accessible à l'analyse rationnelle. Les savants du XIXe siècle, portés par un esprit critique aigu, s'attaquèrent aux fondements des théories anciennes, les soumettant à une analyse rigoureuse. Ce travail de démystification visait non seulement à réviser les connaissances scientifiques, mais également à libérer les individus de l'emprise des mythes et superstitions. En substituant à la tradition ésotérique, une approche basée sur l'observation et la méthode expérimentale, cette époque a non seulement transformé la compréhension du corps, mais aussi jeté les bases d'une médecine moderne, rationnelle et universelle, où la science prenait définitivement le pas sur les symboles et les croyances.

En 1802, le médecin et philosophe Pierre Jean Georges Cabanis[7] a revisité la théorie du climatère. S'appuyant sur des données médicales, il a tenté de fixer rationnellement les seuils de l'entrée dans la vieillesse, qu'il situait autour de 49 ou 56 ans. Ce travail s'inscrivait dans un contexte où l'intérêt pour la biologie féminine ne cessait de croître. En Occident, la question des menstruations devenait un véritable objet d'étude, donnant lieu à plus de 200 thèses académiques au cours du siècle.

Les premières études consacrées à la ménopause

Le premier ouvrage français dédié entièrement à l'arrêt des règles a vu le jour en 1787 : *Conseils aux femmes de quarante ans*, de Jean-Baptiste Jeannet des Langrois[8]. Ce traité répondait à un article contemporain du médecin anglais John Fothergill[9], publié en 1776, qui exposait les « conduites appropriées à adopter à l'arrêt des règles ». Ces écrits ont ouvert la voie à une littérature médicale visant à accompagner les femmes dans cette transition, avec un accent particulier mis sur des mesures hygiénistes.

Ces publications novatrices ne se limitaient pas à l'observation et à la description des changements physiologiques liés à la ménopause. Elles allaient plus loin, en proposant des stratégies concrètes pour prévenir et atténuer les troubles associés à l'arrêt des menstruations. La surveillance médicale régulière, les conseils en matière d'hygiène de vie et les recommandations pour maintenir une bonne santé figuraient au cœur de ces discours.

7. https://francearchives.gouv.fr/pages_histoire/38895
8. Méquignon (Paris). (s. d.). *BnF, Catalogue général.* https://catalogue.bnf.fr/ark:/12148/cb306508955
9. John Fothergill, « De la gestion proprement dite à la cessation des règles », [1774] dans *The Works of John Fothergill*, éd. J. Coakely Lettsom (Londres : Charles Dilly, 1783), 201-222.

Grâce à ces approches, la ménopause, longtemps confinée à la sphère intime des femmes, gagnait en visibilité et en reconnaissance. Elle devenait un sujet pleinement intégré dans le champ médical, leur offrant la possibilité d'un accompagnement. Cette évolution marquait un tournant, plaçant la ménopause au centre des préoccupations de santé publique et transformant une expérience individuelle en une problématique collective et légitimée.

Cette démarche, bien qu'ancrée dans un contexte paternaliste, visait à encadrer la ménopause et à en réduire les incertitudes. À travers ces écrits, la ménopause commençait à être comprise non plus comme une fatalité critique, mais comme une transition naturelle, appelant des réponses adaptées.

« Ménopause : l'émergence d'un mot, l'aube d'une reconnaissance »

Jusqu'au XIXe siècle, l'arrêt des menstruations restait un phénomène sans nom ni reconnaissance particulière, ignoré tant par le discours médical que social. En 1821, le médecin français Charles-Paul-Louis de Gardanne opéra une véritable révolution en introduisant le terme « ménopause », tiré des racines grecques mên (mois) et pauesthai (cessation). Ce néologisme, issu d'une première ébauche en 1812 où il parlait de « ménespausie » « De la ménespausie ou de l'âge critique des femmes[10] », fut remanié en ménopause pour sa sonorité plus fluide et marqua un jalon décisif dans la conceptualisation de cette étape de la vie féminine.

Cette dénomination ne se limite pas à un simple exercice de vocabulaire. En nommant, Gardanne transforma la perception de la ménopause, autrefois floue et négligée, en un objet d'étude digne d'intérêt. Ce terme permit d'inscrire cette étape dans le champ médical et d'en faire un sujet de réflexion scientifique et culturelle. Par cet acte, il ouvrit une voie nouvelle, consacrant à cette transition une visibilité et une reconnaissance jusque-là inenvisagées.

10. https://gallica.bnf.fr/ark:/12148/bd6t54197648k

Simone de Beauvoir autrice de l'essai *Le Deuxième Sexe*[11], démontre comment le corps des femmes a historiquement été aliéné, réduit à un objet de contrôle médical ou social, souvent au détriment de leur subjectivité et de leur autonomie. Cette idée résonne particulièrement dans le contexte des approches médicales : la médecine conventionnelle, bien qu'efficace et nécessaire, a parfois reproduit ces schémas en traitant les corps féminins comme des entités à « corriger » ou à « normaliser », sans toujours tenir compte de leur vécu individuel. Dans *La fabrique de la ménopause*[12], la sociologue Cécile Charlap propose une relecture captivante de cette étape souvent perçue à travers le prisme médicalisé et genré des sociétés occidentales. L'ouvrage nous transporte vers des univers culturels où la ménopause n'a ni la même centralité, ni même de terme spécifique pour la désigner. Dans les traditions japonaises et mayas, par exemple, l'arrêt des menstruations s'inscrit dans une continuité naturelle du vieillissement, au même titre que le blanchissement des cheveux ou les douleurs articulaires, des manifestations communes aux hommes et aux femmes. Dans ces contextes, il ne s'agit pas d'un événement marquant la fin de la fertilité, mais d'une transition où l'harmonie avec le cycle de la vie l'emporte sur les distinctions biologiques.

Cette perspective invite à interroger les cadres dans lesquels nos sociétés contemporaines enferment les expériences corporelles et leur sens. Elle ouvre une réflexion plus large sur le vieillissement, les représentations du corps, et les normes culturelles qui façonnent notre rapport à ces phénomènes universels. Ces interrogations trouvent un écho dans les grandes philosophies classiques, notamment dans les débats entre Descartes et Spinoza sur la relation entre le corps et l'esprit : faut-il, comme Descartes, dissocier le corps de l'âme pour le rationaliser, ou, à l'image de Spinoza, envisager une unité où le corps s'intègre à un tout organique et spirituel ?

---

11. *Le Deuxième Sexe* – Wikipédia. (2024, 19 décembre). https://fr.wikipedia.org/wiki/Le_Deuxi%C3%A8me_Sexe
12. CNRS Éditions. (2024, 19 février). *La fabrique de la ménopause*. https://www.cnrseditions.fr/catalogue/sciences-politiques-et-sociologie/la-fabrique-de-la-menopause-2/

Charlap, en dévoilant ces perspectives multiples, nous invite à dépasser les visions réductionnistes pour repenser notre rapport au corps et au temps à travers des prismes culturels et philosophiques élargis.

Mais cette quête d'harmonie ne date pas des philosophes modernes. Déjà, Hippocrate, au IVe siècle avant J.-C., recommandait à l'homme de synchroniser son cerveau et ses biceps, un appel à la juste mesure entre force et raison. Quelques siècles plus tard, Juvénal, poète romain, offrira la formule parfaite : *mens sana in corpore sano* – « un esprit sain dans un corps sain ».

Ainsi, en croisant les regards sociologiques, culturels et philosophiques, la ménopause, comme toute expérience humaine, ne peut être réduite à des symptômes biologiques. Elle reflète nos visions du monde, qu'elles soient fragmentées ou unifiées, matérialistes ou spirituelles. Et si cette étape de la vie n'était, au fond, qu'une invitation à réconcilier le corps et l'esprit, dans l'acceptation sereine de notre humanité commune ?

La science peut en partie apporter des réponses probantes, c'est un terrain de jeu extraordinaire, où chaque découverte naît de la patience des réflexions, des tâtonnements, des expérimentations, des leçons tirées des échecs, et de ces remises en question qui illuminent notre compréhension du monde. Les travaux des scientifiques, oscillant sans cesse entre continuité et rupture, nous surprennent et nous inspirent, rappelant que dans ce domaine, rien n'est jamais figé. Chaque avancée, chaque révélation, porte en elle la promesse de nouveaux horizons à explorer.

Au moment où j'écris ces lignes, je tiens à souligner, chers lecteurs, que les informations partagées ici reposent sur une synthèse d'analyses bibliographiques issues de revues scientifiques et de sources diversifiées, soigneusement actualisées sur la thématique de la ménopause. Toutefois, comme toute production scientifique, littéraire, ces données sont susceptibles d'évoluer. Je ne serais pas surprise de voir émerger, dans un futur proche, des perspectives inédites et plus pertinentes, qui viendraient enrichir notre regard sur la ménopause et contribuer à une vision plus inclusive dans nos sociétés.

L'épopée de la classification de la ménopause

La ménopause s'est révélée comme un objet de médicalisation au XXe siècle. Cette évolution s'appuyait sur une idée dominante : l'équilibre hormonal serait le socle de l'identité féminine et de la santé globale des femmes. Ce postulat, un peu réducteur, a jeté les bases d'un discours scientifique qui allait structurer la compréhension de cette période.

En 1976, la tenue du premier congrès de la Société internationale de la ménopause (IMS)[13] inaugure un effort mondial pour harmoniser les termes et concepts liés à cette transition féminine. Cinq ans plus tard, l'Organisation mondiale de la santé (OMS) publie ses premières recommandations, consacrant des mots-clés tels que « périménopause », « ménopause » et « post-ménopause ». En 1996, ce lexique s'enrichit avec l'ajout de notions comme « préménopause », « transition ménopausique » ou encore « ménopause induite »[14] [15]. Ce travail méthodique et clinique visait à organiser une réalité biologique qui, jusqu'alors, n'avait pas été précisément nommée.

Cependant, l'histoire de cette terminologie est loin d'être linéaire. Le terme « climatère », écarté par l'OMS en 1996, connaît un retour inattendu en 1999, sous l'effet de pressions sociétales. Ce revirement illustre combien les perceptions culturelles peuvent influencer les définitions médicales, témoignant de l'interaction constante entre science et société. Spinoza, pour qui le corps et l'esprit formaient une unité indissociable, aurait sans doute apprécié ce revirement linguistique, où le climatère – un mot qui sonnait vaguement poétique – réapparaît pour décrire un corps en transformation.

---

13. Utian, W. H. (1999). "The International Menopause menopause-related terminology definitions". *Climacteric*, 2(4), 284-286. https://doi.org/10.3109/13697139909038088
14. Sherman, S. (2005). "Defining the menopausal transition". *The American Journal of Medicine*, 118(12), 3-7. https://doi.org/10.1016/j.amjmed.2005.11.002
15. Ambikairajah, A., Walsh, E. & Cherbuin, N. (2022). *A review of menopause nomenclature.* « Reproductive health », *19*(1), 29. https://doi.org/10.1186/s12978-022-01336-7

Aujourd'hui, la ménopause ne se résume plus à une simple carence en œstrogènes à corriger d'urgence. Elle s'inscrit dans une vision beaucoup plus large, un véritable tableau impressionniste du vieillissement, où se mêlent des touches sociales, économiques, politiques, environnementales et, bien sûr, médicales. La ménopause n'est plus un bug dans le système biologique des femmes, mais un chapitre essentiel du grand livre de la vie, où l'on redéfinit son rapport à soi, au temps et au monde. En d'autres termes, la ménopause, c'est bien plus qu'une histoire d'hormones : c'est un art de vieillir avec panache.

Ainsi, dans la littérature spécialisée, coexistent ces deux terminologies : « ménopause et climatère »[16], témoins d'une richesse d'approches et d'une histoire toujours en cours d'écriture.

L'heure M : quand la ménopause fait son entrée

La ménopause, rappelons-le, n'est pas une maladie mais un processus biologique naturel qui concerne toutes les femmes. En France, elle survient généralement entre 45 et 55 ans, avec un âge médian estimé à 51 ans[17] [18]. Cependant, des variations significatives dans l'âge de survenue sont observées selon les régions et les groupes ethniques, et ces disparités restent encore partiellement inexpliquées. Des hypothèses suggèrent que des facteurs externes, tels que les grossesses multiples et rapprochées, le stress, la consommation de substances addictives, des conditions socio-économiques défavorables et un accès limité aux soins de santé, pourraient être significatifs[19].

---

16. Blümel, J. E., Lavín, P., Vallejo, M. S. & Sarrá, S. (2013). "Menopause or climacteric, just a semantic discussion or has it clinical implications?" *Climacteric*, 17(3), 235-241. https://doi.org/10.3109/13697137.2013.838948
17. https://www.inserm.fr/dossier/menopause/
18. Peacock, K., Carlson, K. & Ketvertis, K. M. (2023, 21 décembre). *Menopause*. StatPearls – NCBI Bookshelf. https://www.ncbi.nlm.nih.gov/books/NBK507826/
19. Sidibe, E. H. (2005). « La ménopause en Afrique ». *Annales d'Endocrinologie*, 66(2), 105-107. https://doi.org/10.1016/s0003-4266(05)81706-8

Une étude réalisée en 2022 aux États-Unis, portant sur un échantillon de 19 000 femmes issues de différents groupes ethniques et suivies sur 25 ans, a mis en lumière ces inégalités. Elle montre que l'âge moyen de la ménopause varie selon les groupes ethniques : 51,4 ans pour les femmes blanches, contre 49,7 ans pour les femmes hispaniques, et 50,2 ans pour les femmes noires et chinoises. Ces disparités seraient en grande partie liées à des inégalités socio-économiques, notamment en matière d'accès aux soins de santé, qui influencent directement la santé globale des femmes[20].

Les chercheurs soulignent l'urgence d'intégrer davantage de facteurs tels que la précarité et l'appartenance ethnique dans les études futures sur la santé des femmes. Ces investigations permettront de confirmer les résultats actuels, et également d'orienter des actions de prévention adaptées aux besoins caractéristiques de chaque population.

Au-delà des variations d'âge, la terminologie médicale distingue plusieurs stades de la ménopause, chacun ayant des implications spécifiques pour la prise en charge sanitaire. La ménopause précoce, survenant entre 40 et 45 ans, se différencie de l'insuffisance ovarienne primitive, qui apparaît avant 40 ans. À l'opposé, la ménopause tardive, au-delà de 55 ans, est fréquemment associée à des facteurs génétiques ou à des pathologies chroniques comme l'obésité.

Ces propriétés illustrent combien la ménopause est façonnée par une diversité de facteurs biologiques, environnementaux et sociaux, appelant à une approche plus contextualisée.

20. Harlow, S. D., Burnett-Bowie, S. M., Greendale, G. A., Avis, N. E., Reeves, A. N., Richards, T. R. & Lewis, T. T. (2022). "Disparities in Reproductive Aging and Midlife Health between Black and White women: The Study of Women's Health Across the Nation (SWAN)". *Women's Midlife Health*, 8(1). https://doi.org/10.1186/s40695-022-00073-y

Schéma 1 – Les âges de la ménopause

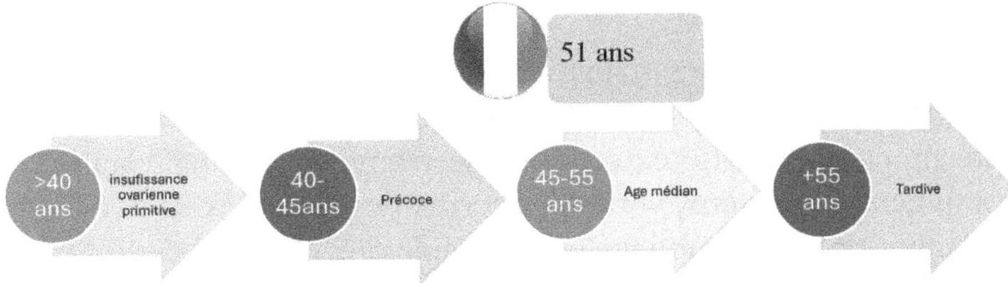

Définition médicale de la ménopause : l'état de l'art actuel

La ménopause se définit par l'absence totale de règles, ou aménorrhée, pendant une année complète. Toute réapparition de cycles menstruels au cours de cette période remet en question le diagnostic. Sur le plan physiologique, elle marque la cessation définitive de l'activité ovarienne : les ovaires, qui produisaient jusqu'alors des hormones essentielles comme les œstrogènes et la progestérone, cessent leur fonction. Avec cet arrêt, l'ovulation disparaît également, rendant la grossesse impossible.

Chaque femme possède un stock ovarien initialement fixé dès la vie intra-utérine. Chez un fœtus féminin de quatre mois, les ovaires renferment entre deux et sept millions d'ovocytes immatures, un capital biologique non renouvelable qui diminue inexorablement au fil du temps. À la naissance, ce nombre passe à environ 700 000 ovocytes, puis à 400 000 à l'aube de la puberté. Au cours de la vie adulte, chaque cycle menstruel prélève sur cette réserve, l'épuisant progressivement. Après 25 ans, la décroissance s'accélère. Lorsque le dernier ovocyte est consommé, la ménopause s'installe.

Au cours de sa vie reproductive, une femme ne libèrera que 300 à 400 ovocytes matures soit une fraction infime de sa réserve initiale. Chaque ovocyte mature, libéré au moment de l'ovulation, devient une promesse de vie, s'il est fécondé, il amorce un voyage qui le mènera de l'œuf à l'embryon, jusqu'à la naissance d'un nouveau-né[21][22].

Les ovaires, petites structures ovalaires, se situent de chaque côté de l'utérus. Ils sont constitués de deux zones : une partie interne et une partie externe, où se trouvent les corps jaunes et les follicules ovariens, véritables écrins des ovocytes. Ce système, fascinant dans sa simplicité et sa complexité, est à la base du cycle reproductif féminin.

Avec la ménopause, ce mécanisme s'interrompt, inscrivant la femme dans une nouvelle phase de sa vie génitale, qui comprend la préménopause, la transition ménopausique, la périménopause et la post-ménopause.

La science a longtemps tâtonné pour harmoniser un langage commun qualifiant la chronobiologie génitale féminine.

En 2022, une méta-analyse publiée dans la revue *Reproductive Health* intitulée « A review of menopause nomenclature[23] » a réactualisé[24] et clarifié cette terminologie. Cette étude, qui synthétise des résultats issus de multiples travaux, explore l'évolution des définitions et propose un cadre plus cohérent pour décrire les phases du vieillissement reproductif. Parmi ses contributions majeures figure le modèle STRAW + 10 (Stages of Reproductive Aging Workshop), qui décompose le processus de vieillissement reproductif en dix phases distinctes. Ce modèle définit la ménopause, non seulement en termes biologique, psychologique et social. Ces conclusions, validées par l'OMS et d'autres experts internationaux, rappellent que la ménopause est une transition.

---

21. https://www.inserm.fr/dossier/menopause/
22. https://www.imrmarseille.com/reserve-ovarienne-ovocyte-et-ovulation/
23. https://reproductive-health-journal.biomedcentral.com/
24. Harlow, S. D., Gass, M., Hall, J. E., Lobo, R., Maki, P., Rebar, R. W., Sherman, S., Sluss, P. M., de Villiers, T. J. & STRAW + 10 Collaborative Group (2012). "Executive summary of the Stages of Reproductive Aging Workshop + 10: addressing the unfinished agenda of staging reproductive aging". *Menopause* (New York, N. Y.), 19(4), 387-395.
https://doi.org/10.1097/gme.0b013e31824d8f40

Je vous invite à explorer les subtilités de cet article fondateur. Ensemble, décryptons le terme « ménopause » : définitions et révélations.

La préménopause signifie littéralement avant la ménopause. Elle correspond à la période reproductive avec des cycles menstruels. Elle commence au 1er jour des règles et prend fin lors de la phase de transition ménopausique. Les cycles menstruels sont à leur apparition irréguliers puis ils se régularisent avant de connaitre de discrètes variations. Elle dure approximativement 35 à 40 ans maximum. En France, l'âge moyen des premières règles est à 12,6 ans[25].

La transition ménopausique suit la préménopause et peut durer plusieurs années, entre 4 et 5 ans. Elle se manifeste par des signes cliniques comme les bouffées de chaleur, les troubles de l'humeur et du sommeil et des cycles irréguliers. Un cycle régulier se caractérise par une constance observée des menstrues sur une période minimale de trois mois consécutifs[26].

La ménopause se définit comme l'absence complète de menstruations sur une période d'au moins 12 mois consécutifs, souvent accompagnée de signes cliniques caractéristiques. Si l'âge de survenue varie d'une femme à l'autre, il est étroitement lié à celui de leur mère. Comme l'explique le Pr Micheline Misrahi[27], biochimiste et spécialiste en biologie moléculaire, « il y a 85 % de concordance entre l'âge de la ménopause d'une mère et celui de sa fille ». Un échange avec nos mères – au-delà du partage – renseigne précieusement sur la survenue de « l'heure M ».

La périménopause textuellement – autour de la ménopause – inclut la phase de transition ménopausique et la 1re année après la

---

25. https://www.ined.fr/fr/tout-savoir-population/memos-demo/focus/l-age-aux-premieres-regles/#:~:text=L'%C3%A2ge%20m%C3%A9dian%20aux%20premi%C3%A8res,r%C3%A8gles%20pour%20la%20premi%C3%A8re%20fois
26. Ambikairajah, A., Walsh, E. & Cherbuin, N. (2022). A review of menopause nomenclature. "Reproductive health", 19(1), 29. https://doi.org/10.1186/s12978-022-01336-7
27. Micheline Misrahi-Abadou | Éditions Odile Jacob. (s. d.). https://www.odilejacob.fr/catalogue/auteurs/micheline-misrahi-abadou/

ménopause. Elle se caractérise au début par des cycles de plus en plus espacés puis une absence définitive des cycles avec des signes cliniques plus ou moins prononcés selon chaque femme.

La post-ménopause fait suite à plus d'un an de ménopause confirmée. Bien que les règles soient terminées, certains symptômes cliniques persistent et parfois longtemps.

Schéma 2 – Stadification de la ménopause

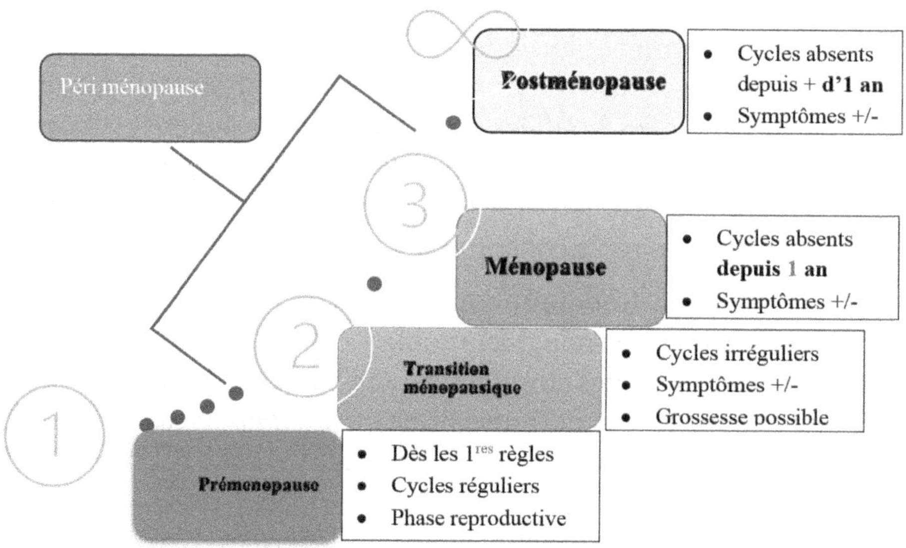

Diagnostic médical de la ménopause

Contrairement à ce que l'on pourrait imaginer, le diagnostic de la ménopause naturelle est relativement simple. Il repose sur un critère : l'absence totale de menstruations pendant une année entière. Ce diagnostic se base avant tout sur un interrogatoire minutieux et se complète par un examen clinique attentif.

L'examen gynécologique s'inscrit dans la prise en charge médicale classique avec la réalisation d'un toucher vaginal et d'un examen sous spéculum. Les praticiens peuvent identifier des signes caractéristiques : un utérus réduit en taille, un col de l'utérus moins saillant avec une ouverture plus petite, et l'absence de glaire cervicale. Lors de l'examen des seins, des changements comme une perte de tonicité ou une modification de la couleur de l'aréole peuvent aussi être constatés.

Ces observations, bien que discrètes, sont fondamentales pour évaluer la santé gynécologique des femmes. Elles permettent d'instaurer un suivi adapté et de prévenir d'éventuelles complications liées à la ménopause, dans une approche qui allie rigueur médicale et attention portée aux besoins spécifiques de chacune.

La transition ménopausique – étape intermédiaire avant la ménopause proprement dite – est souvent perçue comme une période tumultueuse pour de nombreuses femmes. Les cycles menstruels, jusque-là réguliers, deviennent imprévisibles : des intervalles chaotiques s'installent, les flux varient entre des hémorragies soudaines et de simples traces légères ou spotting. Les symptômes prémenstruels, que l'on croyait rangés au placard de la jeunesse, reviennent sans crier gare, ramenant dans leurs bagages tensions mammaires, crampes abdominales et une sensation générale de malaise.

Mais ce n'est pas tout : cette phase de transition semble orchestrer un véritable ballet émotionnel. L'irritabilité côtoie des moments de calme inquiétant, avant de céder la place à des larmes inattendues ou à des éclats de rire surgissant comme des bulles. Une fatigue écrasante – cette asthénie quasi adolescente – s'installe, où chaque effort paraît demander des réserves d'énergie qu'on ne possède plus. Et comme si un « microclimat interne » se déchaînait, des bouffées de chaleur surgissent soudainement : sueurs envahissantes, rougeurs éclatantes, des sensations rappelant presque un coup de soleil… sans avoir quitté son salon, loin des plages mythiques de Rio.

Les bouleversements cognitifs ne sont pas en reste. La mémoire vacille, les mots s'échappent, et les pensées semblent parfois partir dans tous les sens, créant des instants de confusion. Cette impression de brouillard mental s'accompagne souvent de difficultés à se concentrer, comme si la transition hormonale jouait avec les rouages de l'attention. Et, pour couronner le tout, le sommeil fluctue : les nuits s'effritent, les réveils nocturnes se multiplient, et les matinées débutent dans une fatigue qui ne semble jamais complètement dissipée. Un sommeil insuffisant ou de mauvaise qualité entraîne des modifications hormonales, qui peuvent favoriser une prise de poids, ajoutant un fardeau supplémentaire à des femmes déjà aux prises avec les autres symptômes liés à la ménopause[28].

Si cette transition représente une épreuve pour de nombreuses femmes, elle ne laisse pas leur entourage indemne. Déconcertés par une métamorphose parfois difficile à saisir – presque kafkaïenne – leurs proches peinent souvent à comprendre ce changement. Les femmes, elles, décrivent fréquemment cette période comme un combat contre des symptômes d'une intensité et d'une durée parfois insupportables.

L'irritabilité et les sautes d'humeur surgissent sans crier gare, transformant une discussion anodine en un débat enflammé. Un patient au sujet de sa conjointe me racontait non sans humour, avoir un jour quitté la pièce parce qu'il ne savait plus si la dispute concernait un verre mal rangé ou la raison d'être de l'univers. Mais derrière ces anecdotes, c'est un sentiment bien réel de doute et d'impuissance qui s'installe chez celles qui vivent ces bouleversements.

La période de transition ménopausique repose sur un suivi médical attentif. Les professionnels de santé accompagnent et conseillent sur la base des observations recueillies lors de consultations. Grâce à ces échanges, ils peuvent proposer des réponses concrètes : traitements hormonaux, ajustements alimentaires, techniques de gestion du stress, ou encore recours à des thérapies adaptées.

Mais cet accompagnement ne s'arrête pas à la phase de transition. La santé des femmes évolue au fil du temps, et des complications peuvent subvenir bien après la ménopause. Une surveillance

28. Léger, Damien et Bourdillon, François. « Le déclin du temps de sommeil en France n'est pas une fatalité ». *Bulletin épidémiologique hebdomadaire*, 8-9, 2019, p. 146-148.

demeure donc indispensable pour anticiper les risques, prévenir certaines pathologies et adapter les prises en charge, garantissant ainsi une qualité de vie optimale à chaque âge.

Les examens complémentaires : quand nos hormones mènent la danse !

Imaginez une salle de contrôle dissimulée dans votre cerveau, où deux glandes prennent les rênes du grand orchestre hormonal.

L'hypothalamus, chef d'orchestre en forme de haricot, envoie les signaux et règle le tempo. Juste en dessous se situe l'hypophyse en forme de petit pois, ou glande pituitaire pour les intimes. Ces deux structures sont localisées à la base du cerveau. La tige pituitaire est le canal de transmission entre les deux glandes, on parle de l'axe hypothalamo-hypophysaire.

Le système endocrinien fonctionne comme un réseau stratégique où chaque glande joue un rôle spécifique, coordonnant les fonctions essentielles de l'organisme. L'hypothalamus et l'hypophyse, au sommet de cette hiérarchie, émettent des signaux précis, contrôlant l'activité des autres glandes (pancréas, thyroïde, ovaires, etc.) qui répondent en échange par un rétrocontrôle ou feed-back garantissant ainsi l'équilibre hormonal.

Le pancréas, par exemple, produit l'insuline, hormone indispensable à la régulation du taux de glucose dans le sang. Une perturbation à ce niveau peut entraîner des conséquences sanitaires comme l'apparition d'un diabète. Les ovaires et les testicules, quant à eux, déterminent la production des hormones sexuelles, influençant la fertilité, la santé osseuse, le tonus musculaire et la santé de nos vaisseaux sanguins.

Les glandes du système endocrinien ne travaillent jamais seules. Interconnectées avec les systèmes circulatoire, digestif et nerveux, elles orchestrent des processus variés, comme le réglage du sommeil grâce au cycle circadien ou la modulation du rythme cardiaque. Cette communication continue – en aller-retour – procure des réponses adaptées et efficaces à nos besoins, qu'il s'agisse d'affronter un stress, de fournir de l'énergie pour un effort ou simplement de digérer un repas. Elles fonctionnent comme une équipe bien huilée, ajustant leurs sécrétions pour faire face aux variations externes.

Leur secret ? Un réseau de messagers biochimiques hyperactifs. Ces hormones, produites par les glandes, voyagent à travers le sang jusqu'à des cellules spécifiques, leurs cibles. Ces cellules, munies de récepteurs dédiés, interprètent les signaux et ajustent leur comportement en conséquence. Grâce à ce système de communication ultra-précis, chaque partie du corps reçoit les informations nécessaires pour contribuer à l'harmonie globale.

Tout débute par la communication entre l'hypothalamus et l'hypophyse. Le messager produit par l'hypothalamus est la GnRH – hormone de libération des gonadotrophines (Gonadotropin-Releasing Hormone) – Sa production est pulsatile, c'est-à-dire par petites « poussées » régulières. La GnRH voyage ensuite jusqu'à l'hypophyse par le canal de transmission ou tige pituitaire. L'hypophyse prend le relais et stimule à son tour la libération de deux autres hormones essentielles : la LH (hormone lutéinisante) et la FSH (hormone folliculo-stimulante). L'hypophyse fabrique également de la prolactine dont le rôle est de stimuler la glande mammaire.

Sous l'impulsion de ces messagers GnRH, FSH et LH, les ovaires produisent deux types d'hormones féminines composées de deux stars qui sont un peu la Dream Team du corps : les œstrogènes et la progestérone. Et un peu de testostérone. Elles sont libérées de façon pulsatile. Ce rythme définit le cycle menstruel. Les organes récepteurs en échange envoient des informations régulières à leurs chefs qui ajustent leur mode de fonctionnement afin d'éviter toute cacophonie, c'est le fameux système de recontrôle ou feed-back.

Ce fonctionnement est une démonstration impressionnante de l'ingéniosité biologique, un mécanisme où chaque détail compte et où l'équilibre est maintenu dans un monde en perpétuel mouvement.

Les hormones : une saga scientifique et médicale

Le 8 septembre 1923, les biologiste et biochimiste Edgar Allen et Edward A. Doisy[29] identifient une hormone produite par les ovaires de truies et que cette hormone aurait des effets sur le cycle reproductif et les organes sexuels. Quelques années plus tard, en 1929[30], l'isolement puis la purification de l'œstrone par Edward Doisy et Alfred Butenandt – nobélisé pour ces travaux – sont une véritable révolution scientifique. Ce premier pas permet la découverte des œstrogènes, molécules fabriquées à partir des androgènes grâce à une enzyme : l'aromatase. Les contraceptifs, traitements pour la ménopause ou la fertilité découlent directement de ces recherches et ces thérapeutiques deviennent des alliées incontournables de la santé humaine.

Le trio œstrogénique : une équipe de choc

Les œstrogènes forment un trio dynamique. La star, l'estradiol (E2), joue les premiers rôles tout au long de la vie féminine. Son bras droit, l'estrone (E1), reste en scène après la ménopause, quand l'organisme réduit la production des autres hormones. Et pendant la grossesse, l'estriol (E3) monte sur le devant de la scène. Ces hormones, loin de se cantonner à la régulation du cycle menstruel, influencent la solidité des os, la répartition des graisses, le sommeil et la température corporelle.

La progestérone : la cheffe d'orchestre perfectionniste

La progestérone, ou la grande gestionnaire, tient les rênes. Après l'ovulation, elle supervise tout : préparer l'utérus à une potentielle grossesse, équiper les glandes mammaires pour l'allaitement,

29. Allen, E. & Doisy, E. A. (1983). Landmark article, Sept. 8, 1923. "An ovarian hormone. Preliminary report on its localization, extraction and partial purification, and action in test animals". By Edgar Allen and Edward A. Doisy. *JAMA*, *250*(19), 2681-2683. https://doi.org/10.1001/jama.250.19.2681

30. Simpson, E. & Santen, R. J. (2015). "Celebrating 75 years of oestradiol". *Journal of molecular endocrinology*, *55*(3), T1-T20. https://doi.org/10.1530/JME-15-0128

et même ajuster la température corporelle. Perfectionniste ? Peut-être. Mais sans elle, tout serait un peu… déréglé.

Les œstrogènes et la progestérone ne sont plus sécrétés à la ménopause par les ovaires, on parle de carence œstrogénique, mais on retrouve des taux circulants faibles d'œstrogènes produits par le tissu graisseux et les glandes surrénales.

La testostérone : une hormone aux multiples facettes

Testostérone, ce mot évoque souvent force et virilité. Mais cette hormone androgène est bien plus qu'un simple stéréotype genré. Chez les hommes, elle est produite en grande partie par les testicules, tandis que chez les femmes, elle est sécrétée à petite dose par les ovaires et les glandes surrénales. Si elle soulève parfois des questions médicales – hyperandrogénie[31], hirsutisme ou virilisation – elle est aussi un pilier de l'équilibre hormonal. Au-delà des clichés, la testostérone est essentielle à l'équilibre hormonal et à une bonne santé globale.

L'AMH : la gardienne des plans

L'hormone antimüllérienne (AMH) est une véritable architecte pendant le développement embryonnaire. Chez les garçons, elle orchestre la disparition des canaux de Müller pour façonner l'appareil génital masculin, tandis que chez les filles, son absence permet à ces canaux de se transformer en trompes de Fallope et en utérus. À l'âge adulte, l'AMH est utilisée comme un marqueur de la fertilité féminine, renseignant sur la réserve ovarienne. Elle influence aussi le cycle menstruel en régulant les hormones LH et FSH.

---

31. Peigné, M., Villers-Capelle, A., Robin, G. & Dewailly, D. (2013). « Hyperandrogénie féminine ». *La Presse Médicale*, 42(11), 1487-1499. https://doi.org/10.1016/j.lpm.2013.07.016

Lecture des bilans biologiques hormonaux : entre science et nuance

Le bilan sanguin hormonal est une photographie instantanée, utile mais insuffisant à lui seul. Car les taux fluctuent en fonction du cycle menstruel, du stress, de l'alimentation ou même du moment de la journée. Ces variations font du contexte clinique un élément indispensable pour interpréter les résultats.

En pratique médicale en France, les résultats des bilans hormonaux reflètent les variations typiques observées en fonction de la vie génitale féminine.

FSH (Hormone folliculo-stimulante) :

- Phase folliculaire (début du cycle) : faible à modérée (3 à 10 UI/L)
- Ovulation : pic (8 à 20 UI/L)
- Phase lutéale (après l'ovulation) : faible (1 à 8 UI/L)
- Ménopause : élevée (> 30 UI/L), indiquant une diminution de la fonction ovarienne

1. LH (Hormone lutéinisante) :

- Phase folliculaire : faible (2 à 10 UI/L)
- Ovulation : pic (15 à 40 UI/L)
- Phase lutéale : faible (1 à 10 UI/L)
- Ménopause : élevée (> 15 UI/L)

2. Estradiol (E2) :

- Phase folliculaire : modérée (20 à 200 pg/mL)
- Ovulation : élevée (150 à 500 pg/mL)
- Phase lutéale : modérée (50 à 250 pg/mL)
- Ménopause : faible (< 30 pg/mL)

3. Progestérone :

- Phase folliculaire : très faible (< 1 ng/mL)
- Ovulation : faible à modérée (1 à 3 ng/mL)
- Phase lutéale : élevée (5 à 20 ng/mL, indiquant l'ovulation)
- Ménopause : très faible (< 1 ng/mL)

4. AMH (Hormone antimüllérienne) :

- Préménopause : variable selon l'âge, mais généralement élevée chez les femmes jeunes (1 à 4 ng/mL)
- Ménopause : très faible ou indétectable (< 0.1 ng/mL)

5. Prolactine :

- Normale : < 25 ng/mL
- Des niveaux élevés peuvent être indicatifs de troubles hormonaux, comme un adénome hypophysaire.

L'art délicat d'accompagner les femmes dans les phases de la vie génitale

Dans l'univers complexe des transitions hormonales féminines, le dosage de l'estradiol E2, malgré son intérêt biologique, ne figure pas parmi les critères décisifs pour évaluer les grandes étapes de la vie génitale. De même, si le comptage des follicules antraux (CFA) est parfois employé pour explorer la transition ménopausique, cet examen en France est rarement prescrit en première intention.

La clinique, véritable pierre angulaire de la médecine, prime sur tout. Les résultats des dosages hormonaux, aussi sophistiqués soient-ils, ne prennent sens qu'à travers le prisme de l'histoire de la femme, de ses symptômes et de son ressenti. À cet égard, c'est l'observation et l'écoute qui demeurent les outils les plus fiables, permettant de bâtir une prise en charge personnalisée.

Certaines situations particulières invitent à réévaluer la place des dosages hormonaux. Chez une femme avec un antécédent d'hystérectomie conservatrice – retrait de l'utérus et des ovaires en place –[32], la survenue de symptômes évocateurs du syndrome climatérique : des bouffées de chaleur ou des troubles du sommeil, peut nécessiter la prescription d'un dosage hormonal pour confirmer ou infirmer l'entrée en ménopause.

---

32. https://hopital-dcss.org/en/node/99

Les interrogations se posent également chez celles qui, à plus de cinquante ans, poursuivent une contraception œstroprogestative. L'apparition de bouffées de chaleur durant la semaine de pause contraceptive peut signaler que les hormones ne suffisent plus à masquer les fluctuations liées à la ménopause. Un ajustement thérapeutique devient alors nécessaire.

Pour les femmes plus jeunes, notamment celles de moins de quarante-cinq ans, une absence prolongée de menstruations, accompagnée de signes comme des bouffées de chaleur ou une prise anormale du poids et des antécédents familiaux de ménopause précoce, justifie une évaluation hormonale adéquate. Quant aux jeunes patientes ayant traversé l'épreuve d'un cancer ou autres maladies chroniques, l'arrêt des règles peut être transitoire, révélant une ménopause induite marquée par la prise concomitante d'une contraception hormonale.

Dans tous ces cas précis, le dosage hormonal s'impose pour adapter la prise en charge.

En dehors de ces contextes spécifiques, la préménopause reste une période déroutante, souvent perçue comme un grand huit hormonal. Pendant trois ou quatre ans avant la ménopause, le corps oscille entre des règles abondantes, d'autres plus rares, et des cycles capricieux qui perturbent l'équilibre émotionnel. C'est un moment où la patience devient une alliée précieuse. Ces années sont aussi une occasion possible de reparler de ses choix contraceptifs, de prêter attention à sa santé globale et de se préparer à des transformations que l'on sait inévitables.

Les femmes qui traversent ces turbulences ne doivent pas hésiter à chercher le soutien de leur entourage. Qu'il s'agisse de leur mère, de leur conjoint, de leurs ami(e)s ou de leurs collègues, ils sont souvent des praticiens dans l'art du partage ! Et justement partager son expérience permet souvent d'en dédramatiser les aspects les plus intimidants. Les professionnels de santé jouent eux aussi un rôle décisif dans cet accompagnement. Leur regard clinique expérimenté reste un repère inestimable. Ils vous sensibiliseront que le fait que, malgré la robustesse de certains dosages hormonaux, c'est l'examen clinique qui demeure le guide le plus sûr.

Vieillir est une aventure profondément personnelle. Certaines étapes exigent des ajustements, voire des précautions, mais elles ouvrent également la voie à une compréhension plus intime de soi.

À l'aube de la ménopause, deux mots prennent une importance capitale : dépistage et prévention. Ce sont eux qui permettent d'aborder cette transition avec sérénité, un peu comme si on se préparait à affronter un orage en veillant à ce que son navire reste à flot.

2.

MÉNOPAUSE ET SANTÉ : LES EFFETS SUR LE CORPS FÉMININ

Les visages multiples de la ménopause : au-delà des bouffées de chaleur

La ménopause marque la fin de la fonction ovarienne et la chute brutale des taux d'œstrogènes, entraînant un éventail de symptômes physiques et psychologiques. Si les signes fonctionnels, comme les bouffées de chaleur, capturent l'attention immédiate, il est essentiel de comprendre que la ménopause va bien au-delà de ces manifestations visibles. Les troubles climatériques et le syndrome génito-urinaire dominent les premières années post-ménopausiques, tandis que le déficit prolongé en œstrogène expose les femmes à des troubles cardiovasculaires, cognitifs et métaboliques qui méritent une vigilance accrue.

Les troubles climatériques : ces symptômes qui bouleversent le quotidien

L'un des premiers éléments que la ménopause met en lumière est ce que l'on appelle le « syndrome climatérique ». Derrière cette expression holistique se cache un ensemble de symptômes ou signes cliniques, lié à la chute des œstrogènes. Quatre manifestations principales définissent ce syndrome : les bouffées de chaleur, les sueurs nocturnes, la sécheresse vaginale et les douleurs articulaires.

Les bouffées de chaleur : le feu sacré de la ménopause

Ah, les bouffées de chaleur : « THE symptôme » ! Ces sensations soudaines de chaleur intense, qui montent de votre abdomen pour inonder votre visage, sont presque une signature hormonale. Selon une enquête CSA de 2013 menée pour un laboratoire pharmaceutique français en collaboration avec le GEMVI (Groupe d'étude de la ménopause et du vieillissement hormonal)[33] 67 % des femmes entre 51 et 55 ans se plaignent de ces vagues de chaleur, et 53 % d'entre elles continuent d'en souffrir après 60 ans. Le Pr Patrice Lopes[34], chirurgien gynécologique au CHU de Nantes et président du GEMVI, rappelle que si les bouffées de chaleur sont gênantes, elles sont souvent accompagnées de sueurs nocturnes[35]. Et là, ce n'est pas seulement vous qui êtes dérangée : votre partenaire pourrait également se réveiller en pleine nuit.

Et puis survient le « syndrome génito-urinaire », autrefois affublé du nom peu engageant d'atrophie vulvo-vaginale – une terminologie qui, à elle seule, décourage bien des femmes d'en parler. Ce trouble, déclenché par l'amincissement des muqueuses en raison d'un manque d'œstrogènes, va bien au-delà de la simple sécheresse vaginale. Il se manifeste par des douleurs lors des rapports sexuels, une recrudescence des infections urinaires et une gêne persistante, autant de maux qui impactent profondément la qualité de vie. Pourtant, une méta-analyse publiée en 2019 dans *Menopause: The Journal of the North American Menopause Society* révèle que moins de 20 % des femmes osent consulter pour ce problème, freinées par la honte ou la méconnaissance de solutions existantes. Les professionnels de santé sont encouragés à aborder proactivement ce sujet lors des consultations pour améliorer la qualité de vie des femmes.

---

33. http://gemvi.org/gemvi/
34. *Guide pratique de la ménopause* – Lopès, Patrice, Trémollières, Florence – livres. (s. d.). https://www.amazon.fr/Guide-pratique-m%C3%A9nopause-Patrice-Lop%C3%A8s/dp/2901227910
35. Santoro, N. & Sutton-Tyrrell, K. (2011). The SWAN song: Study of Women's Health Across the Nation's recurring themes. "Obstetrics and gynecology clinics of North America", 38(3), 417-423. https://doi.org/10.1016/j.ogc.2011.05.001

Enfin, il y a les douleurs articulaires, qui ne sont pas seulement l'apanage des amateurs de sport extrême. Ces douleurs, longtemps sous-estimées, concernent environ 14 % des femmes ménopausées et deviennent particulièrement fréquentes chez celles qui suivent des traitements anti-aromatases après un cancer du sein, précise le Pr Lopes[36]. Vous pensiez que la ménopause ne touchait que les hormones ? Vos genoux, vos poignets et votre dos vous rappellent que tout le corps est de la partie.

L'effet boule de neige : quand le corps entraîne l'esprit dans la danse

Ces symptômes climatériques ne se contentent pas d'être fâcheux. Ils déclenchent une cascade de conséquences qui affectent bien plus que votre corps. Prenez les sueurs nocturnes, par exemple : non contentes de ruiner vos draps, elles détériorent aussi votre sommeil. Et un mauvais sommeil, comme l'ont démontré Freeman et coll. (2017)[37], augmente les risques d'insomnie chronique, de troubles anxieux et nous plonge dans un brouillard cérébral persistant qui vous fait oublier le pourquoi du comment ?

Les œstrogènes influencent directement la sérotonine, ce messager chimique que l'on surnomme parfois « l'hormone du bonheur ». Leur chute peut donc provoquer des variations d'humeur abruptes, une irritabilité nouvelle et, chez certaines femmes, une baisse significative de la libido. Une étude publiée dans *The Lancet Psychiatry* (2019) a montré que les femmes ménopausées courent un risque significatif de dépression, particulièrement dans les cinq premières années après l'arrêt des menstruations.

Cerise sur le gâteau : la ménopause aime laisser sa marque, avec des kilos qui se logent volontiers autour de la taille (merci la redistribution hormonale) et une hypersensibilité mammaire qui ne

---

36. http://gemvi.org/gemvi/
37. Santoro, N. & Sutton-Tyrrell, K. (2011). "The SWAN song: Study of Women's Health Across the Nation's recurring themes". *Obstetrics and gynecology clinics of North America*, 38(3), 417-423. https://doi.org/10.1016/j.ogc.2011.05.001

passe pas inaperçue. Une période de transformation, certes, mais pas toujours tendre avec le moral et le corps.

Les retours de flamme : quand les œstrogènes font leurs valises

Si les premières années post-ménopause sont dominées par ces symptômes, les conséquences à long terme de l'hypœstrogénie – carence en œstrogène – sont bien plus insidieuses.

La ménopause est associée à un risque accru de maladies cardiovasculaires. L'ostéoporose post-ménopausique est un autre enjeu majeur de santé publique. Enfin, des données émergentes suggèrent que la ménopause pourrait influencer le risque de maladies cognitives comme les démences. Concernant ce dernier point, je tiens à préciser qu'en aucun cas toutes les femmes ménopausées sont vouées à des troubles cognitifs, mais c'est un rappel que la ménopause est une étape où la vigilance sur la santé générale est nécessaire et indispensable.

« La ménopause : parce qu'il n'est jamais trop tard pour devenir sa meilleure alliée (ou au moins essayer) ! »

Si ce tableau vous fait lever un sourcil d'inquiétude ou crispe votre ride du lion, rassurez-vous : la ménopause n'est ni une fatalité, ni une fin, c'est juste une étape parfois chahutée mais pleine d'opportunités. C'est le moment idéal pour réévaluer vos priorités et enfin prendre soin de vous. Alors, si votre corps semble jouer contre vous, prenez-le comme un appel à l'action.

Par expérience, j'ai souvent pu constater que les femmes ont cette élégance particulière dans l'art de rebondir : elles transforment les turbulences en tremplins, avec un aplomb qui force l'admiration avec en prime un brin de panache.

Renseignez-vous, consultez, posez toutes les questions qui vous passent par la tête (même celles qui commencent par « Est-ce normal que… ? »). Et rappelez-vous, la ménopause, c'est juste un changement de playlist. Une bonne dose d'humour, beaucoup d'amour et un entourage solide sont les ingrédients essentiels pour faire face en cas de besoin.

Corps en métamorphose : boogie night tropical et peau de croco

Les manifestations vasomotrices[38]

Les bouffées vasomotrices ou BMV* **typiques** se manifestent par des bouffées de chaleur diurnes et/ou des sueurs nocturnes.

Madame E., une charmante et toujours très élégante patiente de 65 ans, à chaque consultation, arrivait avec un éventail géant parfaitement assorti à ses tenues. Intriguée par cet accessoire omniprésent, je n'ai pas pu m'empêcher de lui demander un jour : « Est-ce une question de style ou le chauffage dans mon cabinet est trop élevé ? ». Elle a ri de bon cœur, avant de me confier : « Docteur, soyons franches : j'ai traversé mes grossesses avec bonheur, j'ai goûté aux délices de l'amour, mais depuis que la ménopause a décidé de s'incruster, je fais face à des vagues de chaleur torrides. Cet éventail, c'est ma clim portative, mon antidote contre cette fournaise intérieure ! » Son éclat de rire était si contagieux que je me suis surprise à imaginer toutes mes patientes armées de leur éventail, transformant les salles d'attente en défilés de mode anti-bouffées de chaleur.

La ménopause, parfois, c'est comme se retrouver parachutée au centre d'un opéra-comique où, soudain, les hormones décident d'improviser une symphonie burlesque. Les « bouffées de chaleur » – solistes capricieux – monopolisent le devant de la scène avec un aplomb insultant. Entre 60 et 80 %[39] des femmes

38. Kronenberg, F. (1990b). "Hot Flashes: Epidemiology and Physiologya". *Annals of the New York Academy of Sciences*, 592(1), 52-86. https://doi.org/10.1111/j.1749-6632.1990.tb30316.x
39. Author, N. N. (2019). Chapitre 4: « Symptômes vasomoteurs ». *Journal Of Obstetrics* And Gynaecology Canada, 41, S68S72. https://doi.org/10.1016/j.jogc.2019.02.143

endurent ce spectacle incandescent, et en Europe, 75 % s'évertuent à contrôler ces symptômes qui, soyons honnêtes, sonnent faux[40]. Pas d'entracte pour souffler et boire un peu. Madame K, maquilleuse professionnelle me répétait toujours, «j'ai chaud, j'ai froid, je dégouline, je suis cramoisie et je souffle comme un bœuf, je vous le dis, docteur, je vis ma vie comme dans le film *Un jour sans fin* mon sex-appeal et mon humour sont restés coincés en backstage, je n'en peux plus, ça m'énerve!»

Les fameuses bouffées de chaleur: quand la ménopause fait chauffer la machine

Les bouffées vasomotrices, ou BMV*, font leur apparition durant la transition ménopausique, un peu comme un signal d'alarme envoyé par le corps pour annoncer les bouleversements hormonaux à venir. En moyenne, ces symptômes durent sept ans après la ménopause, mais certaines femmes, environ 15 %, doivent composer avec ces fameuses bouffées de chaleur pendant 15 ans ou plus.

Cependant, toutes les BMV ne se ressemblent pas. On distingue les BMV* classiques des formes atypiques, notamment si elles ne répondent pas à un traitement hormonal. Ces formes inhabituelles peuvent cacher des causes sous-jacentes comme une hyperthyroïdie, une hypertension artérielle, un syndrome anxieux, ou des troubles neurologiques. Elles peuvent aussi être secondaires à la prise de médicaments.

Cliniquement, les bouffées de chaleur classiques arrivent sans prévenir, comme une vague envahissant le haut du corps. La peau rougit, chauffe, et survient une hypersudation réflexe destinée à refroidir le corps, souvent en vain. Ce phénomène, aussi inconfortable qu'imprévisible, perturbe profondément le quotidien.

Comme le disait Madame K: «j'ai chaud, j'ai froid, je dégouline, je suis cramoisie et je souffle comme un bœuf.»

40. Hahn, P. M., Wong, J. & Reid, R. L. (1998). "Menopausal-like hot flashes reported in women of reproductive age". *Fertility and sterility*, *70*(5), 913-918.

La nuit, le scénario devient encore plus éprouvant : un combat acharné entre les draps qui collent et les sueurs qui ruissellent. Résultat ? Un sommeil fragmenté, une fatigue persistante, une irritabilité tenace et, parfois, en conséquence, une altération de la concentration et des performances avec des anxiétés.

Que se passe-t-il exactement dans le corps pendant cette période ?

La science derrière les bouffées de chaleur

Les bouffées de chaleur trouvent leur origine dans un dérèglement du système de thermorégulation du corps, géré par l'hypothalamus, le fameux maestro situé au cœur de notre cerveau et responsable du contrôle de la température. Avec la chute des œstrogènes et de la progestérone pendant la ménopause, cette petite glande perd un peu le fil et se met à déclencher des rythmes tous azimuts comme dans *Stayin' alive*[41]. Et pour certaines femmes, le show ne s'arrête pas là : ces vagues de chaleur peuvent continuer en post-ménopause, comme un DJ qui refuse d'éteindre la musique, comme chante Stromae… « alors on danse ».

Pour comprendre les bouffées de chaleur, il faut d'abord plonger au cœur de notre système de thermorégulation, ce mécanisme interne qui nous permet de maintenir une température corporelle stable, qu'il gèle ou qu'il fasse canicule. Comme les oiseaux et les mammifères, nous sommes des êtres homéothermes, capables de garder notre température constante autour de 37 °C. À l'inverse, les poïkilothermes, ces animaux à sang froid comme les reptiles, dépendent de leur environnement pour survivre[42].

Notre corps jongle entre la thermogenèse (production de chaleur) et la thermolyse (perte de chaleur) pour rester dans une fourchette idéale, entre 36 et 37,5 °C. Cette plage est parfaite pour assurer le bon fonctionnement de nos organes. Si l'on descend en dessous, c'est l'hypothermie ; si l'on dépasse, c'est l'hyperthermie.

41. https://fr.wikipedia.org/wiki/Stayin%27_Alive
42. https://biologiedelapeau.fr/spip.php?article75

Dans les deux cas, on entre en territoire fiévreux. Et au milieu de tout ça trône notre précieuse référence : 37 °C.

Ce chef-d'œuvre de régulation est dirigé par l'hypothalamus. Véritable thermostat central, il contrôle la température corporelle mais aussi la faim, la soif, le sommeil, les émotions et la production d'hormones. Il travaille avec un ensemble de collaborateurs : les hormones – messagers – comme la progestérone, des canaux de communication – émetteurs centraux et périphériques – des vigies – capteurs cutanés et sanguins – et des récepteurs qui sont des organes comme le cœur, le cerveau et les organes sexuels…

Ce super-ordinateur analyse et traite des informations qui proviennent des vigies, et il ajuste en conséquence le débit sanguin, cutané et la sudation.

D'autres facteurs influencent le fonctionnement de notre thermorégulation. D'abord, il y a le rythme nycthéméral – cycle jour-nuit – qui varie au cours de la journée. La température corporelle atteint son pic vers 17 h, grâce à l'activité musculaire, et son creux entre 3 h et 5 h du matin, pendant le sommeil profond. Ensuite, l'activité physique génère une quantité importante de chaleur : jusqu'à 75 % de l'énergie produite par les muscles lors de l'exercice est convertie en chaleur, que le corps doit dissiper pour prévenir la surchauffe. Les émotions, elles aussi, jouent un rôle : un stress intense ou une grande excitation peuvent faire grimper la température de 1 à 2 °C, grâce à l'activation du système nerveux sympathique. La progestérone : cette hormone agit sur l'hypothalamus, augmentant la température corporelle d'environ 0,5 °Celsius chez les femmes, cette élévation se produit à l'ovulation et forme un « plateau thermique » pendant la seconde phase du cycle ovarien, utilisée pour estimer la date de l'ovulation. Enfin, l'âge modifie la donne : chez les jeunes, en bonne santé, tout roule : le système thermorégulateur permet au corps de rester stable à 37 °C qu'il vente ou qu'il neige. Chez les personnes âgées, la thermorégulation devient moins efficace, notamment en raison de la réduction du débit sanguin et de l'activité physique, ce qui rend la gestion de la chaleur plus difficile.

À la ménopause, cet équilibre subtil est profondément perturbé[43 44]. Les bouffées vasomotrices (BVM) résultent d'un double dérèglement : central et périphérique. Au niveau central, l'hypothalamus voit son fonctionnement modifié par l'action des neurones KNDy, prononcés « neurones Candy ». Elles jouent un rôle déterminant dans la régulation de la zone de neutralité thermique, zone de température dans laquelle le corps reste stable sans effort. Avec la chute des œstrogènes et de la progestérone, cette zone se rétrécit, rendant l'organisme hypersensible à la moindre variation de température.

En parallèle, la diminution des œstrogènes impacte le tonus des vaisseaux sanguins[45], le système opioïde (responsable de la gestion de la douleur et de l'humeur) et la réactivité du système nerveux autonome. Cette combinaison déclenche des réponses physiologiques disproportionnées : accélération du rythme cardiaque, dilatation des vaisseaux sanguins, et une sensation de chaleur intense. Le corps, par compensation, active des mécanismes réflexes comme une transpiration abondante pour refroidir la peau.

Cette instabilité thermique, caractéristique de la ménopause, peut se manifester de jour comme de nuit. Les bouffées de chaleur nocturnes, en particulier, affectent le sommeil, et donc la qualité de vie en amplifiant les sensations d'inconfort. Ce phénomène, orchestré par des neurones KNDy hyperactifs, transforme un processus naturel en une épreuve quotidienne, symptomatique des bouleversements hormonaux de cette période.

Au fond, les bouffées de chaleur sont le résultat d'un malentendu entre le cerveau et le corps, sous l'égide des neurones Candy

---

43. Freedman, R. R. & Woodward, S. (1996). "Core body temperature during menopausal hot flushes". *Fertility And Sterility*, 65(6), 1141-1144. https://doi.org/10.1016/s0015-0282(16)58328-9
44. Murphy, P. J. & Campbell, S. S. (2007). "Sex Hormones, Sleep and Core body temperature in Older Postmenopausal Women". *SLEEP*, 30(12), 1788-1794. https://doi.org/10.1093/sleep/30.12.1788
45. Gamé, X., Rischmann, P., Arnal, J. & Malavaud, B. (2013). « Rôle des œstrogènes sur la physiologie et la physiopathologie du bas appareil urinaire ». *Progrès en Urologie*, 23(8), 502-510. https://doi.org/10.1016/j.purol.2013.03.012

un peu trop zélés. Le tout transformant la ménopause en une véritable étuve mais sans l'option climatisation.

Les neurones KNDy : ou la version « Candy crush » de la ménopause[46]

Les neurones KNDy (Kisspeptine, neurokinine B et dynorphine), forment un réseau de neurones spécialisés situés dans l'hypothalamus, au plus près des neurones GnRH[47] qui libèrent de manière pulsatile les œstrogènes, la progestérone et un soupçon de testostérone. D'ordinaire, ces neurones produisent de la dynorphine : un neuropeptide opioïde impliqué dans l'apprentissage, la régulation des émotions, le stress, la douleur et, point central ici, la thermorégulation. Ainsi, ils contribuent à maintenir l'équilibre subtil de notre température interne.

La ménopause s'invite ici pour mettre son grain de sel…

et beaucoup de chaleur ! Des recherches récentes[48] mettent en lumière le rôle de la neurokinine B – molécule produite par les neurones KNDy – dans les fameux épisodes de bouffées de chaleur. Lorsque les niveaux d'œstrogènes chutent, la signalisation de la neurokinine B s'intensifie. Cette molécule interagit avec des récepteurs spécifiques, situés dans une région spécifique de l'hypothalamus : le noyau arqué. Habituellement, ce noyau répond aux niveaux d'œstrogènes pour maintenir la stabilité. Mais lorsque ces hormones viennent à manquer, il est déstabilisé. L'hyperactivité des neurones producteurs de neurokinine B déclenche une perturbation du système thermorégulateur,

---

46. Lehman, M. N., Coolen, L. M. & Goodman, R. L. (2010). "Minireview: Kisspeptin/Neurokinin B/Dynorphin (KNDy) Cells of the Arcuate Nucleus: A Central Node in the Control of Gonadotropin-Releasing Hormone Secretion". *Endocrinology*, 151(8), 3479-3489. https://doi.org/10.1210/en.2010-0022
47. Maione L., Christin-Maitre S., Chanson P., Young J. "Control of the Gonadotrope Axis: New Physiologic and Therapeutic Aspects". *Ann Endocrinol* (Paris). 2017 Oct. 78 Suppl 1:S31-S40. doi: 10.1016/S0003-4266(17)30923-X.
48. Haufe, A., Baker, F. C. & Leeners, B. (2022). "The role of ovarian hormones in the pathophysiology of perimenopausal sleep disturbances": A systematic review. *Sleep Medicine Reviews*, 66, 101710. https://doi.org/10.1016/j.smrv.2022.101710

conduisant à ces vagues de chaleur soudaines et ces sueurs nocturnes.

Ce lien entre la baisse d'œstrogènes et l'hyperactivation de cette voie neuronale a été confirmé par plusieurs études menées dans des laboratoires de recherche européens. Mais les mystères de ces interactions sont complexes et loin d'être élucidés. Si les neurones KNDy et leurs actions ressemblent parfois à une partition désaccordée, leur étude promet d'éclairer sur les mécanismes de la ménopause. Et qui sait, peut-être de transformer ces vagues de chaleur en simples frissons de curiosité scientifique.

Les facteurs aggravants : quand le quotidien entre en jeu

Outre les mécanismes biologiques dont le vieillissement, certains facteurs de risques augmentent la fréquence et l'intensité des bouffées de chaleur.

Le tabagisme chronique, la sédentarité et l'obésité sont reconnus comme étant des facteurs de risque dans la survenue de ces symptômes. À cela s'ajoutent des déclencheurs associés comme le stress, l'anxiété, la consommation régulière d'alcool et de certaines épices.

Si la durée des symptômes et leurs expressions sont propres à chaque femme, le contrôle de ces facteurs de risques constitue un axe majeur dans la prise en charge thérapeutique.

Stratégies de prise en charge : de la modification des risques au traitement de la ménopause

La prise en charge des bouffées vasomotrices repose en partie sur le contrôle des facteurs de risque. L'activité physique en améliorant la circulation sanguine et en augmentant la libération d'endorphines aide à réguler la température et à atténuer la sévérité des symptômes. Évitez les déclencheurs comme l'alcool et les épices. La gestion du stress grâce à des pratiques de relaxation, peut significativement diminuer la fréquence des BVM*.

Le traitement hormonal de la ménopause THM est également envisageable en l'absence de contre-indications. Ce traitement, en rétablissant les niveaux d'œstrogènes, aide à élargir la zone de neutralité thermique réduisant ainsi les épisodes de bouffées vasomotrices[49].

Les découvertes récentes de l'origine centrale des BVM pourraient devenir des alternatives thérapeutiques[50]. Comprendre comment la neurokinine B, ses récepteurs et les mécanismes de régulation thermique fonctionnent dans le cadre de la ménopause est un véritable casse-tête scientifique – mais un casse-tête passionnant ! Ce domaine de recherche, en pleine effervescence, tente de percer les secrets des différences individuelles : pourquoi certaines femmes réagissent-elles plus intensément aux traitements que d'autres ? Pourquoi certaines souffrent-elles davantage de bouffées de chaleur ?

Les scientifiques explorent avec minutie les subtils dialogues entre ces récepteurs et les autres réseaux de messagers chimiques qui tissent leur toile au cœur de l'hypothalamus et en particulier, la kisspeptine et la dynorphine et leur coéquipier, la neurokinine B. En substance, ce trio harmonique tente de maintenir un équilibre qui, en période de ménopause, a tendance à partir en vrille. Les avancées dans ce domaine pourraient donc ouvrir la voie à des traitements plus ciblés et plus efficaces pour soulager ces symptômes.

Les bouffées vasomotrices, un chapitre inédit dans l'histoire de la thermorégulation

Les BVM* à la fois redoutées et omniprésentes à des degrés divers – en période de ménopause, illustrent la complexité et la sophistication du corps humain pour maintenir une température

---

49. Tansupswatdikul, P., Chaikittisilpa, S., Jaimchariyatam, N., Panyakhamlerd, K., Jaisamrarn, U. & Taechakraichana, N. (2014). "Effects of estrogen therapy on postmenopausal sleep quality regardless of vasomotor symptoms: a randomized trial". *Climacteric*, 18(2), 198-204. https://doi.org/10.3109/13697137.2014.964670
50. Biglia, N., Bounos, V. E., De Seta, F., Nappi, R. E. & Paoletti, A. M. (2019). "Non-hormonal strategies for managing menopausal symptoms in cancer survivors: an update". *Ecancermedicalscience*, *13*. https://doi.org/10.3332/ecancer.2019.909

stable. Lorsque les hormones se retirent de la danse, l'équilibre est bouleversé et les symptômes ne se font pas attendre. La survenue et l'intensité des symptômes sont d'autant plus marquées et insupportables que la baisse hormonale est brutale, c'est donc ici la dynamique des changements qui est à prendre en compte plus que les valeurs biologiques absolues de référence d'hormones.

En comprenant mieux ces mécanismes et en adaptant notre mode de vie, il est possible de limiter leurs impacts et de traverser cette étape de manière sereine.

Ménopause et sommeil : gardons le cap

Le sommeil, comment ça marche

Le sommeil est un comportement naturel, spontané qui ne se commande pas à volonté. La durée du sommeil est propre à chaque individu. Il est génétiquement défini, on parle de chronotype[51] [52].

Loin d'être homogène, on distingue deux types de sommeil : le lent et le paradoxal. Il fonctionne par cycle de 90 minutes et par nuit, on a entre 4 à 6 cycles d'une durée variable allant de 1 h 30 à 2 h.

On peut comparer le sommeil à un train composé de wagons qui a trois horaires de départ 13 h 00-15 h 00, 21 h 00-22 h 00 et 2 h 00-4 h 00 du matin. Il n'y a jamais de grève du train mais des décalages horaires sont possibles avec des conséquences sanitaires sur le long terme. Selon l'âge des passagers, les cycles de sommeil sont différents. Ils sont plus nombreux chez les jeunes enfants avec en moyenne 6 et 7 cycles contre 4 à 6 cycles chez un adulte et chez les seniors, les nuits sont plus courtes, avec un sommeil plus haché et un sommeil lent, plus présent.

---

51. Taillard, J. (2009). « L'évaluation du chronotype en clinique du sommeil ». *Médecine du Sommeil*, 6(1), 31-34. https://doi.org/10.1016/j.msom.2009.02.003
52. Nedelec, M., Aloulou, A., Duforez, F., Meyer, T. & Dupont, G. (2018). "The Variability of Sleep Among Elite Athletes". *Sports Medicine – Open*, 4(1). https://doi.org/10.1186/s40798-018-0151-2

On distingue trois phases de sommeil :

Les sommeils lents : phase 1 sur 3

- Étape 1 : l'endormissement entre 5 à 10 minutes qui se traduit physiquement par des bâillements et des engourdissements.
- Étape 2 : le sommeil lent, léger entre 10 à 15 minutes.

Le sommeil lent est une phase de réparation : qui dit réparation dit atelier de travail

- Le cerveau tourne au ralenti.
- Pour l'enfant, à ce moment, l'hypophyse[53] une petite glande située à la base du cerveau produit l'hormone de croissance, la GH* (growth hormone) nécessaire à son développement.
- Pour un adulte, c'est une période de recharge à la fois musculaire et une phase de réparation des organes.

Le sommeil lent contribue à la mémorisation grâce à l'hippocampe, une structure paire située dans le lobe temporal du cerveau, nommée ainsi pour sa ressemblance avec l'animal marin. Pendant cette phase, cette région stocke, trie et assure le transfert des informations.

Les études récentes ont montré que la réduction de volume de cette zone serait impliquée dans la survenue de démences comme la maladie d'Alzheimer[54].

Les sommeils profonds : phase 2 sur 3

- Le sommeil profond : 30 minutes, période pendant laquelle le cerveau ne perçoit plus rien, la respiration est très lente et les muscles sont relâchés.

---

53. https://www.msdmanuals.com/fr/accueil/troubles-hormonaux-et-m%C3%A9taboliques/troubles-de-l%E2%80%99hypophyse/pr%C3%A9sentation-de-l%E2%80%99hypophyse

54. https://www.inserm.fr/actualite/atrophie-de-lhippocampe-un-marqueur-predictif-de-la-maladie-dalzheimer-a-utiliser-avec-precaution/#:~:text=L'hippocampe%20est%20une%20structure,le%20rep%C3%A9rage%20dans%20l'espace.

- Le sommeil très profond 30 minutes : étape de récupération primordiale pendant laquelle le corps se remet de la fatigue physique de la journée.

Le sommeil paradoxal, troisième et dernière phase du cycle de sommeil, dure généralement entre 10 et 15 minutes. Durant cette période, la respiration et le rythme cardiaque deviennent irréguliers, et l'activité cérébrale s'approche de celle observée à l'état d'éveil, accompagnée d'une activité oculaire rapide appelée REM (Rapid Eye Movement). Malgré cette intense activité, le corps reste profondément endormi, avec une paralysie musculaire quasi complète. Cette combinaison simultanée de signes d'éveil et de sommeil profond explique le terme « paradoxal ». C'est également au cours de cette phase que se produisent les rêves, qui sont ressentis mais non vécus physiquement.

Lorsqu'un cycle prend fin, on peut soit se réveiller ou soit repartir sur un cycle de sommeil lent léger.

Le professeur Damien Leger[55] spécialiste du sommeil explique que le sommeil est un facteur essentiel d'équilibre psychologique et de récupération physique et mentale quels que soient notre âge, notre environnement et notre état de santé[56]. Un article paru en 2019[57] coécrit par le professeur Damien Leger et le docteur François Bourdillon nous alerte sur le déclin préoccupant du sommeil « le temps de sommeil total des adultes dans la semaine est en moyenne en France en 2017 de 06 h 42 soit pour la première fois en dessous des 7 h minimales quotidiennes habituelles recommandées pour une bonne récupération. Ce déclin du temps de sommeil touche de manière inexorable nos civilisations connectées. Partout dans le monde, le constat est le même : la proportion de petits dormeurs, en dette de sommeil, ne cesse d'augmenter ».

55. *Les Troubles du sommeil* | PUF. (s. d.). https://www.puf.com/les-troubles-du-sommeil?v=24133

56. http://beh.santepubliquefrance.fr/beh/2019/8-9/pdf/2019_8-9.pdf

57. http://beh.santepubliquefrance.fr/beh/2019/8-9/pdf/2019_8-9.pdf

Les causes de ce constat sont multiples. On peut citer : le travail de nuit, avec en France un nombre de travailleurs de nuit passé de 3,3 millions en 1990 à 4,3 millions en 2013, les allongements des temps de trajet entre le domicile et le travail, les temps croissants subis devant les écrans avec les LEDs – adultes et enfants compris –, et un environnement nocturne pollué par le bruit, facteur de risque reconnu comme l'un des grands perturbateurs du sommeil.

La chronobiologie[58], domaine de recherche scientifique qui correspond à l'étude des rythmes biologiques dans l'organisme, explique que le sommeil est régulé par une horloge biologique.

Chez l'homme comme chez tous les mammifères, l'horloge biologique se niche au cœur du cerveau et plus précisément dans les noyaux suprachiasmatiques situés à la base de l'hypothalamus. Ces noyaux ont un rythme propre synchronisé sur environ 24 h 00, on parle de rythme circadien, rythme dépendant de la lumière.

L'horloge interne est un chef d'orchestre qui compose avec des musiciens que l'on appelle synchroniseurs à la fois internes ou intrinsèques – les hormones ou messagers – et externes ou extrinsèques – le rythme des repas, l'alimentation, l'exercice physique, l'activité sociale, la température extérieure et la lumière

La lumière est l'un des plus puissants synchroniseurs externes et la mélatonine, l'hormone du sommeil fabriquée dans le cerveau dépend de cette lumière.

Quand le soir arrive et que la lumière baisse, le cerveau commence à sécréter la mélatonine qui va favoriser l'endormissement. Au lever du jour, le corps libère du cortisol – hormone du stress – qui permet l'éveil.

---

58. *Chronobiologie.* Inserm, « La science pour la santé ». (s. d.). https://www.inserm.fr/dossier/chronobiologie/#:~:text=La%20chronobiologie%20correspond%20%C3%A0%20l,son%20d%C3%A9r%C3%A8glement%20sur%20la%20sant%C3%A9.

Le dernier rapport de l'ANSES « Effets sur la santé humaine et sur l'environnement (faune et flore) des LEDs », paru en 2019, révèle qu'une exposition continue aux LEDs – même à faible intensité – présente un risque élevé de perturber le cycle circadien et en particulier chez les jeunes enfants. Il confirme les propos émis par le professeur Damien Leger sur une des causes du déclin du sommeil. En effet, la lumière enrichie en bleue est un puissant désynchronisateur, on la retrouve dans nos éclairages nocturnes et surtout dans nos écrans « s'exposer en excès et en continu à ce type d'interface, notamment le soir, provoque une baisse de somnolence, un regain de vigilance et retarde l'endormissement avec une dette de sommeil si l'heure de lever ne peut être retardée »[59].

Les troubles du sommeil deviennent plus fréquents avec l'âge. Entre 22 % et 39 %, des individus âgés de 47 à 69 ans[60] déclarent en souffrir, et ce chiffre grimpe à plus de 50 % chez les plus de 65 ans[61]. De récentes études montrent que ces nuits agitées pourraient bien aggraver le risque de démence, en particulier la maladie d'Alzheimer.

Chez les femmes ménopausées, la prévalence des troubles du sommeil augmente, et il semble que cela ne soit pas seulement une question de vieillissement. Si le rôle exact de la privation d'hormones ovariennes dans ces insomnies post-ménopausiques n'est pas clairement établi, les recherches récentes démontrent que les variations des hormones sexuelles féminines, en particulier les œstrogènes et la progestérone, jouent un rôle significatif dans l'altération des rythmes du sommeil au cours des phases

---

59. http://afe-eclairage.com.fr/docs/2019/06/04/06-04-19-2-02-F_communication_AFE_rapport_ANSES_LED_2019_juin.pdf?PHPSESSID=e7u5frapg0o3r6upvqss3cgn94

60. Phillips, B. & Mannino, D. (2005). "Correlates of sleep complaints in adults: the ARIC study". *Journal of Clinical Sleep Medicine*, 1(03), 277-283.

61. Foley, D. J., Monjan, A. A., Brown, S. L., Simonsick, E. M., Wallace, R. B. & Blazer, D. G. (1995). "Sleep complaints among elderly persons: an epidemiologic study of three communities". *Sleep*, 18(6), 425-432.

de la transition ménopausique[62], en ménopause[63] et en post-ménopause[64].

Les troubles du sommeil sont d'origine plurifactorielle et la classification internationale des troubles du sommeil – ICS 3[65] (ICSD, International Classification of Sleep Disorders) les regroupe en six grandes catégories :

- Insomnie trouble du sommeil le plus fréquent
- Troubles respiratoires liés au sommeil
- Troubles centraux de l'hypersomnolence
- Troubles du rythme circadien du sommeil et de l'éveil
- Parasomnies
- Troubles du mouvement liés au sommeil *dont le syndrome des jambes sans repos ou impatiences*

Les anomalies du sommeil : insomnie, cauchemars, somnambulisme, syndrome d'apnées du sommeil, peuvent être identifiées par un examen médical : la polysomnographie. Elle permet l'enregistrement du sommeil, de la ventilation et de mouvements corporels au cours de la nuit. L'évaluation des troubles de l'horloge interne et dans certains cas d'insomnie repose sur l'actigraphie, test qui permet d'évaluer les périodes d'éveil et de sommeil sur plusieurs jours ou plusieurs sommeils.

---

62. Socrate, P. (2014). « Troubles du sommeil au cours de la périménopause : une revue de la littérature à propos d'un cas clinique ». *Médecine du Sommeil*, 11(3), 149-154. https://doi.org/10.1016/j.msom.2014.06.001

63. Proserpio, P., Marra, S., Campana, C., Agostoni, E. C., Palagini, L., Nobili, L. & Nappi, R. E. (2020). "Insomnia and menopause: a narrative review on mechanisms and treatments". *Climacteric*, 23(6), 539-549. https://doi.org/10.1080/13697137.2020.1799973

64. Jeon, G.-H. "Insomnia in Postmenopausal Women: How to Approach and Treat It?" J. Clin. Med. 2024, 13, 428. https://doi.org/10.3390/jcm13020428

65. https://learn.aasm.org/Listing/International-Classification-of-Sleep-Disorders-%E2%80%93-Third-Edition-ICSD-3-Online-1650

Ménopause et sommeil perturbé : les effets des changements hormonaux

Selon les révélations d'un sondage réalisé en 2023 par Silentnight[66] – une marque de literie britannique – auprès de 1000 femmes à la croisée des chemins de la périménopause et de la ménopause, il semble que ces dernières perdent environ « 2,5 heures de sommeil chaque nuit ». Cela équivaut à une perte impressionnante de 37 jours de sommeil par an – assez pour qu'une petite croisière dans le monde des rêves devienne un mirage. Et 83 % de ces courageuses navigatrices en période de ménopause avouent également rencontrer des difficultés à trouver le sommeil. Hannah Shore, l'experte en sommeil de cette entreprise explique que : « nos recherches mettent à nu la véritable ampleur des problèmes que la ménopause cause en matière de sommeil, non seulement chez les personnes qui en ressentent des symptômes, mais aussi sur leur entourage ».

De façon subjective[67] sur la base d'auto-questionnaires, les femmes en période de transition ménopausique, de ménopause et de post-ménopause éprouvent des difficultés à s'endormir, des réveils fréquents nocturnes, des troubles de la vigilance. Elles expriment un inconfort réel dans leur vie au quotidien tant sur le plan personnel que professionnel.

Une patiente récemment ménopausée, cadre dans une grande multinationale, est venue me voir à plusieurs reprises pour des troubles de l'humeur et de la mémoire. Lors de nos échanges, j'ai pris soin d'aborder la question de son sommeil, suspectant qu'il pouvait être en partie responsable de ces symptômes.

En lui proposant de tenir un agenda de sommeil et en lui remettant les coordonnées du réseau Morphée[68], spécialisé dans la gestion des troubles du sommeil, elle a répondu avec une pointe d'ironie :

---

66. https://www.silentnight.co.uk/how-britain-sleeps
67. Brown, A. M. C. & Gervais, N. J. (2020). "Role of Ovarian Hormones in the Modulation of Sleep in Females Across the Adult Lifespan". *Endocrinology*, 161(9), bqaa128. https://doi.org/10.1210/endocr/bqaa128
68. https://reseau-morphee.fr/

– Vous savez, docteur, chaque nuit, je fais appel à Morphée, mais elle finit toujours par m'envoyer sa remplaçante : Madame réveil prématuré.

L'humour en consultation est souvent la voie à un dialogue constructif pour trouver des solutions adaptées à une situation problématique bien réelle car derrière cette boutade, il y avait la fatigue et le poids des nuits blanches. Quelques années plus tard, elle est revenue me consulter pour une demande de bilan biologique en me reparlant des pages noircies de son agenda et elle a évoqué ce quelqu'un à ses côtés récemment rencontré qui l'aide à voir les nuits sous un tout autre jour ! *Morphée a été remplacé.*

Les troubles du sommeil représentent une plainte fréquente chez les femmes traversant la ménopause. Cette situation engendre des répercussions significatives sur la vie quotidienne et accroît les risques de comorbidités, notamment les maladies cardiovasculaires, le diabète, voire une mortalité prématurée.

Ces troubles sont étroitement associés aux fluctuations hormonales qui caractérisent cette période transitoire de leur existence mais pas que… d'autres facteurs doivent être pris en compte qu'ils soient familiaux, économiques ou sociaux, sans omettre les maladies chroniques ou la consommation chronique de substances (tabac, alcool, médicaments). Avec l'âge[69], la fréquence des troubles du sommeil s'accentue.

La ménopause responsable peut-être mais pas la seule coupable !

---

69. Copinschi, G. & Caufriez, A. (2013). "Sleep and hormonal changes in aging". *Endocrinology and metabolism clinics of North America*, 42(2), 371-389. https://doi.org/10.1016/j.ecl.2013.02.009

Les hormones sexuelles : gardiennes d'un sommeil réparateur

Les troubles du sommeil évoluent davantage chez les femmes au cours de leur vie que chez les hommes[70] [71], avec une intensification notable pendant la transition ménopausique. L'activité circadienne présente aussi des différences liées au sexe : les femmes jeunes et d'âge moyen tendent à avoir un chronotype plus précoce[72], des niveaux de mélatonine[73] plus élevés, et une température corporelle légèrement plus basse, avec une élévation subtile pendant l'ovulation. La ménopause réduit la zone de confort thermique, exacerbant les troubles. Par ailleurs, une méta-analyse révèle que l'insomnie touche 22 % de la population mondiale et que les femmes sont 1,5 fois plus à risque que les hommes[74].

En préménopause[75] [76]

Le cycle menstruel, d'une durée d'environ 28 jours, se divise en deux phases principales : folliculaire et lutéale. Au début de la phase folliculaire, les concentrations des hormones ovariennes, œstradiol (E2) et progestérone (P), sont faibles, mais l'E2 augmente rapidement à l'approche de l'ovulation. La phase lutéale, quant

---

70. Lindberg, E., Janson, C., Gislason, T., Björnsson, E., Hetta, J. & Boman, G. (1997). "Sleep disturbances in a young adult population: can gender differences be explained by differences in psychological status?" *Sleep*, 20(6), 381-387.
71. Martin, N., Lafortune, M., Godbout, J., Barakat, M., Robillard, R., Poirier, G., Bastien, C. & Carrier, J. (2012). "Topography of age-related changes in sleep spindles". *Neurobiology Of Aging*, 34(2), 468476. https://doi.org/10.1016/j.neurobiolaging.2012.05.020
72. Bailey, M. & Silver, R. (2014). "Sex differences in circadian timing systems: implications for disease". *Frontiers in neuroendocrinology*, 35(1), 111-139.
73. Adan, A. & Natale, V. (2002). "Gender differences in morningness-eveningness preference". *Chronobiology international*, 19(4), 709-720.
74. Zeng, L. N., Zong, Q. Q., Yang, Y., Zhang, L., Xiang, Y. F., Ng, C. H., … & Xiang, Y. T. (2020). "Gender difference in the prevalence of insomnia: a meta-analysis of observational studies". *Frontiers in Psychiatry*, 11, 577429.
75. Baker, F. C. & Driver, H. S. (2007). "Circadian rhythms, sleep, and the menstrual cycle". *Sleep medicine*, 8(6), 613-622.
76. Brown, S. G., Morrison, L. A., Calibuso, M. J. & Christiansen, T. M. (2008). "The menstrual cycle and sexual behavior: relationship to eating, exercise, sleep, and health patterns". *Women & health*, 48(4), 429-444.

à elle, se caractérise par des niveaux modérés d'E2 et élevés de progestérone, qui chutent progressivement en prélude au début des règles.

Le sommeil, étroitement influencé par les fluctuations du cycle menstruel, varie en fonction des phases hormonales. Durant la phase folliculaire et le début de la phase lutéale, on observe une augmentation de la durée du sommeil profond. En revanche, la fin de la phase lutéale et la période prémenstruelle sont marquées par une détérioration significative de la qualité du sommeil, accompagnée d'une prévalence accrue d'insomnie. Ces variations traduisent l'impact des changements hormonaux sur les mécanismes du repos.

À ce jour, aucun lien clairement établi n'a été démontré entre les niveaux d'œstrogènes et la qualité du sommeil des femmes au cours de leur cycle menstruel, ainsi que pour les hormones Gonadotrophines (FSH et LH)[77]. En revanche, la progestérone influence la régulation du sommeil grâce à son effet sédatif naturel[78], attribué à son interaction avec les récepteurs GABA[79]. Ce mécanisme favorise le relâchement du système nerveux, améliorant ainsi l'endormissement et la continuité du sommeil.

Lorsque les niveaux de progestérone diminuent, notamment en phase lutéale tardive, cet effet apaisant diminue, ce qui peut entraîner des difficultés d'endormissement et une augmentation des micro-réveils nocturnes. Les études sur les enregistrements polysomnographiques[80] confirment cette tendance, avec une hausse des éveils après l'endormissement et des interruptions

---

77. Touzet, S., Rabilloud, M., Boehringer, H., Barranco, E. & Ecochard, R. (2002). "Relationship between sleep and secretion of gonadotropin and ovarian hormones in women with normal cycles". *Fertility and sterility*, *77*(4), 738-744.
78. Caufriez, A., Leproult, R., L'Hermite-Balériaux, M., Kerkhofs, M. & Copinschi, G. (2011). "Progesterone Prevents Sleep Disturbances and Modulates GH, TSH, and Melatonin Secretion in Postmenopausal Women". *The Journal Of Clinical Endocrinology & Metabolism*, 96(4), E614-E623. https://doi.org/10.1210/jc.2010-2558
79. Ben-Ari, Y. (2007). « Le GABA ». *Médecine/Sciences*, 23(8-9) 751-755. https://doi.org/10.1051/medsci/20072389751
80. https://www.lna-sante.com/actualite/nos-etablissements/polysomnographie/#P

fréquentes du sommeil, corrélées à la baisse de la progestérone. Ainsi, les variations hormonales, bien que naturelles, montrent un impact direct et tangible sur la qualité du repos tout au long du cycle menstruel.

Les contraceptifs hormonaux[81] [82] influencent le sommeil de manière variable, mais globalement, ils peuvent améliorer certains de ses aspects. Ils sont associés à une diminution des réveils nocturnes, une meilleure efficacité du sommeil et une augmentation de sa durée globale. Cet effet bénéfique est en partie lié à l'action relaxante de la progestérone, déjà exploitée en gynécologie pour réduire les insomnies associées aux syndromes prémenstruels.

Cependant, l'impact des contraceptifs hormonaux sur le sommeil n'est pas uniforme. Certains types de contraception peuvent réduire la proportion de sommeil profond, altérant ainsi la récupération physique, et avoir des effets variés sur le sommeil paradoxal, cruciaux pour la mémoire et la régulation émotionnelle. De plus, certaines utilisatrices rapportent des effets indésirables tels qu'une fatigue accrue, des troubles du sommeil ou une somnolence diurne, ces variations étant fortement dépendantes du type et de la formulation du contraceptif utilisé.

Ainsi, l'effet des contraceptifs hormonaux sur le sommeil mérite d'être individualisé, en tenant compte des besoins spécifiques et des éventuels symptômes de chaque femme. Un suivi médical est souvent nécessaire pour ajuster la contraception en fonction des impacts observés sur la qualité du sommeil.

---

81. De Zambotti, M., Colrain, I. M. & Baker, F. C. (2015). "Interaction between reproductive hormones and physiological sleep-in women". *The Journal of Clinical Endocrinology & Metabolism*, *100* (4), 1426-1433.
82. Bezerra, A. G., Andersen, M. L., Pires, G. N., Banzoli, C. V., Polesel, D. N., Tufik, S. & Hachul, H. (2020). "Hormonal contraceptive use and subjective sleep reports in women: an online survey". *Journal of sleep research*, *29*(6), e12983.

Pendant la grossesse

La grossesse et le post-partum sont des périodes marquées par une augmentation significative des troubles du sommeil[83].

Pendant la grossesse, le sommeil est souvent perturbé dès le premier trimestre à cause des envies fréquentes d'aller aux toilettes la nuit, dues à l'augmentation du volume sanguin et à la pression sur la vessie. Plus tard, au second et au troisième trimestre, d'autres gênes s'ajoutent, comme les remontées acides causées par les changements hormonaux et l'inconfort provoqué par la croissance de l'utérus et les modifications posturales. Tout cela rend les nuits plus difficiles et le sommeil plus fragmenté à mesure que la grossesse avance.

Ces troubles incluent des réveils fréquents, des états d'éveil prolongés, ainsi qu'un risque accru de troubles respiratoires et l'apparition du syndrome des jambes sans repos[84].

Au post-partum, les difficultés à dormir se prolongent, exacerbées à la fois par les bouleversements hormonaux après l'accouchement et aussi et surtout par les exigences de la période néonatale. Car, avouons-le, les horaires chaotiques des nourrissons et leurs appels nocturnes pour le dîner ne manquent pas de pimenter le quotidien des parents.

Les femmes enceintes font souvent l'expérience de nuits agitées, et ce phénomène ne résulte pas seulement d'un déséquilibre hormonal. En réalité, ces difficultés de sommeil sont également liées à des défis concrets et pratiques rencontrés pendant la grossesse, ainsi qu'à des changements d'humeur pouvant aller de l'euphorie à l'anxiété, voire à la dépression.

---

83. Lord, C., Sekerovic, Z. & Carrier, J. (2014). "Sleep regulation and sex hormones exposure in men and women across adulthood". *Pathologie Biologie*, 62(5), 302-310.
84. Monaca, C. (2010). "Physiopathologie du syndrome des jambes sans repos". *La Presse Médicale*, 39(5), 587-591. https://doi.org/10.1016/j.lpm.2009.09.029

Pendant la transition ménopausique, ménopause et post-ménopause : faites vos jeux, rien ne va plus !

La plupart des études indiquent qu'une carence ovarienne est associée à une augmentation des troubles du sommeil. Le cycle veille-sommeil est contrôlé par des régions cérébrales spécifiques et leurs neurotransmetteurs. L'éveil dépend de substances comme la dopamine[85], la sérotonine, le cortisol[86]..., alors que le sommeil nécessite le blocage de ces systèmes par un neurotransmetteur clé : le GABA. Les rythmes veille-sommeil sont synchronisés par une « horloge biologique » située dans des noyaux logés au sein de l'hypothalamus.

Les œstrogènes agissent directement sur des zones cérébrales comme l'hypothalamus, en influençant les rythmes circadiens (cycle jour-nuit) et l'activité veille-sommeil. De plus, ils interagissent avec d'autres neurotransmetteurs, comme la sérotonine et la dopamine, connus pour leur lien avec le sommeil et l'humeur. Avec l'arrivée de la ménopause, la baisse des œstrogènes affecte le sommeil de plusieurs façons.

D'une part, les fluctuations hormonales associées à la ménopause perturbent les circuits cérébraux impliqués dans la régulation de l'humeur, augmentant ainsi le risque de dépression et d'insomnie. La baisse des taux d'œstrogènes réduit également la production de sérotonine, un neurotransmetteur dérivé du tryptophane, essentiel à la stabilité émotionnelle et à l'endormissement. Cette diminution amplifie la sensibilité au stress et à l'anxiété, tout en rendant l'endormissement plus difficile. Selon l'Institut national du sommeil et de la vigilance (INSV), un déficit en sérotonine peut entraîner un sommeil plus léger et fragmenté, exacerbant les troubles du sommeil.

D'autre part, comme évoqué précédemment, ces fluctuations hormonales affectent la régulation de la température corporelle.

---

85. Becker, J. B. (1990). "Direct effect of 17β-estradiol on striatum: Sex differences in dopamine release". *Synapse*, 5 (2), 157-164.
86. Sherwin, B. B. (1996). "Hormones, mood, and cognitive functioning in postmenopausal women". *Obstetrics & Gynecology*, *87*(2), 20S-26S.

Les bouffées de chaleur et les sueurs nocturnes qui en résultent contribuent à fragmenter davantage le sommeil.

Le rôle complexe de la progestérone dans le sommeil et la respiration[87]

La progestérone est une hormone régulatrice du cycle veille-sommeil. Elle et ses dérivés ont un don particulier : ils frappent à la porte des récepteurs GABA-A du système nerveux central, un peu comme un livreur de sérénité qui apporte une grosse dose de calme. « C'est bon, les filles, on se détend, c'est l'heure de dormir ». Cet effet sédatif puissant favorise un sommeil réparateur.

Mais la progestérone peut aussi avoir des effets contradictoires sur le sommeil en raison de son influence sur la température corporelle. En augmentant légèrement la température centrale, elle peut perturber la qualité du sommeil, malgré ses propriétés naturellement sédatives. Elle réduit aussi le tonus musculaire responsable de l'ouverture et de la fermeture de l'œsophage, favorisant le développement du reflux gastro-œsophagien. Cette action bien qu'indirecte, peut aggraver certains troubles digestifs, lesquels sont souvent associés à une altération de la qualité du sommeil.

Après la ménopause, le risque de troubles respiratoires du sommeil (comme l'apnée du sommeil) augmente, en partie à cause de la diminution des hormones ovariennes et de la prise de poids. La progestérone intervient dans ce contexte en relaxant là encore les muscles[88] des voies respiratoires supérieures et en stimulant la respiration. Cette action pourrait expliquer pourquoi les thérapies à base de progestérone améliorent la respiration et le sommeil chez les femmes périménopausées et post-ménopausées.

---

87. Caufriez, A., Leproult, R., L'Hermite-Balériaux, M., Kerkhofs, M. & Copinschi, G. (2011). "Progesterone Prevents Sleep Disturbances and Modulates GH, TSH, and Melatonin Secretion in Postmenopausal Women". *The Journal Of Clinical Endocrinology & Metabolism*, 96(4), E614E623. https://doi.org/10.1210/jc.2010-2558

88. Cabral, R., Gutierrez, M., Fernandez, A. I., Cantabrana, B. & Hidalgo, A. (1994). "Progesterone and pregnanolone derivatives relaxing effect on smooth muscle". *General Pharmacology: The Vascular System*, 25(1), 173-178.

Bien que la progestérone soit bénéfique pour favoriser le sommeil et réduise les troubles respiratoires, ses effets sur la température corporelle et sur le tonus musculaire de l'œsophage doivent être pris en compte pour améliorer la qualité globale du sommeil.

En résumé

Les troubles du sommeil, fréquents chez les femmes durant la transition ménopausique et au-delà, trouvent leurs origines dans des causes multiples et imbriquées. Ce que l'on sait aujourd'hui, c'est que les œstrogènes et la progestérone participent activement à l'harmonie du sommeil. Ces hormones permettent un endormissement plus rapide, réduisent les réveils nocturnes et offrent un repos continu et réparateur. Leur déclin progressif au fil de la ménopause bouleverse cette harmonie, altérant significativement la qualité des nuits.

Ces hormones, sécrétées par les ovaires, exercent leurs effets de manière directe et indirecte. Directement, elles agissent sur le cerveau en se liant à des récepteurs spécifiques. Ainsi, la progestérone, par l'intermédiaire de son dérivé, l'allopregnanolone, se fixe sur les récepteurs GABA-A, apaisant le système nerveux. Elle stabilise également la respiration nocturne en modulant les centres respiratoires du cerveau.

Indirectement, les œstrogènes influencent des systèmes clés tels que celui de la sérotonine, de la dopamine ou encore de la neurokinine B, des interactions complexes qui participent aussi à l'apparition de symptômes vasomoteurs comme les bouffées de chaleur, perturbateurs du sommeil.

Au-delà des mécanismes centraux, ces hormones interviennent sur des fonctions périphériques. La progestérone relâche les voies respiratoires, limitant ainsi les risques d'apnée du sommeil. Elle agit également sur le tonus musculaire de l'uretère et du sphincter œsophagien, atténuant les reflux gastro-œsophagiens, des inconforts souvent responsables de nuits agitées.

Lorsque les taux hormonaux chutent brutalement, comme dans le cas d'une ménopause induite, ces troubles s'intensifient, affectant le sommeil autant que d'autres fonctions essentielles. Les recherches montrent que ce sont moins les niveaux absolus des hormones que leurs variations dynamiques qui désorganisent les systèmes hormonaux et neuronaux. Ces fluctuations rapides bouleversent non seulement le sommeil, mais aussi l'humeur et le métabolisme, révélant ainsi la sensibilité extrême de l'organisme à ces déséquilibres.

Cependant, il serait réducteur d'imputer ces troubles au seul phénomène de la ménopause. Des facteurs extérieurs, tels que le stress, les conditions de vie, l'alimentation, l'activité physique, ou encore les caractéristiques propres à chaque femme – son âge, son origine ethnique, son environnement socio-économique – viennent s'ajouter, enrichissant et complexifiant le tableau. Ces éléments, autant d'ombres et de nuances sur la toile de la ménopause, nécessitent encore d'être explorés pour mieux comprendre leur influence sur le sommeil et affiner les réponses thérapeutiques.

Ménopause : ce que votre peau révèle quand les hormones tirent leur révérence[89] [90] [91] [92] [93]

« Miroir, mon beau miroir… » Ces mots, empruntés à la perfide belle-mère de Blanche-Neige, semblent aujourd'hui dépasser les frontières des contes pour trouver un écho bien réel chez de nombreuses femmes. Face à leur reflet, elles examinent

89. Parmentier, I. (2024, 30 janvier). *Vieillissement cutané : conseils à l'officine*. https://dumas.ccsd.cnrs.fr/dumas-04604712v1

90. Mélissopoulos, A., Levacher, C., Robert Ladislas, Ballotti Robert, Robert Ladislas & Ballotti Robert. (2012). *La peau : structure et physiologie* ([2e édition]). Éd. Tec & Doc Lavoisier.

91. Holland, E. F., Studd, J. W., Mansell, J. P., Leather, A. T. & Bailey, A. J. (1994). "Changes in collagen composition and cross-links in bone and skin of osteoporotic postmenopausal women treated with percutaneous estradiol implants". *Obstetrics and gynecology*, 83(2), 180-183.

92. Thornton M. J. (2013). "Estrogens and aging skin". *Dermato-endocrinology*, 5(2), 264-270. https://doi.org/10.4161/derm.23872

93. Stevenson, S. & Thornton, J. (2007). "Effect of estrogens on skin aging and the potential role of SERMs". *Clinical interventions in aging*, 2(3), 283-297. https://doi.org/10.2147/cia.s798

les premiers signes du temps, ces rides qui témoignent d'une vie vécue mais que beaucoup appréhendent. Le vieillissement cutané, accentué par la ménopause, alimente cette inquiétude, d'autant que la société actuelle, nourrie par le culte de la jeunesse, ne cesse de glorifier l'apparence. Les réseaux sociaux et les avancées des technologies de la beauté – ces innovations qui réinventent notre rapport au miroir à travers la Réalité Augmentée et l'Intelligence Artificielle – contribuent à transformer profondément notre perception de nous-mêmes et de ce que signifie vieillir dans un monde obsédé par l'éclat éternel.

La peau est le plus grand organe vivant du corps humain, couvrant en moyenne une surface de 2 m^2, le plus lourd, le plus peuplé et le plus sensible[94]. Elle agit comme une barrière protectrice et renseigne sur notre état de santé et révèle notre âge.

Elle se compose de trois couches principales : l'épiderme, la couche externe visible ; le derme, qui assure la structure et la fermeté ; et l'hypoderme, une couche plus profonde graisseuse[95].

L'épiderme agit contre les agressions extérieures. Il se renouvelle régulièrement grâce à des cellules appelées kératinocytes, mais ce processus ralentit avec le temps, rendant la peau plus fine et sèche.

Le derme est le siège du collagène et des fibres élastiques qui donnent à la peau sa souplesse et sa résistance. Enfin, l'hypoderme joue un rôle d'isolant et d'amortisseur.

Chronos n'est pas le seul sculpteur de la peau. Des facteurs internes et des facteurs externes (le tabagisme chronique et l'exposition solaire) modifient la structure de la peau.

À la ménopause, la chute des œstrogènes agit comme un véritable accélérateur des changements cutanés. Ces hormones, qui étaient jusqu'alors les gardiennes de l'élasticité et de l'hydratation de la peau, laissent un vide que l'épiderme peine à combler. Privée de ce soutien hormonal, la peau s'amincit, devient plus vulnérable

94. *Science&Santé* n° 31, « Inserm, La science pour la santé ». (s. d.). Inserm. https://www.inserm.fr/magazine/sciencesante-n31/
95. https://microbiologiemedicale.fr/peau-anatomie/

et perd sa capacité à retenir l'eau, entraînant une sécheresse souvent inconfortable. Cette sensation, parfois accompagnée de démangeaisons, évoque l'aspect rêche et écailleux d'une peau de crocodile.

Les transformations ne s'arrêtent pas à la surface. Dans le derme, les fibroblastes, ces petites usines responsables de la production de collagène, réduisent leur activité. Ce ralentissement s'apparente à celui observé dans les os lors de l'ostéoporose. À mesure que le collagène se fait plus rare, la peau perd sa fermeté, son élasticité et sa résistance. Cette fragilité structurelle offre un terrain idéal pour l'installation des rides, qui se creusent plus facilement sur un derme affaibli.

Mais la ménopause ne se contente pas de retirer des œstrogènes, elle donne aussi à la testostérone, jusqu'alors discrète et en arrière-plan, l'occasion de se faire remarquer. Résultat ? Une hyperandrogénie relative[96], qui peut raviver des souvenirs d'adolescence avec une acné tardive, accélérer une chute de cheveux ou même stimuler une pilosité inattendue, comme cette fameuse moustache de « mère-grand » dans le conte du *Petit Chaperon Rouge*. L'explication de ce phénomène résulte d'une sur-stimulation des récepteurs de la peau à la testostérone, qui l'accueillent avec un peu trop d'enthousiasme… Et voilà comment la ménopause bouleverse les règles du jeu laissant certaines femmes face à de nouveaux défis.

Les agressions extérieures, et plus particulièrement le soleil, amplifient les effets du vieillissement cutané. Les rayons ultraviolets UV* dégradent le collagène, épaississent certaines zones de la peau – un phénomène connu sous le nom de kératose – et favorisent l'apparition de taches brunes. Ils augmentent également le risque de cancers cutanés, notamment les carcinomes et les mélanomes.

À cela s'ajoute une diminution de la « bronzabilité » : avec une peau moins protégée par la baisse des défenses naturelles, la sensibilité aux UV s'accroît. Les vaisseaux sanguins dilatés viennent

96. « Hyperandrogénie postménopausique ». (2017, 30 janvier). *Gynécologie Obstétrique Pratique*. https://www.gynecologie-pratique.com/journal/article/0014330-hyperandrogenie-postmenopausique.

compléter le tableau en générant des rougeurs diffuses. Le soleil, ennemi numéro un de la peau, ne se contente pas d'accélérer le vieillissement, il augmente aussi les risques de pathologies graves.

Pour prévenir ces dommages, une photoprotection quotidienne s'impose comme une nécessité. Les dermatologues insistent non seulement sur l'importance d'un écran solaire adapté et appliqué régulièrement, mais également sur le dépistage régulier des lésions suspectes.

La peau est – vous l'aurez compris – bien plus qu'une parure soumise aux épreuves du temps. À chaque étape de la vie, elle s'adapte, se transforme, et nous enseigne une précieuse leçon: accepter les changements sans renoncer à en prendre soin. Les avancées scientifiques viennent aujourd'hui enrichir ce dialogue. La cosmétologie, armée des découvertes sur le microbiote[97] et des promesses de l'intelligence artificielle, accompagne ces transformations. Nourrir la peau de l'intérieur, prédire ses besoins, lui offrir des soins personnalisés: l'avenir se dessine entre science et art.

Prévenir, protéger et surveiller: tels sont les piliers d'une peau en bonne santé. Face au miroir, il ne s'agit pas seulement de traquer les défauts, mais d'apprendre à voir au-delà, à reconnaître dans ce reflet une vie riche d'expériences. Chaque ride est une ligne de force, chaque imperfection une preuve de résilience. La peau, avec toutes ses transformations, mérite qu'on en prenne soin, non pas pour défier le temps, mais pour qu'elle continue de nous accompagner avec style.

La ménopause et le syndrome d'atrophie vulvaire: décryptage pour vivre mieux

Le corps des femmes subit des transformations importantes à chaque âge de sa vie et la vulve n'y échappe pas. Mais attention: tous les changements ne sont pas synonymes de problèmes!

---

97. Manus, J. (2020). «Le microbiote cutané. Tout savoir sur les bactéries qui vivent sur notre peau». *Revue Francophone des Laboratoires*, 2020(522), 14. https://doi.org/10.1016/s1773-035x(20)30149-0

Il est essentiel de distinguer les variations normales du vieillissement des véritables pathologies.

Le syndrome génito-urinaire de la ménopause : parlons-en franchement[98]

Parmi les bouleversements que traverse le corps à la ménopause, le syndrome génito-urinaire, anciennement connu sous le nom d'atrophie vulvaire post-ménopausique, tient une place particulière. Sous l'effet de la chute des œstrogènes, la vulve et le vagin subissent des modifications notables : les muqueuses deviennent plus fines, moins souples, et la sécheresse s'installe. Ces changements, bien que naturels, s'accompagnent parfois de symptômes gênants: brûlures, douleurs pendant les rapports (dyspareunie), et infections urinaires à répétition. Ces manifestations, souvent passées sous silence, peuvent sérieusement altérer la qualité de vie si elles ne sont pas prises en charge.

La bonne nouvelle ? Ces symptômes se traitent, et plutôt bien. Des crèmes hydratantes, des soins doux, et parfois l'application locale d'œstrogènes permettent de retrouver confort et sérénité. Les gynécologues connaissent parfaitement ce syndrome et disposent d'outils efficaces pour aider les femmes à mieux vivre cette période. Pourtant, beaucoup hésitent à recourir à des soins spécifiques pour cette zone intime. Pourquoi ? Peut-être parce que l'idée de « chouchouter » cette partie du corps reste encore taboue.

Et si on parlait soin intime avec naturel ?

Prenons un instant pour observer une habitude bien ancrée : environ 62 % des femmes en France appliquent régulièrement des crèmes pour leur visage[99], et près de la moitié des généra-

---

98. PNs. (s. d.). Pédagogie Numérique En Santé. https://www.pns-mooc.com/fr/mooc/module/session/course/417
99. Statista. (2024, 9 novembre). « Usage journalier de crèmes nettoyantes pour visage par génération dans le monde », 2017. https://fr.statista.com/statistiques/785513/usage-journalier-cremes-nettoyantes-pour-visage-par-generation-monde/

tions Y et X dans le monde s'en enduisent quotidiennement[100]. Et la vulve dans tout ça? Silence radio. Les crèmes pour cette zone restent largement confidentielles, même si leur usage progresse doucement. Avouons-le, ce décalage a de quoi faire sourire.

Hydrater la peau du visage est devenu un rituel presque sacré, un geste évident, un moment de soin quotidien qu'on ne remet jamais en question. Alors pourquoi cette évidence ne s'applique-t-elle pas à la vulve, particulièrement lorsqu'elle souffre des effets de la ménopause et de la carence en œstrogènes? Pourtant, il s'agit là aussi d'une peau, avec ses besoins, ses fragilités.

Attention toutefois: il ne s'agit pas de confondre ce soin avec un gel lavant intime, souvent utilisé de manière excessive, au nom d'une «propreté absolue». Ces produits, bien que vendus comme de grands alliés, peuvent être trop agressifs et perturber le microbiote vulvaire[101] [102], cette précieuse flore intime qui agit comme une barrière protectrice contre irritations et infections.

Inutile d'aller chercher des formules extravagantes ou des promesses miracles. Un soin à base d'ingrédients naturels fait souvent parfaitement l'affaire[103]. Une peau moins sèche, plus souple, c'est un soulagement réel, un retour au confort, presque un petit «merci» discret que votre corps vous glisse.

Mais alors, pourquoi tant d'hésitation? Peut-être parce que cette partie du corps reste entourée d'un certain mystère, comme un territoire sacré qu'on hésite à intégrer dans nos routines de soin. Et pourtant, on hydrate bien nos coudes et nos genoux sans y penser! Alors, pourquoi pas ici?

---

100. https://www.appinio.com/fr/blog/insights/le-marche-des-soins-de-la-peau-en-france
101. Di Domizio, J., Pagnoni, A., Huber, M., Hohl, D. & Gilliet, M. (2016). «Le microbiote cutané: le poids lourd sort de l'ombre». *Revue Médicale Suisse*, 12(512), 660664. https://doi.org/10.53738/revmed.2016.12.512.0660
102. Bonnal, V. (2023, 25 septembre). «Dysbioses du microbiote vaginal: causes, conséquences et prise en charge». https://dumas.ccsd.cnrs.fr/dumas-04504443v1
103. https://www.ellequebec.com/beaute/shopping-beaute/tout-ce-quil-faut-savoir-sur-les-elixirs-intimes

Changer les mentalités demande du temps, mais tout commence par des gestes simples. Qui sait? Hydrater la vulve pourrait, un jour, devenir aussi banal que tapoter quelques gouttes de sérum sur son visage. Parce qu'au fond, il ne s'agit de rien d'autre que d'écouter son corps et d'en prendre soin là où il en a besoin. Pas de tiraillements, pas de douleurs inutiles. Juste du confort, et une preuve d'attention envers soi-même.

Les lichens vulvaires : des lésions dermatologiques à connaitre[104]

Tous les symptômes vulvaires ne sont pas nécessairement liés au syndrome génito-urinaire de la ménopause. Prenons les lichens, et ici, rien à voir avec les petites plantes sur les rochers ! En dermatologie, les lichens scléreux et plans érosifs sont des maladies auto-immunes d'origine inconnue qui peuvent apparaître à la ménopause. Ces lésions peuvent siéger dans autres régions anatomiques comme la bouche et la région anale. On parle de lichen vulvo-ano-buccal. Les hommes peuvent également être touchés par ces lésions cutanées.

Le lichen scléreux ou scléro-atrophique se manifeste par une peau blanchie, fine et fragile, souvent décrite comme « une blancheur porcelaine » avec des démangeaisons. Le lichen plan érosif, quant à lui, est associé à des lésions cutanées rouges circonscrites d'un pourtour blanchâtre et accompagnées de vives douleurs au toucher.

En l'absence de traitement, ces deux affections peuvent engendrer des complications sérieuses, comme un rétrécissement vulvaire sévère rendant les rapports sexuels impossibles ou, dans certains cas rares, évoluer vers un cancer de la vulve. D'où l'importance du dépistage. Une simple biopsie – prélèvement d'un échantillon de

104. Kirtschig, G., Becker, K., Günthert, A., Jasaitiene, D., Cooper, S., Chi, C. C., Kreuter, A., Rall, K. K., Aberer, W., Riechardt, S., Casabona, F., Powell, J., Brackenbury, F., Erdmann, R., Lazzeri, M., Barbagli, G. & Wojnarowska, F. (2015). "Evidence-based (S3) Guideline on (anogenital) Lichen sclerosus". *Journal of the European Academy of Dermatology and Venereology: JEADV*, 29(10), e1-e43. https://doi.org/10.1111/jdv.13136

tissu – permet d'identifier la nature du problème et de prescrire un traitement adapté, généralement des crèmes à base de corticoïdes. Un geste simple salvateur, pour prévenir des conséquences bien plus lourdes et préserver la santé intime des femmes.

Le papillomavirus : un invité indésirable[105] [106]

Certaines lésions vulvaires sont dues à des papillomavirus cancérigènes. Ces infections virales peuvent donner des plaques discrètes ou diffuses, parfois irritantes, qu'il faut impérativement surveiller. La biopsie est encore une fois la clé, car détecter ces lésions précancéreuses à temps peut éviter des cancers invasifs.

Le message ici ? Même à 70 ou 80 ans, ne sous-estimez pas une petite plaque suspecte ou un grattage qui persiste. Parlez-en !

Vulvodynies : ces douleurs invisibles mais bien réelles[107]

M., 56 ans, mère célibattante jonglant avec les difficultés du quotidien, me consultait surtout pour des lombalgies chroniques, et un eczéma. La ménopause ? « Un détail », disait-elle et elle avait un bon gynécologue mais qui venait de partir à la retraite.

Un jour, elle est arrivée au cabinet, visiblement troublée.

– Docteur, j'ai un problème… comment dire… intime. Depuis des mois, j'ai cette douleur dans le bas. Ça picote, ça brûle… Parfois, j'ai même l'impression d'avoir du verre pilé sous la peau. Au début, je pensais que ça passerait. Mais là, je n'en peux plus. Comment expliquer ça sans passer pour une cinglée ? Je ne suis pas folle, docteur !

---

105. Van de Nieuwenhof, H. P., Van der Avoort, I. A. & de Hullu, J. A. (2008). *Review of squamous premalignant vulvar lesions.* « Critical reviews in oncology/hematology », 68(2), 131-156. https://doi.org/10.1016/j.critrevonc.2008.02.012

106. Hinten, F., Molijn, A., Eckhardt, L., Massuger, L. F. A. G., Quint, W., Bult, P., Bulten, J., Melchers, W. J. G. & de Hullu, J. A. (2018). "Vulvar cancer: Two pathways with different localization and prognosis". *Gynecologic oncology*, 149(2), 310-317. https://doi.org/10.1016/j.ygyno.2018.03.003

107. *https://www.gyneco-online.com/gyn%C3%A9cologie/vulvodynies-de-l%E2%80%99int%C3%A9r%C3%AAt-d%E2%80%99une-approche-multidisciplinaire*

Elle rougissait en parlant, presque gênée de mettre des mots sur ce qu'elle vivait.

Elle m'a expliqué avoir consulté plusieurs soignants avant de venir me voir. Chaque fois, c'était la même chose : on lui disait que c'était « dans sa tête », qu'elle devait se détendre ou que ce n'était qu'une « petite sécheresse » liée à la ménopause. Une fois, ses copines lui ont proposé des applications de marc de café ! Mais rien ne changeait, et les douleurs, elles, étaient bien réelles.

J'avoue que je n'avais de réponse concrète, ignorant les causes possibles de ces maux, et ce, d'autant qu'elle avait déjà consulté plusieurs professionnels de santé, la seule chose que j'aie pu mettre à sa disposition fut mon carnet d'adresses.

M. est finalement tombée sur une dermatologuc et une neurologue sachantes qui ont posé le diagnostic de vulvodynie neuropathique.

M. m'a expliqué, je cite : « En gros, mon système nerveux s'emballe, et ma vulve reçoit comme une douleur électrique, un peu comme ma sciatique. On m'a proposé des médicaments pour calmer mes nerfs, des exercices de relaxation… et, docteur, même une crème pour le bas ».

Les vulvodynies sont en fait des douleurs chroniques qui brûlent, piquent, et rendent la vie quotidienne insupportable. Très souvent, l'examen clinique est parfaitement normal, ce qui peut laisser les femmes et les professionnels de santé désemparés.

Comme le précise le Dr Clarence de Belilovsky[108] : « Elles posent souvent un problème diagnostique et thérapeutique au praticien consulté, car, d'une part ces brûlures ou douleurs vulvaires s'accompagnent d'un examen vulvaire normal et d'autre part elles ne se limitent pas au champ de la gynécologie ou de la dermatologie ». Il est important d'interroger les femmes à ce moment,

---

108. *https://www.gyneco-online.com/gyn%C3%A9cologie/vulvodynies-de-l%E2%80%99int%C3%A9r%C3%AAt-d%E2%80%99une-approche-multidisciplinaire*

sur leur ressenti, leur intimité, leur hygiène de vie et leur parcours. Ces douleurs, souvent neuropathiques, ne sont pas « dans la tête » mais bien réelles. Les débuts de prise en charge sont difficiles. Les douleurs ne disparaissent pas du jour au lendemain, mais petit à petit, avec la combinaison de soins et de patience, on ressent un vrai soulagement et on reprend confiance. Des traitements existent, allant des crèmes antidouleurs aux antidépresseurs spécifiques, la kinésithérapie pelvienne peut détendre les muscles du plancher pelvien, les thérapies psychologiques pour mieux gérer les émotions et briser le cercle vicieux douleur-stress et l'intégration de routine comme d'éviter certains produits irritants (savons, gels intimes agressifs) ou le port de vêtements trop serrés.

Les vulvodynies sont encore mal connues, mais la prise en charge adaptée, multidisciplinaire et les études scientifiques vont, je l'espère, apporter des réponses afin d'améliorer le quotidien des femmes qui en souffrent.

Vieillir avec une vulve en bonne santé, c'est possible !

Avec la ménopause, la peau de la vulve change comme celle du visage : elle devient plus fine, plus sèche, parfois plus fragile. Mais cela ne veut pas dire qu'on ne peut rien faire :

- Hydratez : comme on applique des crèmes sur le visage, la vulve mérite des soins adaptés et réguliers.
- Surveillez : toute lésion qui persiste doit être examinée, voire biopsiée.
- Parlez-en : la sexualité ne s'arrête pas à un âge donné, et la sécheresse ou les douleurs ne doivent pas être réprimées.

Du plancher au plafond : les aventures périnéales de la ménopause

Le prolapsus génital, ou descente d'organes, et l'incontinence urinaire forment souvent un duo inséparable. Cette association ne résulte pas d'un lien de cause à effet direct, mais plutôt de facteurs de risque communs qui favorisent leur apparition simultanée.

Prolapsus des organes pelviens POP : la vraie histoire du lâcher-prise.

Le prolapsus génital, ou descente d'organes pelviens, est une réalité peu abordée, parfois entourée d'opprobre, mais qui touche bien plus de femmes qu'on ne le pense. Une femme sur trois en fera l'expérience au cours de sa vie, et une sur dix pourrait avoir besoin d'une intervention chirurgicale[109] [110]. La prévalence signalée[111] varie de 1 à 65 % selon qu'on le détecte par des symptômes (1 à 31 %), un examen pelvien (10 à 50 %), ou les deux (20 à 65 %), mais ce phénomène devient un enjeu de santé publique à mesure que la population vieillit.

Concrètement, qu'est-ce qu'un prolapsus ? Imaginez une structure qui soutient vos organes pelviens – la vessie, l'utérus ou le rectum – qui commence à céder, laissant ces organes descendre, parfois jusqu'à sortir par l'ouverture vaginale. Une comparaison simple serait celle d'une hernie, mais ici, les organes pelviens

---

109. http://fr.ap-hm.fr/mise-en-avant/prolapsus-descente-d-organes#femmes-concernees

110. INSERM (Salle de presse). (2024, 3 décembre). « Descente d'organes : les femmes après la grossesse sont les seules concernées, vraiment ? » Salle de Presse de l'Inserm. https://presse.inserm.fr/canal-detox/descente-dorganes-les-femmes-apres-la-grossesse-sont-les-seules-concernees-vraiment/?theme=canal-detoxdetox-technologie-pour-la-sante

111. Brown, H. W., Hegde, A., Huebner, M., Neels, H., Barnes, H. C., Marquini, G. V., Mukhtarova, N., Mbwele, B., Tailor, V., Kocjancic, E., Trowbridge, E. & Hayward, L. (2022). "International urogynecology consultation chapter 1 committee 2: Epidemiology of pelvic organ prolapse: prevalence, incidence, natural history, and service needs". *International Urogynecology Journal*, 33(2), 173-187. https://doi.org/10.1007/s00192-021-05018-z

s'invitent dans des espaces où ils ne devraient pas être. Le prolapsus n'est pas une pathologie de l'âge à proprement parler, mais plutôt une histoire de pressions répétées sur le périnée.

Pourquoi le périnée fatigue-t-il ?

Plusieurs facteurs se conjuguent pour fragiliser ce soutien naturel. Les accouchements difficiles, les chirurgies pelviennes, ou encore certaines professions impliquant le port de charges lourdes mettent le périnée à rude épreuve. La génétique joue aussi son rôle : dans certaines familles, une faiblesse des tissus conjonctifs peut rendre le risque plus élevé. À cela s'ajoutent d'autres éléments, comme la constipation chronique, le tabagisme ou encore l'obésité, qui accentuent les pressions sur cette région déjà sensible.

Avec la ménopause, une nouvelle dynamique entre en jeu : la diminution des œstrogènes affecte la souplesse et la capacité de soutien des tissus. Ce n'est pas tant un effet soudain qu'un affaiblissement progressif, aggravé par l'accumulation des pressions passées.

Prolapsus et vie quotidienne

La plupart des prolapsus sont légers, passent presque inaperçus, et n'entraînent pas de complications immédiates. Cependant, certains cas peuvent sérieusement impacter le quotidien. Une femme m'a un jour demandé une ordonnance pour des gants. Face à ma perplexité, elle a fini par m'avouer, non sans gêne, qu'elle s'en servait pour remonter son prolapsus afin de pouvoir aller à la selle. Ces gestes, invisibles pour l'entourage, en disent long sur la manière dont ces situations affectent profondément la vie de celles qui en souffrent.

Et la vie intime ? Si le prolapsus n'empêche pas les rapports sur le plan mécanique, il est souvent accompagné d'un sentiment de honte, injustifié mais tenace, qui freine les discussions et crée une distance dans la vie de couple.

Une prise en charge adaptée

Dans la majorité des cas, le prolapsus n'est pas une urgence médicale. Ce qui compte, c'est la gêne qu'il occasionne et les solutions que l'on peut y apporter. Seuls les prolapsus avancés, visibles à l'extérieur, nécessitent une intervention rapide. La prise en charge peut aller d'exercices pour renforcer le périnée à des interventions chirurgicales, en passant par des dispositifs comme les pessaires.

Ce qu'il faut retenir ? Le prolapsus est le fruit d'un cumul de pressions et de fragilités, mais ce n'est pas une fatalité. En brisant le silence autour de ce sujet et en encourageant les femmes à consulter sans peur ni honte, on peut grandement améliorer leur qualité de vie.

Incontinence urinaire et ménopause : Game of Trône !

L'incontinence urinaire (IU) concerne environ 9 % de la population mondiale. C'est une réalité médicale qui mérite toute notre attention[112]. Les causes sont assez similaires à celles retrouvées dans les prolapsus : l'âge, le sexe féminin, les grossesses répétées, le diabète, l'obésité[113], les maladies neurologiques et chez les hommes une prostate trop envahissante. Selon la validation française de la terminologie de l'International Continence Society, l'incontinence urinaire – indépendamment de son origine – se définit simplement comme une fuite d'urine involontaire[114]. Contrairement à une idée reçue, ce n'est pas juste une affaire de vieillesse, mais il faut avouer que l'âge joue son rôle : plus de 40 % des femmes de plus de 70 ans sont concernées, et la proportion grimpe encore chez les résidents

---

112. Peroni, L., Armaingaud, D. & Rothan-Tondeur, M. (2024). « Représentations sociales de l'incontinence urinaire : une enquête auprès de la population française ». *Santé Publique*, 36(2), 23-34. https://doi.org/10.3917/spub.242.0023

113. Pomian, A., Lisik, W., Kosieradzki, M. & Barcz, E. (2016). "Obesity and Pelvic Floor Disorders": *A Review of the Literature*. Medical science monitor: international medical journal of experimental and clinical research, 22, 1880-1886. https://doi.org/10.12659/msm.896331

114. Guinet-Lacoste, A. & Waz, D. (2023). « Sémantique, scores et cotation : dysurie et incontinence urinaire ». *La Presse Médicale Formation*, 4(1), 26-31. https://doi.org/10.1016/j.lpmfor.2023.01.002

en maisons de retraite. Il y a 20 ans, la prise en compte de la qualité de vie dans les recherches sur l'incontinence urinaire (IU) et l'hyperactivité vésicale était quasi inexistante. Depuis, ces dimensions ont progressivement été intégrées aux essais cliniques. Parmi les maladies chroniques, l'IU est particulièrement handicapante, avec un score de qualité de vie similaire à des pathologies sévères comme les accidents vasculaires cérébraux ou la maladie d'Alzheimer[115]. Cependant, contrairement à ces dernières, l'impact de l'IU et de l'hyperactivité vésicale sur la qualité de vie est souvent sous-estimé.

Chez les femmes ménopausées, l'incontinence urinaire se classe en deux types principaux. L'incontinence urinaire à l'effort, qui survient lors d'éclats de rire, de toux ou d'efforts physiques, et l'incontinence urinaire par urgenturies, caractérisée par une envie incontrôlable d'uriner, souvent imprévisible. Enfin, il existe une forme mixte, combinant ces deux types. Chez ces femmes âgées, les formes mixtes deviennent majoritaires[116].

L'incontinence par urgenturies est souvent associée à des symptômes tels que des besoins impérieux, appelés impériosité, des envies fréquentes d'uriner, connues sous le nom de pollakiurie, et des réveils nocturnes liés à ces envies, ou nycturie. Chez les femmes ménopausées, ce type d'incontinence s'inscrit fréquemment dans le cadre du syndrome génito-urinaire de la ménopause, ensemble de troubles directement liés à la carence en œstrogènes. Cette carence provoque des modifications des tissus vaginaux, urétraux et vésicaux, à la fois morphologiques et fonctionnelles, qui contribuent à ces symptômes.

Les fuites urinaires sur urgenturies peuvent être idiopathiques, c'est-à-dire sans cause identifiable, ou secondaires à des maladies

---

115. Wagner, T., Patrick, D. L., Bavendam, T., Martin, M. & Buesching, D. (1996). "Quality of life of persons with urinary incontinence: Development of a new measure". *Urology*, 47(1), 67-71. https://doi.org/10.1016/s0090-4295(99)80384-7
116. Robert, G. (2014, 2 avril). «Incontinence urinaire de la femme» – Service urologie – CHU de Bordeaux. Service Urologie – CHU de Bordeaux. https://urologie-chu-bordeaux.fr/soin/incontinence-urinaire-de-la-femme/

comme des infections urinaires à répétition, une tumeur de la vessie ou un obstacle urinaire. Bien que ces causes soient plus rares, elles doivent être explorées.

Le syndrome génito-urinaire repose sur une pluralité de causes, et la carence œstrogénique à elle seule ne suffit pas à expliquer son apparition. Toutefois, ces hormones participent au maintien de la bonne santé des tissus du vagin, de l'urètre et de la vessie. Elles favorisent la circulation sanguine autour de l'urètre, assurant ainsi une fermeture efficace, et stimulent les récepteurs nerveux qui interviennent dans le contrôle des muscles. Ces mécanismes éclairent également pourquoi certaines femmes ressentent des symptômes urinaires au cours du cycle menstruel ou durant la grossesse, périodes où les hormones subissent des variations naturelles.

À la ménopause, la diminution des œstrogènes affaiblit ces processus, conduisant à l'apparition de troubles tels que l'incontinence ou des besoins pressants d'uriner[117]. La progestérone, quant à elle, exerce une influence différente. Bien qu'elle soit impliquée dans le système urogénital, elle tend à réduire le tonus musculaire de la vessie et de l'urètre, ce qui peut aggraver les épisodes de fuites urinaires.

Les données physiopathologiques suggèrent donc une aggravation de l'incontinence urinaire en lien avec la carence en œstrogènes.

Avec plus de 3 millions de Français concernés, l'incontinence urinaire constitue un véritable enjeu en matière de santé publique. Elle peut concerner tous les âges de la vie, hommes et femmes confondus. Avec le vieillissement de la population et l'allongement de l'espérance de vie, ce problème de santé est appelé à devenir encore plus fréquent dans les prochaines années. Consciente de cet enjeu, l'Organisation mondiale de la santé (OMS) classe

---

117. Legendre, G., Fritel, X., Ringa, V., Lesavre, M. & Fernandez, H. (2012). « Incontinence urinaire et ménopause ». *Progrès En Urologie*, *22*(11), 615-621. https://doi.org/10.1016/j.purol.2012.08.267

déjà l'incontinence urinaire parmi les priorités sanitaires mondiales[118].

Et pourtant, l'incontinence urinaire reste un sujet délicat, souvent perçu avec un mélange de gêne et de dégout par la population générale. Elle suscite peu d'intérêt chez une partie du public et demeure mal comprise, en particulier parmi les hommes, les jeunes générations et les habitants des zones urbaines[119].

Qu'il s'agisse de prolapsus ou d'incontinence urinaire, il est crucial d'œuvrer sans tarder à une meilleure prise en charge de ces problématiques et d'apporter un soutien approprié aux personnes concernées.

L'évaluation des troubles urinaires requiert une analyse méthodique des circonstances dans lesquelles ils surviennent, de leurs mécanismes, de leur gravité, de leur fréquence et des facteurs qui les aggravent. Il importe également de prendre en compte leur impact sur la vie sociale, les habitudes d'hygiène, le quotidien des individus, ainsi que les stratégies adoptées pour gérer les fuites et leurs attentes médicales.

Un entretien détaillé permet souvent d'identifier avec précision la situation, simplifiant ainsi l'adaptation ou l'élaboration du traitement le mieux adapté.

Le Pr Xavier Deffieux[120] gynécologue-obstétricien et expert en pelvi-périnéologie à l'hôpital Antoine Béclère des Hôpitaux universitaires Paris-Sud, préconise une approche progressive. « Il souligne que la première étape consiste à analyser les facteurs

---

118. « Incontinence : les chiffres de l'incontinence urinaire en France ». (s. d.). https://www.sphere-sante.com/incontinence-information/chiffres-incontinence.html?srsltid=AfmBOor6owGk0WI-i1Me7oXTzkhkFi3mneEsCZLFQGkcBQ-sfeGCCd-K
119. Lasserre, A., Guéroult, V., Blanchon, T., Ciofu, C., Montefiore, E., Chartier-Kastler, E., Bloch, J., Turbelin, C., Pelat, C., Hanslik, T. & Alvarez, F. (2008). « L'incontinence urinaire chez les femmes vues en consultation de médecine générale ». *Revue d'Épidémiologie et de Santé Publique*, 56(5), 318. https://doi.org/10.1016/j.respe.2008.06.206
120. PNs. (s. d.-b). Pédagogie Numérique En Santé. https://www.pns-mooc.com/fr/mooc/module/session/course/416

de risque afin de les corriger. Concernant le prolapsus génital, il recommande l'utilisation d'un pessaire, un dispositif peu contraignant et associé à un faible risque de complications, bien qu'il soit rarement adopté par les femmes jeunes. En dernier recours, la chirurgie reste une option efficace. Celle-ci inclut principalement la mise en place d'une prothèse, que ce soit pour traiter l'incontinence urinaire d'effort ou dans le cadre d'un prolapsus de haut grade. »

Ménopause : quand les kilos s'invitent à notre corps

« Il y a des moments dans la vie où le corps décide de faire cavalier seul, la ménopause est l'un de ces moments où je déborde de partout au sens propre comme au sens figuré », comme le résume Mme S. une amie et collègue.

Chez les femmes âgées de 50 à 65 ans, la prise de poids figure parmi les préoccupations les plus courantes. Cette tendance est corroborée par les chiffres : la prévalence de l'obésité a plus que doublé depuis 1990 et quadruplé chez les adolescents. Selon l'OMS, en 2022, 2,5 milliards d'adultes de 18 ans et plus étaient en surpoids, soit 43 % des hommes et 44 % des femmes. Parmi eux, plus de 890 millions étaient obèses, représentant 43 % des adultes, contre seulement 25 % en 1990[121].

Cette augmentation spectaculaire du surpoids et de l'obésité ne peut être réduite à des choix alimentaires avec la surconsommation de produits gras saturés et d'acides gras trans ou à la sédentarité, bien que ces facteurs y contribuent. Il s'agit d'un phénomène complexe mêlant des influences génétiques, sociales et environnementales.

À la ménopause, des bouleversements physiologiques profonds surviennent, modifiant les mécanismes métaboliques et hormonaux, et souvent, la silhouette. Prise de poids, fonte musculaire,

---

121. World Health Organization : WHO. (2024, 1er mars). « Obésité et surpoids ». https://www.who.int/fr/news-room/fact-sheets/detail/obesity-and-overweight

redistribution des graisses : ces transformations sont naturelles. Pourtant, il est essentiel de déculpabiliser. Comme le souligne le Dr Jean-Michel Lecerf[122] [123], spécialiste en métabolisme et nutrition à l'Institut Pasteur de Lille, l'alimentation ne doit jamais être diabolisée. Et comme je le dis toujours « Il ne faut rien bannir de son alimentation » au contraire, l'objectif est de viser un équilibre en fonction des besoins et des rythmes de vie de chacun.

Le Dr Lecerf précise également que la prise de poids ne débute pas à la ménopause : elle s'amorce souvent bien avant, se poursuit durant cette période et peut s'étaler après. Ce qui change véritablement, c'est la répartition des graisses. Alors qu'elles étaient auparavant localisées sur les hanches et les cuisses, elles migrent vers la région abdominale, reflétant les changements hormonaux. Parallèlement, la diminution de la masse musculaire réduit les dépenses énergétiques, ralentissant le métabolisme et favorisant ainsi le stockage des graisses. En somme, votre métabolisme adopte un rythme plus contemplatif.

Derrière ces changements souvent mal compris se cachent des explications scientifiques qui peuvent guider vers des solutions concrètes[124] [125].

Dès la quarantaine, un phénomène commun aux deux sexes s'installe : la fonte de la masse maigre – comprenant les muscles, les os et les tissus métaboliquement actifs – devient inévitable.

---

122. Service Nutrition Activité physique – Institut Pasteur de Lille. (2024, 5 avril). Institut Pasteur de Lille. https://pasteur-lille.fr/centre-prevention-sante-longevite/service-nutrition-activite-physique/

123. PNs. (s. d.-c). Pédagogie Numérique En Santé. https://www.pns-mooc.com/fr/mooc/module/session/course/428

124. Sowers, M., Zheng, H., Tomey, K., Karvonen-Gutierrez, C., Jannausch, M., Li, X., Yosef, M. & Symons, J. (2006). "Changes in Body Composition in Women over Six Years at Midlife: Ovarian and Chronological Aging". *The Journal Of Clinical Endocrinology & Metabolism*, 92(3), 895-901. https://doi.org/10.1210/jc.2006-1393

125. Davis, S. R., Castelo-Branco, C., Chedraui, P., Lumsden, M. A., Nappi, R. E., Shah, D., Villaseca, P. & Writing Group of the International Menopause Society for World Menopause Day 2012 (2012). "Understanding weight gain at menopause". *Climacteric: the journal of the International Menopause Society*, 15(5), 419-429. https://doi.org/10.3109/13697137.2012.707385

Ce processus, appelé catabolisme, limite la capacité du corps à brûler des calories au repos. Associé à la chute des œstrogènes, il exacerbe les effets de ce ralentissement, rendant les kilos plus difficiles à éviter, même en l'absence de modifications significatives dans les habitudes alimentaires.

En parallèle, la redistribution des graisses vers l'abdomen engendre une accumulation dans la région viscérale. Cette graisse, métaboliquement active, libère des acides gras directement dans le foie, provoquant des déséquilibres comme une élévation des triglycérides et de la glycémie (taux de sucre dans le sang)[126]. Ces perturbations augmentent les risques de maladies cardiovasculaires et de diabète. Ce n'est donc pas seulement une question esthétique : le tour de taille devient un véritable indicateur de santé qui est aujourd'hui utilisé pour définir le syndrome métabolique.

Le syndrome métabolique[127] est défini comme la présence simultanée de plusieurs troubles physiologiques. Selon la Fédération internationale du diabète (FID), une personne est considérée comme atteinte si elle présente une obésité abdominale (tour de taille supérieur à 94 cm pour les hommes et 80 cm pour les femmes) et au moins deux des facteurs suivants :

- Taux élevé de triglycérides, égal ou supérieur à 1,7 mmol/L ;
- Faible taux de cholestérol HDL (« bon » cholestérol), inférieur à 1,03 mmol/L chez les hommes et à 1,29 mmol/L chez les femmes ;
- Hypertension artérielle, avec une pression systolique supérieure ou égale à 130 mmHg et/ou une pression diastolique à 85 mmHg ;
- Hyperglycémie, avec une glycémie à jeun égale ou supérieure à 5,6 mmol/L (100 mg/dL).

126. « Votre glycémie affecte vos hormones à la ménopause. Comment ? » (s. d.). https://seemenopause.com/fr-fr/blog/glycemie-hormones-menopause
127. Fédération française de cardiologie. (2021, 21 mai). « Zoom sur le syndrome métabolique »–*FFC*.https://www.fedecardio.org/je-m-informe/zoom-sur-le-syndrome-metabolique/

Ce déséquilibre est renforcé par un autre mécanisme sournois : la diminution des dépenses énergétiques globales. En plus de brûler moins de calories en raison de la fonte musculaire, la baisse des niveaux d'activité physique avec l'âge accentue encore cette tendance. Et contrairement à ce que l'on pourrait penser, la prise de poids à la ménopause n'est généralement pas liée à une augmentation des apports alimentaires. Les études montrent que les femmes ménopausées mangent souvent autant, voire moins qu'avant. C'est la baisse des dépenses, et non une frénésie alimentaire, qui est la principale responsable.

Les régimes drastiques, souvent tentés pour contrer cette prise de poids, ne font qu'aggraver la situation. En privant l'organisme de nutriments essentiels, ces restrictions poussent le corps à puiser dans les acides aminés musculaires pour fabriquer du glucose, accélérant ainsi la fonte musculaire et réduisant encore plus le métabolisme basal. Pire, la reprise de poids qui suit ces régimes se fait souvent sous forme de graisse, aggravant les déséquilibres métaboliques. Loin d'être la solution, ces régimes créent un cercle vicieux malsain.

Face à ces transformations, une des solutions réside dans une organisation globale, alliant mouvement, équilibre alimentaire, gestion du stress et un sommeil de qualité. L'activité physique, notamment les exercices de résistance comme le renforcement musculaire, aide à préserver la masse maigre et à freiner l'accumulation de graisses abdominales. Couplée à une alimentation variée[128], elle offre une réponse efficace et durable. Les protéines de qualité nourrissent les muscles. Les bonnes graisses soutiennent le métabolisme. Et les produits laitiers, souvent négligés, assurent la préservation de la densité osseuse.

Cette réalité physiologique nécessite une réflexion posée et approfondie. D'autant plus que dans nos sociétés modernes, la sédentarité gagne du terrain, fléau sanitaire décrit par nos amis anglo-saxons par l'expression « Sitting is the new smoking » – « être

---

128. « Quel est le rôle de la nutrition sur l'équilibre hormonal à la ménopause ? » (s. d.). https://seemenopause.com/fr-fr/blog/nutrition-menopause

assis est le nouveau tabagisme». Loin des restrictions extrêmes, il s'agit de privilégier une approche globale basée sur le plaisir et l'écoute de son corps. Ce ne sont pas quelques courbes autour de votre taille qui vous définiront, mais la vitalité et la confiance avec lesquelles vous embrassez cette nouvelle étape de votre vie.

Au-delà des symptômes : la ménopause et ses enjeux invisibles pour la santé

Les symptômes classiques : les bouffées de chaleur, les troubles du sommeil, les troubles de l'humeur, la prise de poids, les rides… semblent l'apanage de cette transition biologique et racontent une partie de l'histoire. Au-delà de ces désagréments visibles, des transformations silencieuses mais bien profondes peuvent affecter la santé des femmes bien après que les symptômes aigus se sont apaisés.

Dans ce chapitre, nous allons explorer les risques de santé en lien avec la ménopause. Pas de panique, cependant. Ce chapitre n'est pas là pour vous affoler. Bien au contraire, il s'agit d'avoir le mode d'emploi, de comprendre ces transformations avec lucidité, et d'anticiper. Parce qu'en matière de santé, savoir, c'est déjà agir.

Ménopause et santé osseuse : un pilier à renforcer pour l'avenir

Imaginons nos os comme les piliers d'une maison. Pendant des décennies, ces structures solides soutiennent notre corps et nous permettent d'être efficacement en mouvement. Avec la ménopause et l'âge, ces fondations peuvent commencer à s'éroder de manière imperceptible. Le tissu osseux est un tissu œstrogéno-dépendant. La chute des œstrogènes, affecte la santé osseuse car elle accélère le cycle naturel de la dégradation des os.

Qu'est-ce que la santé osseuse ?

L'os se divise en deux structures distinctes. À l'extérieur l'os compact se dresse tel une carapace lisse et dense, impénétrable à l'œil nu. À l'intérieur, se cache l'os spongieux, ou os trabéculaire. Ces fines architectures laissent place à des cavités, foyers de la moelle osseuse, véritable antre de vie cellulaire. Nos os sont des tissus vivants, qui respirent et se renouvellent en permanence grâce à des cellules qui travaillent en symbiose :

- Les ostéoblastes : ce sont les « bâtisseurs » de nos os. Ils construisent de nouvelles cellules osseuses pour remplacer les anciennes.
- Les ostéoclastes : ce sont les « démolisseurs ». Leur rôle est de décomposer les cellules osseuses usées pour faire de la place aux nouvelles et favoriser la cicatrisation.
- Les ostéocytes, ostéoblastes matures. Ces cellules agissent principalement sur la régulation de l'équilibre entre les ostéoblastes et ostéoclastes.

Ce cycle constant de destruction et de reconstruction est appelé remodelage osseux. La durée d'un cycle osseux est en moyenne de 4 mois. Ce remodelage favorise la minéralisation des os, leur permettant de résister à la pesanteur et de se régénérer en réponse à des traumatismes répétés. Il est vital dans le maintien de la densité minérale osseuse DMO*, indicateur de la santé des os. Il suit deux lois maîtresses. D'un côté, il obéit aux injonctions chimiques d'hormones telles que la parathormone ou les hormones sexuelles, sous l'œil attentif de la vitamine D, gardienne des niveaux de calcium dans le sang. De l'autre, il s'incline devant les forces mécaniques : chaque saut, chaque pas, chaque gravité qui pèse sur notre squelette le sculpte avec soin, fortifiant les zones les plus sollicitées. Mais gare à l'oisiveté ! Alité trop longtemps ou flottant dans l'apesanteur comme Thomas Pesquet[129], le squelette, privé d'efforts, se déleste de sa solidité, flirtant dangereusement avec la décalcification.

La santé osseuse engage trois éléments principaux :

- La solidité : la résistance des os aux chocs et aux fractures.
- La flexibilité : la capacité des os à absorber les forces exercées par le mouvement.

129. Thomas Pesquet, *Ma vie sans gravité*, Éditions Flammarion, 18/10/2023.

- La densité : la concentration de minéraux (comme le calcium) qui donne aux os leur dureté.

L'évolution de notre santé osseuse au fil du temps

1. L'enfance et l'adolescence : la construction du capital osseux

Pendant l'enfance, nos os grandissent rapidement. C'est la période où nous bâtissons notre « capital osseux », qui correspond à la densité maximale que nos os peuvent atteindre. Cette construction s'achève généralement vers l'âge de 20 à 25 ans. Plus le capital osseux est élevé à cette période, mieux nos os résisteront au vieillissement.

Une alimentation riche en calcium et en vitamine D et une activité physique régulière optimisent la croissance osseuse.

2. L'âge adulte : une phase d'équilibre

De 25 à 50 ans, nos os atteignent leur phase de maturité. Le remodelage osseux continue, et le taux de renouvellement est équilibré : autant d'os détruits que de reconstruits. Des facteurs de risques évitables et des antécédents personnels de fractures fragilisent le capital osseux.

3. La ménopause et l'âge avancé : la dégradation du tissu osseux

À partir de 50 ans, et particulièrement chez les femmes ménopausées, la santé osseuse commence à s'abimer. L'évolution minérale du capital osseux chez la femme et chez l'homme est différente. L'os de la femme est en effet plus fragile à âge équivalent après l'âge de 50 ans par rapport à l'homme où le vieillissement osseux est plus tardif et leur masse osseuse diminue plus lentement. Le risque d'ostéoporose masculine ne doit pas cependant être négligé.

La carence en œstrogène va lever un frein inhibiteur des ostéoclastes – nos cellules démolisseuses –, un déséquilibre va donc se faire au profit de la résorption osseuse, ce qui explique la perte et l'accélération de la perte en début de ménopause.

La perte commence 2-3 ans avant l'installation de la ménopause et 3 à 5 ans après la ménopause. Une femme peut perdre jusqu'à 20 % de sa densité osseuse dans les 5 à 7 ans suivant la ménopause[130].

La carence en œstrogène engendre non seulement une perte osseuse mais aussi des modifications de l'architecture osseuse et en particulier sur l'os dit trabéculaire ou os spongieux[131].

Le dépistage en début de ménopause de l'ostéoporose est fondamental pour préserver la bonne santé des femmes.

Dépistage de l'ostéoporose : mode d'emploi

En France, en 2019, cette maladie silencieuse touchait environ 4 millions de personnes, représentant 5,5 % de la population totale. On estime qu'en 2034, le nombre de fractures dues à l'ostéoporose atteindra 610 000 contre 126 000 en 2019[132].

Avec l'allongement de l'espérance de vie et le vieillissement de la population, l'ostéoporose et les fractures qui en découlent s'imposent comme un enjeu majeur de santé publique. Aux alentours de 65 ans, près de 39 % des femmes sont déjà atteintes, un chiffre qui grimpe vertigineusement à 70 % chez celles de 80 ans et plus.

L'ostéoporose est une maladie du squelette, caractérisée par une diminution de la masse osseuse associée à une dégradation de la structure du tissu qui le compose. Concrètement, cette maladie est caractérisée par des os fragiles et poreux[133].

---

130. Riggs, B. L., Melton L. J. 3rd. "Involutional osteoporosis". *N Engl J Med.* 1986 Jun. 26;314(26):1676-86. doi: 10.1056/NEJM198606263142605. PMID: 3520321.
131. Cauley, J. A., Robbins, J., Chen, Z., *et al.* "Effects of estrogen plus progestin on the risk of fracture and bone mineral density. The Women's Health Initiative randomized trial". *JAMA* 2003; 290:1729-38.
132. Willers, C., Norton, N., Harvey, N. C., Jacobson, T., Johansson, H., Lorentzon, M., McCloskey, E. V., Borgström, F. & Kanis, J. A. (2022). "Osteoporosis in Europe: a compendium of country-specific reports". *Archives Of Osteoporosis*, 17(1). https://doi.org/10.1007/s11657-021-00969-8
133. *Ostéoporose*, « Inserm, La science pour la santé ». (s. d.). https://www.inserm.fr/dossier/osteoporose/#:~:text=L'ost%C3%A9oporose%20est%20une%20maladie,du%20tissu%20qui%20le%20compose.

Les os trabéculaires ou spongieux comme les os des vertèbres, les côtes, les poignets sont plus fragiles et sont les sites les plus fréquemment atteints en début de ménopause[134]. Les fractures des os longs comme le fémur sont plus rares en début de ménopause mais plus invalidantes et de moins bon pronostic.

L'impact de la carence œstrogénique est évidemment différent selon chaque femme. Il y a des facteurs de risque naturels comme l'âge, principale cause de fracture, doublant tous les 10 ans après la ménopause. Et à cela s'ajoutent le terrain génétique, l'ethnicité, et des facteurs de risque externes évitables comme le tabagisme chronique, la sédentarité, la maigreur, les conditions socio-économiques et les effets secondaires des médicaments (corticothérapie prolongée, traitement par anti-aromatase dans les cancers du sein) et surtout les antécédents personnels de fracture en particulier au niveau de la colonne vertébrale décrits comme un facteur prédictif de la cascade fracturaire.

En pratique médicale, grâce à un interrogatoire et un examen clinique bien menés, on distingue deux cas de figure. D'un côté, les femmes à risque élevé de fracture : situation heureusement rare. Ce sont des femmes qui cumulent souvent des antécédents personnels de fractures, un T-score* altéré, ou une ostéoporose secondaire à des maladies chroniques ou des traitements médicamenteux. De l'autre côté, la grande majorité des femmes, avec un risque faible à modéré. Ici, le dépistage précoce est capital, et l'idée d'un traitement hormonal de la ménopause en prévention peut s'envisager en concertation avec les femmes.

Les critères d'un dépistage de l'ostéoporose reposent donc sur l'âge, les antécédents de fractures avant 40 ans, la valeur de la densité minérale osseuse (DMO), et le risque de chute.

---

134. Akhter, M. P., Lappe, J. M., Davies, K. M. & Recker, R. R. (2007). « Transmenopausal changes in the trabecular bone structure ». *Bone*, 41(1), 111-116. https://doi.org/10.1016/j.bone.2007.03.019

L'ostéodensitométrie DXA : une méthode simple pour mesurer la densité osseuse

L'ostéodensitométrie *par absorptiométrie biphotonique à rayons X* (XDXA), méthode de référence pour mesurer la densité minérale osseuse DMO*, est un examen indolore, rapide, simple et fiable. L'appareil utilise de faibles doses de rayons X, il est donc sans danger et il peut être répété dans le temps. En pratique, vous êtes allongé(e) sur une table d'examen quelques minutes pendant que l'appareil scanne deux zones ciblées de votre corps (souvent les hanches et le bas de la colonne vertébrale). Nul besoin de préparation ou d'être à jeun.

Cet examen est conseillé après 50 ans en cas d'antécédents familiaux d'ostéoporose, après la ménopause (surtout après une fracture récente ou en cas de maigreur), et en cas de carence prolongée en calcium ou vitamine D.

Il sert à détecter précocement une fragilité osseuse, à évaluer le risque de fractures et à surveiller l'efficacité d'un traitement contre l'ostéoporose.

Les résultats de l'ostéodensitométrie se basent sur deux indices principaux : le T-score et le Z-score, qui évaluent la densité osseuse par rapport à des populations de référence.

Le T-score compare votre densité osseuse à celle d'un adulte jeune en pleine santé.

Plus le score T est élevé, plus la densité osseuse est élevée. Les valeurs interprétées sont les suivantes:

- T-score ≥ -1 : densité normale.
- T-score entre -1 et -2,5 : ostéopénie (début de fragilisation des os).
- T-score ≤ -2,5 : ostéoporose (fragilité osseuse accrue).
- T-score ≤ -2,5 **avec fractures** : ostéoporose sévère.

Le Z-Score affine le T-score, il compare votre densité osseuse à celle d'une population de votre âge, sexe et poids. Si le Z-score est inférieur à −2, cela peut indiquer un problème sous-jacent et des examens supplémentaires sont recommandés.

Les autres examens à connaitre

Le CTX (C-télopeptide de type 1) connu sous le nom de β-Cross Laps, est un marqueur biologique utilisé pour mesurer l'activité de la résorption osseuse. Une simple prise de sang ou un bilan d'urine permet d'estimer l'intensité avec laquelle l'os est détruit. Un taux élevé de CTX indique une résorption osseuse excessive, comme dans l'ostéoporose.

Cet indicateur est particulièrement utile pour évaluer le risque de fractures et pour surveiller l'efficacité des traitements anti-résorptifs.

Son dosage varie selon l'âge, le sexe, et même le moment de la journée (le CTX suit un cycle circadien).

Chez l'adulte jeune, sa valeur normale est de 0,1 à 0,6 ng/mL. En post-ménopause, les valeurs augmentent naturellement à cause de l'accélération du remodelage osseux.

Le dosage du CTX est un allié précieux sur la santé osseuse et complète les analyses comme l'ostéodensitométrie et l'examen clinique.

L'IA au chevet du risque fracturaire : le modèle FRAX[135]

Le modèle FRAX™, conçu par l'OMS, aide à estimer le risque de fractures ostéoporotiques et de fractures de hanche sur une période de 10 ans, aussi bien chez les femmes que chez les hommes. Cet outil, disponible en ligne ou sur papier, utilise des informations simples comme des facteurs cliniques, avec ou sans

135. https://frax.shef.ac.uk/FRAX/tool.aspx?lang=fr

mesure de la densité osseuse (DMO)[136]. Son utilisation est simple et interactive. Il est particulièrement utile après la ménopause pour identifier les personnes qui ont besoin d'un suivi ou d'un traitement spécifique. Cependant, FRAX™ – outil d'évaluation – présente des limites. Ainsi, chez les femmes jeunes, en début de ménopause, les fractures sont souvent différentes de celles des femmes âgées qui ont servi à développer cet outil. Certains facteurs, comme la ménopause précoce ou le tabagisme, sont sous-estimés dans le calcul du score, tandis que d'autres, comme les antécédents familiaux de fractures, peuvent être surestimés. De plus, l'outil ne propose pas de seuils clairs pour décider quand commencer un traitement, et les recommandations théoriques ne tiennent pas toujours compte des situations personnelles ou des bénéfices secondaires des traitements.

En dépit de ces réserves, le modèle FRAX™ reste une avancée importante pour évaluer le risque de fractures. Simple à utiliser, il permet de mieux orienter les décisions médicales, à condition de l'accompagner d'une approche clinique adaptée, surtout pour les femmes jeunes.

Traitement Hormonal de la Ménopause (THM) pour l'ostéoporose : ça se discute ensemble !

Dans les années 1990, l'étude américaine WHI (Women's Health Initiative)[137], souvent citée, a évalué les bénéfices et les risques des traitements hormonaux de la ménopause (THM) chez les femmes ménopausées. Elle a étudié les effets des œstrogènes seuls ou combinés à des progestatifs sur les maladies cardiovasculaires, le cancer, l'ostéoporose et la qualité de vie. Malgré des controverses et les nombreux biais d'études sur lesquelles nous reviendrons dans un chapitre consacré aux thérapeutiques, cette étude fait l'objet de

---

136. Kanis, J. A., Johnell, O., Oden, A., Johansson, H. & McCloskey, E. (2008). "FRAX and the assessment of fracture probability in men and women from the UK". *Osteoporosis international:* a journal established as result of cooperation between the European Foundation for Osteoporosis and the National Osteoporosis Foundation of the USA, 19(4), 385-397. https://doi.org/10.1007/s00198-007-0543-5
137. https://www.whi.org/about-whi

nombreuses réévaluations depuis sa parution qui permettent de discuter avec les femmes sur les différentes modalités de prise en charge[138 139].

Le traitement hormonal de la ménopause (THM) agit sur l'ensemble du tissu osseux, prévenant efficacement les fractures ostéoporotiques. Il freine la perte osseuse liée à la carence en œstrogènes et préserve la structure de l'os, notamment l'os spongieux. Bien qu'il soit reconnu comme bénéfique lorsqu'il est initié dès le début de la ménopause, il est rarement initié en pratique. Cette carence dans la prise en charge favorise une augmentation des fractures ostéoporotiques et conduit à l'utilisation de traitements inadaptés, comme les anti-résorptifs osseux, chez des femmes jeunes et à faible risque de fracture. Or, pour la majorité des femmes ménopausées en bonne santé, le risque de fracture à 10 ans ne justifie pas ces prescriptions. De plus, l'efficacité de ces traitements dans cette population n'a pas été démontrée par les études actuelles, rendant leur utilisation non seulement inappropriée, mais potentiellement inutile.

> La prescription du traitement hormonal de la ménopause (THM) ne saurait être systématique c'est un fait et elle repose sur une évaluation attentive de la balance entre risques et bénéfices. Il est essentiel de cibler avec précision les personnes présentant un risque avéré de perte osseuse significative ou évolutive. Pour certaines femmes, le THM* peut constituer une approche de prévention primaire à la fois adaptée et efficace, leur offrant une protection ciblée et personnalisée. La préconisation de règles hygiéno-diététiques simples doit compléter cette prise en charge.

138. Gurney, E. P., Nachtigall, M. J., Nachtigall, L. E. & Naftolin, F. (2014). "The Women's Health Initiative trial and related studies: 10 years later: a clinician's view". *The Journal of steroid biochemistry and molecular biology*, 142, 4-11. https://doi.org/10.1016/j.jsbmb.2013.10.009

139. Manson, J. E., Crandall, C. J., Rossouw, J. E., Chlebowski, R. T., Anderson, G. L., Stefanick, M. L., ... & Prentice, R. L. (2024). "The Women's Health Initiative Randomized Trials and Clinical Practice": A Review. *JAMA*.

Les super-pouvoirs pour préserver votre santé osseuse

Prendre soin de ses os, c'est comme veiller sur un trésor : un peu d'attention chaque jour, et ils resteront forts face aux défis du temps. Commencez par nourrir ce précieux squelette avec des aliments riches en calcium. Après la ménopause, visez 1200 mg par jour. Offrez-lui des douceurs comme une poignée d'amandes par jour, du tofu, ou même des sardines, arêtes incluses (parole d'un patient marin pêcheur « elles regorgent de calcium »). Glissez aussi quelques feuilles de chou frisé dans vos assiettes, un joyau parmi les légumes verts.

Invitez le mouvement dans votre quotidien. Une marche rapide, quelques pas de danse sur le titre entrainant d'Alain Bashung[140] : *Osez Joséphine !* et un peu de renforcement musculaire avec des haltères légers feront merveille. L'essentiel est de bouger avec entrain et régularité.

Et bien sûr, sortez prendre le soleil ! Quinze à vingt minutes de lumière par jour suffisent pour stimuler votre production de vitamine D, ce fidèle partenaire du calcium. Mais attention : on parle de bain de soleil, pas de barbecue, ici, on vise la protection du capital cutané.

Enfin, débarrassez vos os de leurs ennemis jurés : le tabac, l'alcool en excès et la sédentarité. Ces trublions accélèrent la dégradation osseuse plus vite qu'un lierre envahissant sur une façade d'immeuble.

Un entretien physique régulier et vos os resteront des bijoux bien conservés, prêts à affronter les épreuves du temps avec force ! Et le dépistage précoce avec une densitométrie osseuse est un outil diagnostique précieux.

140. https://en.wikipedia.org/wiki/Alain_Bashung

Cœur au féminin

On désigne par maladies cardiovasculaires MCV*, l'ensemble des pathologies touchant le cœur et les vaisseaux sanguins. On peut citer l'athérosclérose, les troubles du rythme cardiaque, l'hypertension artérielle, l'infarctus du myocarde, les accidents vasculaires cérébraux ou encore les thromboses veineuses et les embolies pulmonaires.

Les maladies cardiovasculaires (MCV) restent la première cause de mortalité dans le monde, avec 17,9 millions de décès en 2019. C'est aussi la principale cause de décès prématuré. Infarctus du myocarde et accidents vasculaires cérébraux (AVC)* sont également la première cause de handicap physique chez l'adulte, la seconde cause de démence et une cause fréquente de dépression[141].

D'ici 2030, on prévoit une hausse de 3 % de toutes les maladies cardiovasculaires et de 8 % des AVC. Les enjeux en matière de dépistage, prévention et accompagnement sont donc majeurs, à la fois pour la santé publique et l'économie.

En France, comme dans le reste du monde, les MCV* ont longtemps été la première cause de décès. Si, chez les hommes, les cancers les ont devancées ces dernières années, elles sont la première cause de mortalité chez les femmes, tous âges confondus avec en tête les AVC* puis les infarctus. Comme le souligne le Pr Claire Mounier-Vehier[142], cardiologue de renom et engagée dans la santé cardiovasculaire, en particulier auprès des femmes, «la méconnaissance de cette réalité est alarmante». Chaque jour, plus de 200 femmes meurent de maladies cardiovasculaires. Elles représentent 49 % des décès féminins, contre 40 % chez les hommes, alors même que le cancer, placé à tort en tête des préoccupations, est responsable de 20 % des décès

141. World Health Organization: *WHO*. (2021, 11 juin). "Maladies cardiovasculaires". https://www.who.int/fr/news-room/fact-sheets/detail/cardiovascular-diseases-(cvds)
142. Claire Mounier-Vehier – «Agir pour le cœur des femmes». (s. d.). https://www.agirpourlecoeurdesfemmes.com/conseil-administration/Claire-MOUNIER-VEHIER

féminins[143] [144]. « Causes de mortalité en France ». *Bulletin Épidémiologique Hebdomadaire,* novembre 2019.

Malgré cette réalité, 74 % des femmes ignorent que les maladies cardiovasculaires sont leur première cause de mortalité. Elles positionnent à tort les cancers en première position (63 %). Si 51 % identifient les MCV comme une cause majeure de maladie, elles n'en perçoivent pas toute la gravité[145].

Le danger est encore plus frappant chez les jeunes femmes. En 5 ans, les hospitalisations pour infarctus ont augmenté de 25 % chez les 45-54 ans. Le tabac, l'alcool, le stress et la sédentarité sont autant de facteurs aggravants. Si 79 % des femmes sont conscientes que les moins de 50 ans sont de plus en plus touchées, cela reste insuffisant face à l'urgence.

Il est temps de briser ce silence. Les maladies cardiovasculaires ne sont pas un problème de « mecs », elles concernent aussi les femmes, et souvent bien plus tôt qu'on ne le croit.

Maladies cardiovasculaires : un danger sous-estimé chez les femmes

La recherche cardiovasculaire a longtemps négligé l'importance des différences entre les sexes (facteurs biologiques) et le genre (facteurs sociaux et culturels), entraînant une exclusion des femmes et des personnes de genres divers des études cliniques.

Pendant des décennies, il était couramment admis, sans véritable fondement scientifique, que les fluctuations hormonales chez les femmes compliquaient l'interprétation des résultats ou que

143. Fédération française de cardiologie. (2022, 7 mars). « Santé cardiaque : les inégalités femmes-hommes ne sont pas une fatalité ! » – FFC. https://www.fedecardio.org/presse/sante-cardiaque-les-inegalites-femmes-hommes-ne-sont-pas-une-fatalite/
144. « Maladies cardio-vasculaires des femmes : alerte rouge » – *Agir pour le cœur des femmes.* (s. d.). https://www.agirpourlecoeurdesfemmes.com/alerter/maladies-cardio-vasculaires/Maladies-cardio-vasculaires-des-femmes-alerte-rouge
145. Fédération française de cardiologie. (2022a, mars 4). « Les femmes et les maladies cardiovasculaires » – FFC. https://www.fedecardio.org/nous-connaitre/les-femmes-et-les-maladies-cardiovasculaires/

les effets observés chez les hommes pouvaient simplement être généralisés à l'ensemble de la population. Ces hypothèses ont eu des conséquences majeures, notamment en termes de préconisations thérapeutiques et de prise en charge sanitaire avec un risque accru de diagnostics erronés chez les femmes.

Dans les années 1990, un tournant décisif s'est produit lorsque les National Institutes of Health (NIH) ont imposé l'inclusion des femmes dans les études cliniques financées. Une avancée majeure, certes, mais qui s'est arrêtée aux recherches sur des humains, laissant de côté les études fondamentales sur les cellules et les modèles animaux. Il a fallu attendre 2016 pour franchir une nouvelle étape : les chercheurs ont désormais l'obligation de prendre en compte le sexe comme variable biologique (SABV) à toutes les étapes de la recherche, de la conception des études à l'interprétation des résultats. Tout écart doit être scientifiquement justifié pour garantir des conclusions plus rigoureuses et représentatives.

Pourquoi cette exigence du SABV est-elle si importante ? Parce que le sexe influence directement les réponses biologiques, qu'il s'agisse des effets des médicaments ou de l'évolution des maladies cardiovasculaires. À cela s'ajoute le genre, qui influence nos comportements face à la santé, nos interactions sociales et notre accès aux soins. Par exemple, même si les femmes consultent plus souvent un médecin, elles se voient parfois moins prescrire les traitements appropriés pour des symptômes pourtant similaires à ceux des hommes. Ce biais, souvent inconscient, se double d'inégalités encore plus marquées pour les personnes de genres divers, qui se heurtent à des obstacles supplémentaires dans le système de santé.

Malgré ces avancées et la prise de conscience, des biais persistants continuent de freiner la recherche. En intégrant systématiquement ces dimensions, la recherche devient plus inclusive et permet une meilleure compréhension des maladies.

Prenons l'exemple des crises cardiaques : les symptômes diffèrent souvent entre les hommes et les femmes, ce qui rend indispensables des approches cliniques adaptées. À terme, ces découvertes ouvriront la voie à des traitements plus ciblés, efficaces et équilibrés, en réponse aux besoins spécifiques de chaque individu.

Ces nouvelles directives ne se limitent pas à un ajustement technique ; elles marquent une avancée vers une médecine plus juste, fondée sur une rigueur accrue et une portée universelle, promettant des bénéfices durables pour la société dans son ensemble[146].

Cœur des femmes : des risques spécifiques encore trop ignorés

Les maladies cardiovasculaires sont influencées par plusieurs facteurs et marqueurs de risque définis historiquement par l'étude de référence Framingham[147] parue en 1976. Parmi les paramètres non modifiables, on retrouve principalement l'âge, le sexe et les antécédents familiaux précoces de maladies cardiovasculaires. Viennent ensuite les facteurs modifiables communs aux deux sexes, pour lesquels une prise en charge est possible avec l'aide d'une équipe de santé : le diabète, l'hypertension artérielle, et l'hypercholestérolémie. Enfin, certains facteurs relèvent de comportements individuels, sur lesquels chacun peut agir seul ou accompagné : le tabac, la sédentarité, l'obésité, le stress, la consommation excessive d'alcool et une alimentation déséquilibrée.

Ces facteurs de risque traditionnels, bien que partagés par les deux sexes, engendrent des conséquences distinctes chez les hommes et les femmes. À cela s'ajoutent des facteurs de risque spécifiques à chaque sexe, qui exigent une attention particulière[148].

---

146. Usselman, C. W., Lindsey, M. L., Robinson, A. T., Habecker, B. A., Taylor, C. E., Merryman, W. D., Kimmerly, D., Bender, J. R., Regensteiner, J. G., Moreau, K. L., Pilote, L., Wenner, M. M., O'Brien, M., Yarovinsky, T. O., Stachenfeld, N. S., Charkoudian, N., Denfeld, Q. E., Moreira-Bouchard, J. D., Pyle, W. G. & DeLeon-Pennell, K. Y. (2023). "Guidelines on the use of sex and gender in cardiovascular research". *AJP Heart And Circulatory Physiology*, 326(1), H238-H255. https://doi.org/10.1152/ajpheart.00535.2023
147. Kannel, W. B., McGee, D. & Gordon, T. (1976). "A general cardiovascular risk profile: The Framingham study". *The American Journal Of Cardiology*, 38(1), 4651. https://doi.org/10.1016/0002-9149(76)90061-8
148. Garvin AM, Hale TM. «Le sexe est important dans le cœur vieillissant : implications pour les thérapies antifibrotiques». *Am J Physiol Heart Circ Physiol*, 323 : H360-H361, 2022. doi : 10.1152/ajpheart.00340.2022

Vous avez dit spécifiques mais encore ?

On a longtemps cru que les hormones féminines protégeaient naturellement les femmes des maladies cardiovasculaires. Pourtant, une enquête menée en 2022 par la Fédération française de cardiologie en partenariat avec OpinionWay révèle une méconnaissance persistante de ce sujet : un quart des femmes estiment que les grandes étapes hormonales de leur vie – puberté, grossesse, périménopause ou ménopause – n'ont aucun impact sur leur risque cardiovasculaire, voire le réduisent. Cette perception erronée reflète un manque d'information sur le lien entre les fluctuations hormonales et la santé cardiaque.

Sur le plan scientifique, cette vision est désormais obsolète[149]. Les modes de vie modernes, dès l'entrée dans la vie active, exposent les femmes aux mêmes facteurs de risque que les hommes : stress, tabagisme, sédentarité et alimentation déséquilibrée, remettant en question l'idée d'une « protection » naturelle liée aux hormones.

Il existe trois périodes critiques de la vie d'une femme où le risque cardiovasculaire s'intensifie. Les variations hormonales liées à la vie reproductive jouent un rôle majeur. La grossesse, par exemple, peut entraîner des complications telles que l'hypertension artérielle gravidique, une prééclampsie ou le diabète gestationnel, qui augmentent le risque cardiovasculaire à long terme.

Les traitements hormonaux, qu'il s'agisse de la contraception orale, la stimulation ovarienne lors des PMA ou d'une hormonothérapie ménopausique, peuvent moduler le risque cardiovasculaire, en particulier chez les femmes fumeuse et/ou hypertendue.

La ménopause constitue également une période critique, avec la chute des œstrogènes qui favorise la rigidification des artères et le développement des plaques d'athérome, elles se retrouvent exposées aux mêmes risques de développer des maladies cardiovasculaires que les hommes aux mêmes âges.

---

149. Arnal, J., Gourdy, P., Garmy-Susini, B., Delmas, É. & Bayard, F. (2003b). « Effets vasculaires des œstrogènes ». *Médecine/Sciences*, 19(12), 1226-1232. https://doi.org/10.1051/medsci/200319121226

Certaines pathologies spécifiques aux femmes augmentent de manière significative le risque de maladies cardiovasculaires. Parmi elles, les migraines avec aura, le syndrome des ovaires polykystiques et l'endométriose figurent en tête. De plus, des maladies auto-immunes, telles que le lupus ou la maladie de Takayasu, majoritairement féminines, altèrent directement la paroi des artères, fragilisant ainsi le système cardiovasculaire. Les femmes ayant reçu une radiothérapie au niveau thoracique pour traiter un cancer du sein sont également exposées à un risque accru en raison des effets secondaires sur le cœur.

Au-delà de ces facteurs biologiques, des influences socioculturelles viennent aggraver la situation. Les femmes ont tendance à minimiser leurs symptômes, d'autant plus que ceux-ci diffèrent souvent de ceux des hommes, retardant ainsi le diagnostic et les soins appropriés. La charge mentale, omniprésente dans leur quotidien, les rend plus vulnérables et moins attentives à leur santé. De surcroît, des troubles psychologiques comme la dépression, reconnus pour leur impact sur le cœur, accentuent leur fragilité. Enfin, la précarité, en limitant l'accès aux soins, prolonge les délais de prise en charge, entraînant une perte de chance significative pour de nombreuses femmes.

Ménopause et cœur : un nouveau rythme à adopter

Comme le rappelle l'équipe du Dr Usselman *et al.*, 2023, la périménopause et la ménopause, étape naturelle du vieillissement chez les femmes, agissent sur la santé cardiovasculaire. La périménopause est définie par des cycles irréguliers et des variations hormonales importantes. Avec une augmentation de certaines hormones comme la LH (hormone lutéinisante) et la FSH (hormone folliculostimulante), une modification dans le ratio œstrogène et testostérone, des saignements plus importants, accompagnés souvent de bouffées de chaleur, de troubles du sommeil, d'anxiété ou de dépression, peuvent affecter la santé du cœur et des vaisseaux précocement.

Les critères STRAW+10[23] permettent d'identifier avec précision les différentes phases de la transition hormonale chez les femmes d'âge moyen.

Ménopause et muscle cardiaque un coup de foudre à haut risque

Une étude récente dirigée par le Dr Glen Pyle[150] a examiné les effets de la défaillance ovarienne progressive sur la fonction musculaire. Les résultats ont montré une réduction significative de 32,2 % de la puissance musculaire maximale. Les chercheurs se sont également intéressés à l'entraînement par intervalles à haute intensité (HIIT), une méthode d'exercice alternant des phases courtes mais intenses avec des périodes de récupération. Bien que cette méthode n'ait pas permis de restaurer complètement la puissance musculaire, elle a montré une certaine efficacité en préservant partiellement les fibres musculaires rapides du muscle soléaire – muscle dit squelettique –, situé dans le mollet et essentiel pour la posture et la mobilité.

Une autre étude menée par la même équipe, publiée dans *Acta Physiologica*[151], a étudié les effets de la défaillance ovarienne sur le cœur en utilisant un modèle animal (des souris) reproduisant les effets de la ménopause. Dans ce modèle, un composé chimique, le VCD (4-vinylcyclohexene diepoxide), est utilisé pour provoquer une ménopause progressive en détruisant les cellules des ovaires. Les résultats ont montré que les fluctuations hormonales liées à cette transition affectent également le cœur, provoquant des altérations dans sa structure et son fonctionnement.

---

150. Hubbard, E. F., Mashouri, P., Pyle, W. G. & Power, G. A. (2023). "The effect of gradual ovarian failure on dynamic muscle function and the role of high-intensity interval training on mitigating impairments". *American journal of physiology. Cell physiology*, 325(4), C1031-C1045. https://doi.org/10.1152/ajpcell.00318.2023
151. Fernandes, R. D., Hall, A., Ferguson, M., Lorenzen-Schmidt, I., Balasubramaniam, V. & Pyle, W. G. (2019). "Cardiac changes during the perimenopausal period in a VCD-induced murine model of ovarian failure". *Acta Physiologica* (Oxford, England), 227(1), e13290. https://doi.org/10.1111/apha.13290

Ces travaux révèlent que la défaillance ovarienne ne se limite pas à des impacts sur les muscles squelettiques, mais qu'elle touche également le muscle cardiaque. Ils soulignent l'importance de développer des interventions, comme le HIIT, pour atténuer les effets négatifs de ces transformations physiologiques et améliorer la santé globale des femmes durant cette période de transition hormonale.

Ces précieuses hormones jusque-là régulaient la santé musculaire[152] mais en leur absence, elles mettent les muscles dont le muscle cardiaque ou myocarde en slow motion. Résultat ? La force musculaire en prend un coup : les fibres, surtout celles de type 2 (les rapides qui donnent du peps), perdent en taille et en efficacité. Vous voulez soulever vos packs d'eau d'un coup ? Plus difficile.

La puissance musculaire s'effrite également. Moins de force et une vitesse de contraction réduite, autant dire que tout ce qui exige rapidité et dynamisme devient plus laborieux. En prime, les muscles se fatiguent plus vite, car leurs mécanismes internes, métaboliques et contractiles, fonctionnent moins bien. Et comme si ça ne suffisait pas, on assiste à un remaniement structurel au sein des fibres de type 1 (les lentes, pour l'endurance) qui prennent le dessus, laissant les fibres rapides sur le banc de touche.

Pourquoi ce chaos ? Parce que les œstrogènes assurent la synthèse des protéines, la réparation des tissus et le bon fonctionnement des ponts actine-myosine (les petites structures qui permettent aux muscles de se contracter). Avec moins d'œstrogènes, le mécanisme de croissance ou signalisation anabolique s'effondre, et vos muscles tirent la langue.

En résumé, la carence en œstrogènes entraîne les effets secondaires suivants sur les muscles et en particulier au niveau cardiaque :

---

152. Iorga, A., Umar, S., Ruffenach, G., Aryan, L., Li, J., Sharma, S., Motayagheni, N., Nadadur, R. D., Bopassa, J. C. & Eghbali, M. (2018). "Estrogen rescues heart failure through estrogen receptor Beta activation". *Biology Of Sex Differences*, 9(1). https://doi.org/10.1186/s13293-018-0206-6

- Une diminution de la contractilité cardiaque ;
- Une augmentation de la rigidité cardiaque
- Une réduction de la fonction endothéliale : la baisse des œstrogènes réduit la production de monoxyde d'azote (NO), un vasodilatateur essentiel. Cette diminution provoque une vasoconstriction accrue, limitant le flux sanguin et l'apport en oxygène au muscle cardiaque. Résultat : une vascularisation insuffisante qui aggrave les dysfonctionnements du tissu cardiaque[153] ;
- Une augmentation du stress oxydatif avec une circulation de radicaux libres, accélérant le vieillissement et la dégradation du muscle cardiaque ;
- Une inflammation chronique marquée par l'augmentation de certains marqueurs inflammatoires qui fragilisent la structure et le fonctionnement du muscle cardiaque, ajoutant une pression supplémentaire sur un cœur déjà sollicité ;
- Une augmentation du risque d'insuffisance cardiaque.

Pour limiter ces effets, pas de panique, des interventions ciblées existent. L'entraînement en résistance et le HIIT – abréviation de High – Intensity Interval Training, ou en français : « on donne tout, on souffle un coup, et on recommence ». En gros, des exercices courts mais intenses, avec des pauses entre deux pour éviter l'explosion, restent vos meilleurs alliés pour retrouver un peu de force et de dynamisme. Une alimentation équilibrée riche en protéines, accompagnée de vitamine D et de calcium, fait aussi des merveilles pour garder vos muscles en forme. Enfin, pour certaines, la thérapie hormonale de la ménopause (THM), bien encadrée, peut donner un coup de pouce.

---

153. Arnal, J., Gourdy, P., Garmy-Susini, B., Delmas, É. & Bayard, F. (2003). « Effets vasculaires des œstrogènes ». *Érudit.* https://id.erudit.org/iderudit/007398ar

Même si la ménopause peut affaiblir force, puissance et endurance musculaires, ces astuces permettent de limiter les dégâts et de préserver la fonctionnalité des muscles à long terme.

« Ménopause et cholestérol : quand les hormones partent et le gras s'invite au festin »

L'âge et l'hypercholestérolémie sont des facteurs de risque cardiovasculaires indépendants bien établis. Le risque de développer une maladie des artères du cœur augmente avec le niveau de cholestérol, quel que soit le sexe ou l'âge. Les femmes de 50 ans présentent un risque de développer une hypercholestérolémie dans les dix ans de 52 %, contre 39 % chez les hommes du même âge. Sachant que l'âge moyen de la ménopause est de 51 ans, l'hypercholestérolémie observée chez de nombreuses femmes pourrait être liée à cette transition hormonale.

Les œstrogènes jouent un rôle bénéfique sur le profil lipidique, et leur carence pourrait modifier négativement le métabolisme lipidique. Cependant, l'âge explique également ces modifications, nécessitant de distinguer les impacts spécifiques de la ménopause de ceux liés au vieillissement.

La ménopause ne se limite pas uniquement aux changements hormonaux. Elle entraîne aussi une transformation importante du métabolisme lipidique[154].

Cholestérol, vous avez dit cholestérol ?

Le cholestérol est une molécule lipidique essentielle. Les deux tiers du cholestérol sont d'origine endogène, c'est-à-dire fabriqué par l'organisme, en particulier synthétisé par le foie et un tiers est d'origine exogène et provient de l'alimentation. Il intervient dans la structure des membranes cellulaires, la synthèse des hormones stéroïdiennes, la production de la vitamine D et la formation des

---

154. « Effets de la ménopause précoce sur le profil lipidique ». (2011, 9 mars). *Gynécologie Obstétrique Pratique.* https://www.gynecologie-pratique.com/journal/article/effets-de-la-menopause-precoce-sur-le-profil-lipidique

sels biliaires nécessaires à la digestion des graisses. Transporté par des particules appelées lipoprotéines, il peut se révéler bénéfique ou nuisible, selon son transporteur. Les LDL (lipoprotéines de basse densité) surnommées «mauvais cholestérol» livrent le cholestérol aux cellules, mais lorsqu'elles circulent en excès, elles ont tendance à s'accumuler dans les parois des artères. Ces dépôts, en s'oxydant, déclenchent une réaction inflammatoire qui finit par former des plaques d'athérome. Ces plaques bouchent progressivement les artères, limitent la circulation du sang et augmentent les risques d'accidents vasculaires comme l'infarctus ou l'AVC. Les HDL (lipoprotéines de haute densité) ou «bon cholestérol» récupèrent les surplus pour les conduire au foie, où ils seront éliminés. Les triglycérides, une autre classe de lipides, sont une source d'énergie importante. Mais leur excès dans le sang, souvent lié à une alimentation riche en sucres rapides et en graisses saturées, est également associé à un risque accru d'athérome et d'inflammation vasculaire.

Que se passe-t-il avec la ménopause ?

Une des réponses réside dans la chute des œstrogènes, qui jusque-là jouaient les médiateurs efficaces du métabolisme lipidique. Ces hormones boostent l'élimination des LDL – mauvais cholestérol – en favorisant leur capture par le foie, tout en encourageant la production de HDL – bon cholestérol – pour nettoyer les surplus. Lorsque leur niveau diminue, les LDL s'accumulent dans le sang et s'oxydent plus facilement, augmentant l'inflammation et la formation de plaques d'athérome. Simultanément, la quantité de HDL chute, ce qui affaiblit le mécanisme naturel d'élimination du cholestérol en excès. Par ailleurs, les œstrogènes interviennent aussi dans le métabolisme des triglycérides en activant certaines enzymes comme la lipoprotéine lipase, elles facilitent leur dégradation. En leur absence, les triglycérides s'accumulent aggravant un tableau déjà trouble.

Résultat :

Une dyslipidémie[155] qui se définit par un taux élevé de cholestérol total, de LDL et des triglycérides grimpent en flèche tandis que les HDL sont à la peine. Ces modifications créent un profil lipidique dit « athérogène », c'est-à-dire propice à la formation de plaques d'athérome dans les artères qui peuvent obstruer le flux sanguin, entraînant des complications telles que l'infarctus du myocarde ou l'accident vasculaire cérébral (AVC).

Ces modifications commencent souvent dès la périménopause et s'intensifient après la ménopause. Les études confirment que la ménopause modifie substantiellement le profil lipidique des femmes, mais elles soulignent également la complexité de démêler les effets de l'âge de ceux induits par les changements hormonaux propres à la ménopause.

L'article « Dyslipidémies de la femme après 50 ans : le rôle de l'âge et de la ménopause », publié dans les *Annales de Cardiologie et d'Angéiologue*, explore l'impact de la ménopause sur le profil lipidique des femmes, indépendamment de l'âge. Les auteurs, N. Agrinier, M. Cournot et J. Ferrières[156], ont analysé dix-neuf études publiées dans le monde à des années différentes.

Les auteurs concluent que la ménopause est associée à des modifications significatives du profil lipidique chez les femmes, indépendamment de l'âge. Ces changements incluent une augmentation du cholestérol total, du LDL-cholestérol et des triglycérides, tandis que les niveaux de HDL-cholestérol peuvent diminuer ou rester inchangés selon les études. Ces altérations sont attribuées à la carence en œstrogènes qui survient après la ménopause. Les auteurs notent que l'âge reste un facteur majeur influençant

---

155. Davidson, M. H., Pradeep, P. & Msd, M. (2023, 12 juillet). « Dyslipidémie ». *Manuels MSD Pour le Grand Public*. https://www.msdmanuals.com/fr/accueil/troubles-hormonaux-et-m%C3%A9taboliques/troubles-du-cholest%C3%A9rol/dyslipid%C3%A9mie

156. Agrinier, N., Cournot, M. & Ferrières, J. (2008). Dyslipidémies de la femme après 50 ans : le rôle de l'âge et de la ménopause. *Annales de Cardiologie et d'Angéiologie*, 58(3), 159-164. https://doi.org/10.1016/j.ancard.2008.09.006

les profils lipidiques et qu'il s'avère difficile de distinguer précisément les effets liés à l'âge de ceux dus à la transition ménopausique. Enfin, les bienfaits du THM* sur le profil lipidique restent controversés. Cela souligne l'importance d'un suivi spécifique pour les femmes dans cette tranche d'âge, afin de prévenir les risques cardiovasculaires.

Une étude publiée en juillet 2024 par l'University of Texas Southwestern Medical Center et présentée au Congrès de l'European Society of Cardiology[157] révèle que la transition hormonale liée à la ménopause modifie le profil lipidique sanguin, augmentant nettement les risques de maladies cardiovasculaires. Toutes les femmes, quel que soit leur stade de ménopause, voient leur taux de particules LDL-P (le « mauvais » cholestérol) grimper. Cependant, c'est entre la périménopause et la post-ménopause que l'augmentation est la plus marquée, avec une hausse moyenne de 8,3 % des LDL-P. De plus, les petites particules LDL, particulièrement nocives pour les artères, augmentent de manière impressionnante chez les femmes en périménopause, atteignant un écart de 213 % par rapport aux hommes. En résumé, cette période de transition hormonale expose particulièrement les femmes à des risques accrus pour leur santé cardiovasculaire.

Ces résultats mettent en lumière le rôle des modifications lipidiques dans l'augmentation brutale du risque cardiovasculaire chez les femmes ménopausées. Les maladies cardiovasculaires, principale cause de mortalité féminine, représentent 40 % des décès chez les femmes et voient leur incidence augmenter nettement après la ménopause. L'étude souligne l'importance du dépistage et du suivi régulier le plus tôt possible.

L'ensemble des experts insiste sur l'intérêt d'une alimentation riche en fibres et pauvre en graisses saturées, associée à une activité physique régulière, afin de maintenir un équilibre lipidique favorable.

---

157. "Menopause potentially linked to adverse cardiovascular health through blood fat profile changes". (2024, août 27). *EurekAlert!* https://www.eurekalert.org/news-releases/1055512

Dans certains cas, des traitements peuvent être nécessaires pour réduire les LDL et les triglycérides tout en augmentant les HDL, afin de prévenir les complications cardiovasculaires. Concernant les traitements hormonaux de la ménopause (THM), leur efficacité sur l'amélioration du profil lipidique semble relative et l'impact global sur les risques cardiovasculaires reste controversé. Cette ambiguïté nécessite une approche individualisée et prudente pour chaque femme.

La surveillance régulière, la prévention ciblée des déséquilibres lipidiques et une plus grande communication sur la spécificité des femmes face à la santé cardiaque sont essentielles pour réduire les risques d'athérosclérose et de maladies cardiovasculaires.

Des maladies cardiovasculaires spécifiques aux femmes : comprendre les risques et les particularités

Récemment, les chercheurs ont mieux compris pourquoi certaines femmes peuvent avoir des crises cardiaques sans qu'un blocage des grandes artères soit détecté, et avec des symptômes très différents de ceux habituellement associés. Ces progrès sont dus à l'utilisation d'examens médicaux plus avancés.

Comme l'expliquent le Pr Claire Mounier-Vohier[158], cardiologue au CHU de Lille, et le Dr Sonia Anand[159], experte en maladies cardiovasculaires, un phénomène appelé infarctus du myocarde avec artères coronaires non obstruées (MINOCA) est souvent en cause. Contrairement aux crises cardiaques classiques, les examens courants, comme l'angiographie (un test qui utilise des rayons X pour observer les grandes artères du cœur), montrent des artères apparemment normales, sans signe de blocage. Cependant, ce test ne détecte pas les problèmes dans les très petites artères ou les réseaux plus fins qui irriguent le cœur. Ces anomalies, bien

---

158. Claire Mounier-Vehier – « Agir pour le cœur des femmes ». (s. d.-b). https://www.agirpourlecoeurdesfemmes.com/conseil-administration/Claire-MOUNIER-VEHIER
159. Sonia Anand – McMaster Experts. (s. d.). https://experts.mcmaster.ca/display/anands

qu'invisibles avec des méthodes standards, peuvent tout de même provoquer une crise cardiaque.

C'est pourquoi il est essentiel de mieux faire connaître ces maladies spécifiques aux femmes et d'améliorer les outils pour les diagnostiquer, afin d'assurer un traitement adapté.

Certaines maladies cardiaques touchent presque exclusivement les femmes. Parmi elles, la cardiomyopathie de Takotsubo, aussi appelée syndrome du « cœur brisé », qui survient principalement chez les femmes après la ménopause. Cette maladie est souvent déclenchée par un stress émotionnel ou physique intense et se manifeste par des symptômes similaires à une crise cardiaque.

On observe aussi la dissection spontanée de l'artère coronaire (DSAC), qui est la principale cause de crise cardiaque chez les jeunes femmes. Cette affection, difficile à détecter avec les examens classiques, implique une déchirure spontanée dans les parois d'une artère du cœur.

Ces maladies illustrent à quel point le cœur des femmes peut être affecté différemment de celui des hommes, nécessitant des examens spécialisés pour poser un diagnostic précis et garantir un traitement adapté.

Des facteurs de risque qui pèsent plus lourd chez les femmes

Certains facteurs de risque cardiovasculaires sont universels, mais ils impactent souvent les femmes de manière plus prononcée. Par exemple, l'hypertension artérielle, surtout si elle apparaît autour de la quarantaine, augmente significativement le risque de démence chez les femmes âgées, un effet que l'on ne retrouve pas chez les hommes.

Des maladies inflammatoires chroniques comme le lupus ou la polyarthrite rhumatoïde, plus fréquentes chez les femmes, élèvent également les risques cardiaques. Chez les femmes transgenres, les traitements hormonaux d'affirmation de genre peuvent augmenter les probabilités de développer des caillots sanguins, des AVC ou des crises cardiaques.

De plus, des événements spécifiques à la vie des femmes, tels que des complications liées à la grossesse (comme l'hypertension ou le diabète gestationnel) ou une ménopause précoce, peuvent avoir des répercussions durables sur la santé cardiovasculaire, même des années plus tard.

Il est essentiel pour les femmes de comprendre que leurs risques cardiovasculaires évoluent différemment de ceux des hommes, afin de mieux prévenir et gérer ces enjeux spécifiques.

En pratique : comment agir pour protéger le cœur des femmes ?

Saviez-vous que les maladies du cœur et les AVC se manifestent différemment chez les femmes et les hommes ? Quand on imagine une crise cardiaque, on pense souvent à une douleur thoracique intense. Pourtant, chez les femmes, les symptômes sont souvent bien différents.

Plutôt que la douleur classique à la poitrine, les femmes peuvent ressentir des douleurs dans le cou, la mâchoire, les épaules, le haut du dos ou même le ventre. Ces signes peuvent être accompagnés de souffle court, de nausées ou de vomissements.

Contrairement aux hommes, qui signalent généralement un seul symptôme, comme une douleur aiguë à la poitrine, les femmes présentent souvent une combinaison de symptômes : une fatigue extrême, des palpitations ou un inconfort diffus qui ne correspond pas à l'idée typique d'une crise cardiaque.

Et c'est là que réside le problème : ces signes plus subtils ou atypiques peuvent entraîner un retard dans le diagnostic, rendant encore plus important de reconnaître ces différences pour agir.

Un des défis majeurs réside dans le fait que les symptômes traditionnels enseignés en faculté de médecine sont souvent basés sur des études menées principalement chez les hommes d'origine caucasienne. Le Dr Husam Abdel-Qadir[160], titulaire de la chaire

160. « Les femmes plus susceptibles d'avoir des problèmes cardiaques que les hommes ». (s. d.). El Watan. https://elwatan-dz.com/les-femmes-plus-susceptibles-davoir-des-problemes-cardiaques-que-les-hommes

sur la santé cardiaque et cérébrale des femmes a déclaré dans un article paru en 2019 dans la presse internationale « Nous ne savons tout simplement pas comment traiter les formes de maladies du cœur qui sont plus fréquentes chez les femmes » et comme le souligne le Dr Mahal Inderveer[161] « Cela peut mener à des retards diagnostiques et de prise en charge chez les femmes et les minorités ethniques, qui présentent parfois des signes très différents ».

À l'avenir, il sera primordial que l'enseignement médical intègre ces spécificités. Reconnaître que les symptômes de maladies potentiellement mortelles varient selon la personne est une étape essentielle pour améliorer les soins.

Alors, mesdames, écoutez votre corps. Une douleur étrange dans le haut du dos ? Une fatigue inexpliquée ? Une gêne inhabituelle ? Ne les ignorez pas. Il vaut toujours mieux consulter et être rassurée que de passer à côté de quelque chose d'important. De même, les professionnels de santé doivent être à l'écoute et tenir compte de ces différences pour poser leur diagnostic.

La prévention reste et demeure indispensable comme facteur protecteur : adopter une alimentation équilibrée, rester active, surveiller la tension artérielle et les niveaux de cholestérol. Les médecins doivent également être plus vigilants face aux signes cliniques de maladies cardiaques chez les femmes et doivent recourir à des outils pertinents pour diagnostiquer les affections des petits vaisseaux ou les crises cardiaques sans obstruction.

En matière de cœur, mieux vaut prévenir que guérir. Et cela commence par une meilleure compréhension des symptômes propres à chacun(e). Vous méritez qu'on prenne votre santé à cœur, au sens propre comme au figuré !

---

161. « Facteurs de risque chez les femmes ». (s. d.). Fondation des Maladies du Cœur et de l'AVC du Canada. https://www.coeuretavc.ca/femmes/facteurs-de-risque-chez-les-femmes

Cerveau au féminin

Quand la périménopause débarque, certaines femmes se retrouvent avec un cerveau en mode « buffering ». Pour celles qui ne parlent pas le jargon geek, le buffering, c'est ce moment où une vidéo en ligne s'arrête pour charger, laissant ce petit cercle tourner désespérément sans avancer. Dans le cerveau, tout se passe comme s'il y avait un brouillard mental[162]. Les pensées divaguent. Jongler avec plusieurs tâches relève d'un corps-à-corps perdu d'avance avec Teddy Riner. Les mots, eux, jouent à cache-cache avec cette question pour un champion : « Mais où est passé ce fichu mot ? »

Cette gêne, bien qu'embarrassante, varie d'une femme à l'autre. Si certaines sont affectées dans leur quotidien, d'autres éprouvent des changements plus discrets. Leur performance et leur productivité globales au travail restent intactes, mais elles perçoivent une différence, comme un léger décalage dans leur rythme habituel.

Évidemment, le vieillissement agit comme une ombre discrète sur la mémoire, provoquant parfois des troubles qui voilent fugacement l'esprit. Mais l'âgisme n'est pas le seul en cause : d'autres mécanismes viennent s'ajouter au tableau, faisant de cette période une énigme biologique et cognitive que les neurosciences tâchent d'élucider.

L'idée que le vieillissement modifierait nos capacités de façon linéaire sur l'échelle du temps ne s'applique pas vraiment au cerveau des femmes. En effet, ce dernier traverse des transformations majeures à des étapes spécifiques de la vie, comme la puberté, la grossesse et la périménopause. Ces moments charnières, éprouvés par les variations hormonales intenses, provoquent des changements profonds dans le fonctionnement et la plasticité du cerveau.

---

162. Plitt, L. (2021, 22 septembre). « Ménopause : qu'est-ce que le "brouillard cérébral" et pourquoi vous pourriez commencer à le ressentir bien avant vos dernières règles ? » BBC News Afrique. https://www.bbc.com/afrique/monde-58653322

Lisa Mosconi[163], neuroscientifique, directrice du programme de prévention de la maladie d'Alzheimer au centre médical Weill Cornell à New York et autrice d'ouvrage sur la santé cérébrale chez les femmes, commence une de ses conférences en 2019[164] par une déclaration enthousiasmante : « Les femmes sont des œuvres d'art à l'extérieur comme à l'intérieur. Et moi, je me concentre sur l'intérieur, en particulier sur le cerveau des femmes. »

Pendant plus de vingt ans, le Dr Mosconi a scruté les cerveaux vivants pour comprendre pourquoi les troubles neurologiques frappent différemment les femmes et les hommes. Si différence il y a, elle insiste sur le fait qu'il n'existe pas de cerveau sexué. « Barbie et Lego, rose et bleu, ce sont des inventions humaines », affirme-t-elle. Ces découvertes sont à la fois éclairantes et alarmantes.

Le Dr Mosconi révèle que les femmes sont :

- 2 fois plus susceptibles de souffrir de troubles anxieux ou dépressifs ;
- 3 fois plus exposées à des troubles auto-immuns touchant le cerveau, comme la sclérose en plaques ;
- 4 fois plus à risque de maux de tête et de migraines ;
- plus sujettes à développer des méningiomes, le type de tumeur cérébrale le plus courant ;
- plus vulnérables aux accidents vasculaires cérébraux.

La liste continue avec une donnée particulièrement troublante : les femmes représentent près des deux tiers des patients atteints de la maladie d'Alzheimer. Cela signifie qu'il y a deux femmes atteintes d'Alzheimer pour chaque homme, faisant de cette maladie une crise de santé publique pour les femmes, bien que paradoxalement, elle ne soit pas reconnue comme telle.

---

163. Mosconi, L. (2024). *The menopause brain: The New Science Empowering Women to Navigate Midlife with Knowledge and Confidence.*

164. Mosconi, L. (s. d.). "How menopause affects the brain" [Vidéo]. TED Talks. https://www.ted.com/talks/lisa_mosconi_how_menopause_affects_the_brain?subtitle=en&lng=fr&geo=fr

Ces statistiques révèlent une réalité souvent ignorée : les maladies neurologiques qui affectent majoritairement les femmes ne sont pas reconnues comme des problématiques spécifiques à leur santé. Pourtant, les femmes sont en première ligne face à des pathologies graves qui impactent directement leur cerveau, mettant en évidence l'urgence de mieux comprendre et de prendre en compte ces disparités.

Pour Lisa Mosconi, ces disparités ne sont pas une fatalité, et comme elle le précise également, « la ménopause ne cause » pas la maladie d'Alzheimer. En tant qu'événement, la ménopause est plutôt un déclencheur, qui « annule le superpouvoir des œstrogènes et des hormones qui les accompagnent, et le cerveau doit trouver de nouvelles façons de fonctionner efficacement » mais elle appelle à une prise de conscience, une recherche plus ciblée et une révision de nos approches médicales.

Le cerveau : mode d'emploi d'un chef-d'œuvre biologique

Le cerveau, cette centrale hyperconnectée et multitâche, gère tout, un peu comme un Wi-Fi toujours en marche : pensées, mouvements, émotions, digestion, bref, c'est l'un des organes le plus abouti et perfectionniste qu'on ait. Derrière cette mécanique parfaite, des milliards de neurones s'activent, un peu comme des ados sur un réseau social : ça partage, ça commente, ça s'envoie des messages non-stop, créant un flux d'échanges constant de données à la vitesse de la lumière, transformant chaque signal en actions fluides. Finalement, le système tourne avec une précision remarquable et rarement un bug… sauf en cas de surcharge.

Les neurones, c'est quoi ? Imaginez des petites structures comparables à de véritables bijoux technologiques composées d'un corps cellulaire (le quartier général), de dendrites (leurs antennes hypersensibles qui captent les signaux) et d'un axone (le câble à haute vitesse qui transporte les messages jusqu'à destination). Sur les dendrites, on trouve des épines dendritiques, des petites branches ou antennes supplémentaires qui boostent la réception. Ce sont elles qui transforment notre cerveau en une centrale de communication hyperperformante. Plus il y en a, plus notre cerveau devient rapide et efficace, prêt à nous faire briller sur n'importe quelle question de culture générale au quizz TV de « Question pour un champion ».

Comment ça marche, tout ça ? Les dendrites captent un signal électrique venant d'un autre neurone. Ce signal voyage ensuite à toute allure dans l'axone, jusqu'à atteindre… la synapse. Et là, on entre dans le monde du théâtre chimique. Pas de connexion directe entre les neurones : ils doivent envoyer des messagers spéciaux, les neurotransmetteurs. Ces petites molécules, comme la dopamine (reine du plaisir et de la motivation) ou la sérotonine (gardienne de notre humeur et de notre sommeil), traversent l'espace synaptique et se fixent sur les récepteurs cibles des épines dendritiques du neurone voisin. Et hop, c'est reparti pour un nouveau tour !

Et qui vient ajouter un boost épique à cette histoire ? Les œstrogènes ! Ces hormones, longtemps associées uniquement au système reproductif et aux cycles menstruels, ont également un impact majeur sur le cerveau. Elles favorisent la croissance et la complexité des épines dendritiques, renforçant ainsi les capacités de notre cerveau. Elles agissent comme un entraîneur personnel pour nos neurones, optimisant leurs connexions et leur communication. Les œstrogènes soutiennent aussi la mémoire, l'apprentissage et même l'humeur en maximisant l'efficience des neurotransmetteurs tels que la dopamine et la sérotonine, ces précieux messagers du cerveau.

Les épines dendritiques sous œstrogènes : quand la science flirte avec la SF* (santé des femmes) !

Ces mini-structures neuronales travaillent sans relâche pour renforcer les connexions et rendre le cerveau incroyablement flexible. Grâce à elles, on peut apprendre des langues, résoudre des casse-têtes et surtout mémoriser – pas restituer – les paroles des chansons de Céline Dion. Les œstrogènes viennent donc en renfort, augmentant le nombre et l'activité des épines dendritiques, comme si notre cerveau recevait une mise à jour premium.

Comment les hormones du cycle menstruel influencent le cerveau et ses émotions

À la périménopause, ce moment où les hormones décident de se faire la malle, on note des troubles d'humeur et de la mémorisation. Une de mes patientes, universitaire et qui m'a toujours impressionnée par son calme olympien, m'a confié avec une sincérité désarmante : « Moi, d'habitude si tempérée, j'ai littéralement explosé. Je pleurais devant une feuille qui tombe, comme si c'était la fin du monde. J'étais agressive en permanence, sur le qui-vive, incapable de supporter mes enfants et petits-enfants, et quant à mon conjoint… un enfer. Et ma mémoire, on en parle ? Elle a quitté mon cerveau ! Docteur, je deviens cinglée. » Imaginez une marmite sous pression, sans soupape, qui hurle son ras-le-bol au moindre frémissement du quotidien.

Avant d'en arriver là, le cycle menstruel offre déjà un avant-goût de ces montagnes russes hormonales. Les jours qui précèdent les règles, beaucoup de femmes ressentent une montée d'émotions. Entre tristesse, colère et susceptibilité exacerbée, des situations banales prennent des allures de drame vaudevillesque. Ce qui, d'ordinaire, serait gérable avec une bonne inspiration et une tasse de thé ne fonctionne plus.

Dans ce contexte, il me paraît très important de rassurer les femmes sur un point essentiel : non, vous n'êtes pas folles !

Ces épisodes émotionnels, bien que parfois intenses et souvent déroutants, sont le reflet des « upside down » hormonales. Il y a là de quoi compatir… et, si possible, dédramatiser avec une bonne dose d'autodérision. Ces tempêtes passent toujours et elles trouvent aujourd'hui des explications scientifiques[165].

---

165. Dr P. Marazzi, Science Photo Library. (2024, 9 février). « La montée et la descente des hormones sexuelles au cours du cycle menstruel remodèle de façon spectaculaire les régions du cerveau qui régissent les émotions, la mémoire, le comportement et l'efficacité du transfert d'informations ». National Geographic. https://www.nationalgeographic.fr/sciences/la-forme-de-votre-cerveau-change-au-cours-de-votre-cycle-menstruel-regles-menstruations

Un hommage bien mérité à M. Woolley, dont les recherches ont ouvert une nouvelle dimension dans l'exploration des interactions entre hormones et cerveau[166]. En 1990, Woolley a fait une découverte révolutionnaire, presque par accident : l'œstrogène, longtemps associé uniquement à la reproduction, influence directement la régulation, la densité des épines dendritiques dans l'hippocampe, une région essentielle pour la mémoire et l'apprentissage.

Cette observation, d'abord réalisée sur des cerveaux de rates, a marqué un tournant décisif dans notre compréhension de la plasticité cérébrale et des interactions biologiques complexes qui façonnent notre esprit. Grâce à ses travaux visionnaires, Woolley a posé les fondations d'un champ de recherche qui, des décennies plus tard, continue de repousser les limites de nos connaissances. Une contribution scientifique qui mérite toute notre admiration et notre reconnaissance.

Bien que les mécanismes précis derrière ces réponses émotionnelles restent flous – la médecine, Art scientifique, admirable dans sa quête de savoir, mais qui n'a pas réponse à tout – les chercheurs ont tout de même marqué des points. Ils ont découvert que les hormones sexuelles ne se contentent pas d'ajuster quelques boutons sur le tableau de bord du cerveau : elles réorganisent discrètement mais profondément son câblage. L'hippocampe, ce quartier général de la mémoire et de l'apprentissage, semble être leur terrain de jeu favori. Subtil, complexe et un peu mystérieux – à l'image du cerveau lui-même.

Ce que la science a découvert

Grâce à des technologies de pointe comme l'IRM à ultra-haute résolution (des gros scanners futuristes), les chercheurs ont découvert que le cerveau des femmes change au fil du cycle menstruel. Lors d'une étude récente, ils ont scanné le cerveau de volontaires

---

166. Gould, E., Woolley, C., Frankfurt, M. & McEwen, B. (1990). "Gonadal steroids regulate dendritic spine density in hippocampal pyramidal cells in adulthood". *Journal Of Neuroscience, 10*(4), 1286-1291. https://doi.org/10.1523/jneurosci.10-04-01286.1990

à différents moments du mois et ont remarqué un phénomène fascinant : certaines parties de l'hippocampe – ce coin VIP de la mémoire et de l'apprentissage – prennent du volume quand les œstrogènes montent, avant de se « dégonfler » quand la progestérone prend le relais.

Ces changements ne concernent pas seulement la morphologie mais également les interactions fonctionnelles[167] entre neurones comme s'ils se synchronisaient à chaque menstrue. Les hormones sexuelles ne se contentent pas de gérer les cycles du corps, elles orchestrent une « chorégraphie » constante de remaniements neuronaux, témoignant de l'influence profonde du cycle menstruel sur le cerveau[168]. Et franchement, on n'a jamais vu de chorégraphie aussi bien réglée.

Grâce aux avancées en vidéomicroscopie et en imagerie cérébrale, on peut désormais observer en direct le ballet des épines dendritiques dans notre cerveau. Ces petites structures se renouvellent constamment, surtout quand on apprend quelque chose de nouveau ou qu'on planifie des actions – comme décider si on prend un café ou un thé avec George Clooney, mais à l'échelle microscopique.

Les épines dendritiques sont les points de connexion où les neurones échangent leurs messages, une sorte de réseau social cérébral où chaque « post » est une impulsion électrique. Ce renouvellement incessant des épines influe directement sur les synapses, des microzones où deux neurones communiquent. Si la densité des épines change, la force et la flexibilité des synapses – autrement dit, la capacité du cerveau à s'adapter et à apprendre – changent aussi.

---

167. Zsido, R. G., Williams, A. N., Barth, C., Serio, B., Kurth, L., Mildner, T., Trampel, R., Beyer, F., Witte, A. V., Villringer, A. & Sacher, J. (2023). "Ultra-high-field 7T MRI reveals changes in human medial temporal lobe volume in female adults during menstrual cycle". *Nature Mental Health, 1*(10), 761-771. https://doi.org/10.1038/s44220-023-00125-w

168. Naulé, L., Hardin-Pouzet, H. & Mhaouty-Kodja, S. (2021). « Rôle du récepteur β des œstrogènes dans les comportements sociaux et émotionnels chez la souris mâle ». *Médecine/Sciences, 37*(2), 117-119. https://doi.org/10.1051/medsci/2020272

Comme l'explique le Dr Olivier Bosler (directeur de recherche émérite au CNRS, Marseille) dans le cadre de la Semaine du Cerveau 2021 Marseille, le 26 mars 2021[169]: «Ces modifications témoignent de la plasticité cérébrale, la capacité du cerveau à adapter sa structure et ses connexions en réponse aux stimuli. Cette plasticité est essentielle non seulement pour la mémoire et l'apprentissage, mais aussi pour réguler des fonctions comme l'ovulation, via des mécanismes complexes dans l'hypothalamus au niveau du noyau arqué station de régulation hormonale et métabolique» et l'hippocampe, la structure anatomique de la mémoire et de l'apprentissage, est particulièrement sensible aux fluctuations hormonales lors des cycles menstruels[170].

En résumé, les épines dendritiques sont au cœur de la plasticité du cerveau, rendant possible cette incroyable capacité à évoluer, s'adapter et apprendre… sans qu'on en ait conscience. *What else*?

Un champ de recherche encore en exploration

Si ces découvertes montrent clairement que le cerveau se remodèle en fonction des variations hormonales, elles ne permettent pas encore de relier ces changements à des symptômes spécifiques comme les sautes d'humeur ou les difficultés de mémoire. Ces études, menées sur des femmes en bonne santé, soulignent l'importance de continuer les travaux pour mieux comprendre les besoins spécifiques des femmes.

Ce qui est sûr aujourd'hui, c'est que les hormones sexuelles ne se contentent pas uniquement de réguler les fonctions reproductives: elles modèlent aussi le cerveau, influençant sa structure et sa capacité à s'adapter. Cette plasticité cérébrale est une clé de voûte des interactions entre nos émotions, notre mémoire et nos comportements, rappelant à quel point notre cerveau est dynamique et

169. Cerveau Point Comm. (2021, 26 mars). «Le cerveau hormonal» [Vidéo]. YouTube. https://www.youtube.com/watch?v=eRh0zJB-gnY

170. Milner, T. A., McEwen, B. S. & Waters, E. M. (2014). "Estrogen Effects on Hippocampal Synapses". Dans *Synapse* (p. 195-219). https://doi.org/10.1016/b978-0-12-418675-0.00007-9

intimement lié à notre biologie. On est en droit de supposer que la carence œstrogénique à la ménopause puisse parfois chambouler le système !

Finalement, notre cerveau, c'est un réseau social de luxe, où chaque neurone partage, like et commente tout ce qui se passe dans notre vie. Avec les hormones comme les œstrogènes en coulisses, on assiste à une boucle d'exécution où les connexions se font et se défont dans un va-et-vient incessant. Il ne nous reste plus qu'à percer les mystères des algorithmes qui codent son fonctionnement. Ces avances vont nous permettre aussi de mieux cibler les thérapeutiques à l'avenir[171] et peut-être qu'un jour, on pourra même comprendre pourquoi une feuille qui tombe par terre peut déclencher un tsunami émotionnel.

Le cerveau féminin : une supermachine à haute maintenance

Vivre longtemps, penser longtemps : le cerveau féminin face au défi de la longévité

Les femmes en Europe battent les hommes à plates coutures côté espérance de vie, avec une moyenne de 84,4 ans contre 78,2 ans (Eurostat, 2022). Mais cette victoire sur le temps s'accompagne d'un défi de taille : un risque accru de troubles cognitifs liés à l'âge, comme la démence, dont elles sont les premières victimes.

La faute à qui ? À une combinaison de facteurs biologiques (merci les hormones), socioculturels et au simple fait de vivre plus longtemps. Mais bonne nouvelle : le cerveau féminin, tout comme le masculin, reste un terrain d'entraînement prêt à être boosté. Sa plasticité neuronale, cette capacité à renforcer et réorganiser les connexions, est active même dans les dernières décennies de vie.

Comment garder la tête dans le jeu ? En la faisant travailler, bien sûr. Lecture, apprentissage de nouvelles compétences,

---

171. Morrison, J. H., Brinton, R. D., Schmidt, P. J. & Gore, A. C. (2006). "Estrogen, Menopause, and the Aging Brain : How Basic Neuroscience Can Inform Hormone Therapy in Women". *Journal Of Neuroscience, 26*(41), 10332-10348. https://doi.org/10.1523/jneurosci.3369-06.2006

jeux de stratégie : tout ce qui fait cogiter est une arme redoutable contre le déclin cognitif. Une étude européenne menée par l'Université de Maastricht a même montré que les femmes engagées dans des activités stimulantes réduisaient leur risque de troubles cognitifs légers de 35 %. Alors, pour une longévité en bonne santé, la clé est simple : bougez vos neurones autant que vos jambes !

Quand les inégalités éducatives laissent une empreinte sur le cerveau : l'éducation, clé de la santé cognitive des femmes âgées

Les inégalités éducatives du passé continuent de peser lourdement sur la santé cognitive des générations plus âgées. Les femmes nées avant les années 1960, souvent privées de possibilités d'éducation prolongée et de carrières intellectuelles, présentent un risque accru de 42 % de développer des maladies neurodégénératives comme la maladie d'Alzheimer, selon une méta-analyse parue dans The Lancet (2020). L'éducation, véritable moteur de résilience cognitive, renforce les capacités neuronales et prépare le cerveau à mieux résister au vieillissement. Mais pour celles qui ont grandi dans des zones rurales ou ont vu leur accès à l'instruction limité, les dés étaient souvent pipés, cumulant des facteurs de vulnérabilité à long terme. La bonne nouvelle ? Les générations actuelles de femmes, grâce à une éducation plus égalitaire et à une présence accrue dans les professions intellectuelles, sont en train de changer la donne. Une étude de *The Lancet Public Health* (2021) montre déjà une réduction des écarts face au risque de démence. Preuve que l'accès au savoir n'est pas seulement une question de justice, mais aussi de santé cérébrale[172].

Grossesse et santé cérébrale

Au-delà des influences socioculturelles, des facteurs biologiques propres aux femmes jouent un rôle majeur dans leur santé

172. De Ladoucette, O. (2023, 21 septembre). « Les femmes plus touchées par Alzheimer en 5 raisons ». Aidons les Nôtres. https://www.aidonslesnotres.fr/alzheimer/les-femmes-plus-touchees-par-alzheimer-en-5-raisons/

cérébrale. Les grossesses, en particulier, représentent des périodes de vulnérabilité en raison des profonds bouleversements hormonaux et métaboliques qu'elles entraînent. Des complications comme l'hypertension artérielle (10 % des grossesses en Europe) ou le diabète gestationnel (6 %, selon un rapport OMS-Europe, 2021) peuvent perturber la vascularisation cérébrale, fragilisant à long terme les structures neuronales.

Ces troubles sont souvent associés à une augmentation des marqueurs inflammatoires, qui altèrent progressivement le cerveau. Une étude de cohorte norvégienne (2019) a révélé qu'une grossesse compliquée peut être corrélée à une réduction du volume de l'hippocampe à 60 ans, augmentant ainsi le risque de troubles de la mémoire.

Ces périodes délicates sont encore plus critiques pour les femmes en situation précaire, où un accès limité aux soins exacerbe les risques. Grossesse et santé cérébrale s'entrelacent donc dans une dynamique complexe, mêlant vulnérabilités biologiques et inégalités sociales.

Sommeil, ménopause et santé cérébrale

Le sommeil joue un rôle crucial dans la récupération cérébrale, mais il est souvent perturbé au cours des cycles hormonaux et à la ménopause. Un manque chronique de sommeil favorise l'accumulation de protéines toxiques, comme la bêta-amyloïde, impliquée dans la maladie d'Alzheimer. Une étude longitudinale britannique (Whitehall II, 2021) a d'ailleurs montré qu'un sommeil de moins de six heures par nuit augmentait de 30 % le risque de troubles cognitifs à long terme. La baisse des œstrogènes accentue cette vulnérabilité en intensifiant le stress oxydatif et l'inflammation neuronale. Par ailleurs, le sommeil joue un double rôle dans la mémoire : le sommeil lent léger et le sommeil paradoxal renforcent la plasticité cérébrale et la consolidation des souvenirs, tandis que le sommeil lent profond aide à éliminer les informations inutiles pour éviter une surcharge cognitive. Cette vision permet de réconcilier deux théories jusqu'alors opposées sur l'impact du sommeil sur la mémoire. Toutefois, il reste encore à élucider les mécanismes précis qui régissent cet équilibre entre consolidation et oubli[173].

Prévention et intervention

Pour atténuer ces risques, les stratégies de prévention doivent inclure une combinaison d'approches médicales, éducatives et comportementales. Sur le plan médical, un suivi attentif des complications de grossesse et une prise en charge des troubles hormonaux post-ménopause sont essentiels. L'activité physique régulière, reconnue pour son effet bénéfique sur la neurogenèse, est un pilier phare dans la prise en charge : des recherches européennes ont montré qu'une pratique hebdomadaire de 150 minutes d'exercice modéré pouvait réduire de 20 % le risque de déclin cognitif chez les femmes.

L'apprentissage continu et la participation à des activités sociales sont également cruciaux pour maintenir la plasticité cérébrale. En parallèle, une alimentation équilibrée riche en oméga-3, polyphénols et vitamines B, comme celle observée dans les régimes méditerranéens, a été associée à une réduction de l'atrophie cérébrale chez les femmes âgées (Étude PREDIMED, Espagne, 2018).

Conclusion

La santé cérébrale des femmes résulte d'un équilibre complexe entre facteurs biologiques, sociaux et environnementaux. Cependant, les avancées en éducation, un meilleur accès aux soins et des politiques de santé publique adaptées offrent des raisons d'être optimiste. En s'appuyant sur la recherche scientifique, les initiatives collectives et les efforts individuels peuvent contribuer à réduire les inégalités et à améliorer durablement la qualité de vie des femmes. Une vision d'avenir où cerveau et bien-être se conjuguent au féminin.

---

173. Andrillon, T., Pressnitzer, D., Léger, D. & Kouider, S. (2017). "Formation and suppression of acoustic memories during human sleep". *Nature Communications, 8*(1). https://doi.org/10.1038/s41467-017-00071-z

Le Grand Glossaire des stratégies pour une ménopause triomphale

La ménopause, ce moment où le corps, après des décennies d'un ballet hormonal millimétré, décide d'improviser, est bien plus qu'un simple changement physiologique. Elle est une reconfiguration, un appel à réinvestir son corps et son esprit, mais aussi une période où les femmes, loin de s'effacer, s'affirment avec une intensité renouvelée. Dans un monde qui tarde encore à reconnaître cette force, il est temps de célébrer le *menopower*: un pouvoir singulier fait de résilience, d'audace et d'une profonde capacité à transformer les défis en opportunités. Les symptômes, tels que bouffées de chaleur, insomnies, douleurs articulaires et cette fatigue sourde qui s'invite sans prévenir, peuvent sembler déroutants, mais diverses approches permettent de les appréhender avec sérénité.

Commençons par le traitement hormonal ménopause (THM), thérapeutique encensée puis controversée. Pourtant, le THM offre une issue face aux symptômes de la ménopause à condition d'être encadré. Une analyse actualisée des résultats de la Women's Health Initiative[174] nuance les premières inquiétudes, notamment celles liées aux risques cardiovasculaires et au cancer du sein, en montrant que le THM peut être bénéfique, particulièrement lorsqu'il est initié peu de temps après la survenue de la ménopause. Le THM n'est pas la panacée mais une option personnalisée, un levier pour retrouver une qualité de vie optimale lorsque cela s'avère nécessaire.

En parallèle, la nature offre ses ressources à travers la phytothérapie. Les sauges, selon une étude publiée dans *Advances in Therapy* ont démontré une certaine efficacité dans la réduction des bouffées

---

174. Perrot-Applanat, M. (2002). Actualités sur le traitement hormonal substitutif: l'étude WHI. *Médecine/Sciences, 18*(11), 1049-1051. https://doi.org/10.1051/medsci/200218111049

de chaleur. L'actée à grappes noires, quant à elle, apporte un apaisement notable face aux troubles du sommeil et à l'anxiété[175]. Ces remèdes, issus d'une longue tradition, rappellent que la modernité et les savoirs ancestraux sont compatibles.

Les hormones bio-identiques ou hormones végétales qui sont chimiquement identiques aux hormones produites naturellement comme le soja ou l'igname, souvent décrites comme le « sur-mesure » hormonal. Elles offrent une alternative pour celles qui recherchent un ajustement plus naturel. Conçues pour imiter la structure moléculaire des hormones humaines, elles auraient des vertus atténuant les troubles de l'humeur et les sueurs nocturnes. Mais comme toute solution thérapeutique, elles nécessitent un suivi rigoureux pour en maximiser les bénéfices et en minimiser les risques.

Les approches médicales conventionnelles et naturelles s'inscrivent dans un cadre plus large : celui d'un soin global qui passe aussi par l'alimentation. Ce n'est pas une injonction punitive à bannir le plaisir, mais une redécouverte de ce qui nourrit vraiment. Les crucifères, comme les brocolis et choux-fleurs parfois méprisés, regorgent de composés capables de soutenir le métabolisme hormonal. Selon une étude de Harvard Health, intégrer des aliments riches en phytoestrogènes, comme le tofu ou les graines de lin, peut contribuer à harmoniser les fluctuations hormonales.

Le mouvement, lui, reste indispensable. Une étude de *The Journal of Women's Health* montre qu'une activité physique modérée – comme 30 minutes de marche rapide ou de yoga quotidien – réduit non seulement les symptômes physiques, mais améliore également la densité osseuse et la santé cardiovasculaire. Une pratique régulière, adaptée aux capacités de chacune, avec des exercices tels que la marche, le yoga ou la natation sont particulièrement recommandés pour leur impact bénéfique global.

---

175. Rédaction, L. (2014, 14 juillet). « L'Actée à grappes noires, une alternative aux hormones de synthèse ». *Plantes et Santé*. https://www.plantes-et-sante.fr/articles/plantes-medicinales/2075-lactee-a-grappe-noire-une-alternative-de-choix-aux-hormones-de-synthese?utm_source=chatgpt.com

La mémoire, parfois vacillante, peut également retrouver de sa vivacité grâce à des ateliers de stimulation cognitive. Le « brouillard cérébral » de la ménopause n'est ni définitif ni insurmontable. Ces ateliers, loin d'être de simples divertissements, permettent de renforcer les fonctions exécutives, comme l'a démontré une étude parue dans *Neurology*. Les exercices, qui allient réflexion et plaisir, offrent une perspective rassurante : le cerveau, même chahuté par les hormones, reste étonnamment plastique.

Les émotions capricieuses durant cette période ne doivent être vécues comme des ennemies, elles alertent sur les manifestations tangibles d'un bouleversement intérieur. Des approches, comme la méditation pleine conscience ou la thérapie cognitivo-comportementale, semblent prometteuses pour calmer les tourments. Une méta-analyse publiée dans *JAMA Psychiatry* a démontré que la méditation réduit l'anxiété et améliore le sommeil. Ces pratiques, bien plus qu'un apaisement ponctuel, proposent une manière différente de se comprendre, de respirer avec ce que l'on ressent au lieu de lutter contre. Parler à un thérapeute peut offrir un espace de dialogue salvateur. La Cognitive Behavioral Therapy (CBT) a prouvé son efficacité pour gérer les sautes d'humeur et les troubles du sommeil. Ces stratégies comportementales visent à se réapproprier sa santé mentale.

Dans cette continuité, n'oubliez pas de cultiver les relations sociales. La ménopause, bien qu'intime, est aussi un moment pour s'entourer, partager. Rejoindre des groupes de femmes, des clubs divers ou même participer à des voyages en groupe donne un sentiment d'appartenance à un environnement propice et connecté. Les interactions sociales réduisent les symptômes psychologiques liés à la ménopause, comme l'anxiété et la dépression.

Et qu'en est-il de l'intimité ? Loin d'être reléguée au passé, elle peut se réinventer avec audace. La sécheresse vaginale, bien que fréquente, trouve des solutions efficaces dans des crèmes hydratantes ou des lubrifiants spécifiques. Une étude dans *Sexual Medicine Reviews* rappelle que la communication avec son partenaire est essentielle pour maintenir une vie intime épanouie comme l'affirment les sexologues. Alors, osez parler, expérimenter et rire.

Cette période devient une exploration, un terrain fertile pour redécouvrir les plaisirs autrement.

La ménopause n'est pas une parenthèse, et surtout pas une fin en soi, mais un moment pour briser les stéréotypes et affirmer une visibilité nouvelle. Chaque femme doit pouvoir revendiquer sa place, non pas en dépit des défis qu'elle traverse, mais grâce à eux. Le *menopower*, c'est cette énergie singulière, cette audace d'être pleinement soi-même, visible, forte et ancrée dans la société. Et comme tout changement, il nécessite d'être accompagné.

3.

MÉNOPAUSE ET TRAITEMENT HORMONAL : ENTRE SCIENCE, CONTROVERSES ET ENJEUX SOCIÉTAUX[176]

La ménopause est jalonnée de manifestations parfois profondément éprouvantes. Face à ces symptômes, le traitement hormonal de la ménopause (THM) a émergé comme une réponse médicale. Il fut initialement développé pour corriger les manifestations climatériques associées à la carence estrogénique, mais son histoire, ses modalités de prescription et les controverses qui l'entourent reflètent les évolutions des connaissances scientifiques, des normes socioculturelles et des priorités en santé publique.

La gestion de la ménopause est bien plus qu'une question médicale : elle révèle des enjeux d'accès aux soins, de formation des professionnels et d'inclusion des femmes dans les sphères sociale et professionnelle, où les effets de la ménopause sont encore insuffisamment pris en compte.

176. Panay, N., Ang, S. B., Cheshire, R., Goldstein, S. R., Maki, P., Nappi, R. E. & International Menopause Society Board (2024). "Menopause and MHT in 2024: addressing the key controversies – an International Menopause Society White Paper". *Climacteric*: The Journal of the International Menopause Society, 27(5), 441-457.

L'histoire du THM : entre promesses et réticences[177]

Ce sous-chapitre s'inspire d'un travail absolument formidable accompli par le Pr Patrice Lopes qui a retranscrit les recommandations de l'IMS (International Menopause Society) de 2024.

La ménopause fut longtemps décrite comme une étape énigmatique et parfois inquiétante de la vie féminine. Souvent considérée sous un angle pathologique, cette transition suscitait des tentatives de traitements aussi rudimentaires qu'inefficaces : purges, lavages et sangsues. Avec le développement des sciences biologiques, des chercheurs tels qu'Edgar Allen et Edward A. Doisy réalisent une avancée décisive en 1923 en isolant les œstrogènes, ouvrant ainsi la voie aux futurs traitements hormonaux. Cette révolution prend un nouvel essor en 1942 avec le lancement du Prémarin[178] – issu de l'anglais *pregnant mare urine* – marquant le début de la diffusion à grande échelle de ces traitements.

Dans les années 1960, certains scientifiques affirment que les traitements à base d'œstrogènes pourraient préserver la jeunesse féminine. Ce discours séduit autant qu'il divise : si certains y voient une révolution, des courants notamment féministes dénoncent une vision simpliste et paternaliste, qui réduit la ménopause à un problème esthétique à « corriger »[179].

À la fin du XXe siècle, le THM gagne en popularité et est souvent prescrit de manière préventive. Mais cet engouement s'effondre brutalement au début des années 2000, après les publications des études de Women's Health Initiative (WHI)[180] en 2002

177. International Menopause Society. (s. d.). "Menopause and Hormone Therapy: Current Perspectives and Controversies" | For HCPs. YouTube. https://www.youtube.com/watch?v=hWBJCNDIBpE

178. Contributeurs aux projets Wikimédia. (2022, 7 juin). « Premarin (médicament) ». https://fr.wikipedia.org/wiki/Premarin_(m%C3%A9dicament)#:~:text=Le%20Premarin%20est%20un%20m%C3%A9dicament,l'entreprise%20Pfizer%20en%201941

179. Greer, G. (2018). "The change: Women, Ageing and the Menopause". *Bloomsbury Publishing.*

180. Writing Group for the Women's Health Initiative Investigators. "Risks and benefits of estrogen plus progestin in healthy postmenopausal women". *JAMA*. 2002;288(3):321-333.

et de Million Women Study (MWS)[181] en 2003 qui remettent en question l'innocuité du THM.

Ces travaux soulignent des sur-risques liés au THM, notamment en termes de cancer du sein et d'événements cardiovasculaires et les événements thromboemboliques (caillots dans la circulation sanguine). Ces résultats restitués en pourcentage et non en valeur absolue ont été largement médiatisés, souvent de façon angoissante, ce qui a conduit à une chute drastique de l'utilisation du THM.

Bien que ces études soient d'envergure et de qualité, elles présentaient néanmoins des biais significatifs. Ainsi dans l'étude américaine WHI qui compare un THM à un placebo (mot latin qui signifie littéralement «je plairai» désigne un traitement qui semble réel mais qui est conçu pour n'apporter aucun bénéfice thérapeutique comme de l'eau salée ou un morceau de sucre), les participantes ont un âge moyen, âge souvent supérieur à 63 ans, ce qui est nettement au-delà de l'âge de la survenue de la ménopause, rendant les résultats peu représentatifs des services attendus du THM chez les femmes plus jeunes, en début de transition ménopausique. Ces femmes avaient également peu de symptômes mais elles présentaient un risque cardiovasculaire déjà élevé : 2/3 étaient en surpoids, dont 1/3 en situation d'obésité, expliquant notamment la plus grande fréquence des accidents cardiovasculaires retrouvés dans les résultats. Enfin, les doses d'hormones administrées étaient importantes pour cet âge. Les molécules utilisées, comme les œstrogènes équins conjugués et certains progestatifs de première génération, différaient des formulations actuelles préconisées, et ne reflétaient pas les pratiques thérapeutiques modernes, en particulier en France où ces molécules ne sont pas utilisées.

L'objectif de cette étude visait davantage à explorer le rôle du THM dans le vieillissement global. Comme le souligne une fiche d'information de 2020 sur la ménopause éditée par le GEMVI

---

181. Beral V., Million Women Study collaborators. "Breast cancer and hormone-replacement therapy in the Million Women Study". *Lancet.* 2003;362(9382):419-427.

(Groupe d'études sur la ménopause et le vieillissement hormonal) : « L'étude WHI est une étude de qualité et d'envergure, mais il ne s'agit pas d'une étude sur le traitement de la ménopause ».

Des recherches récentes ont permis de revoir la compréhension des effets du THM et de sa bonne pratique, apportant des perspectives nuancées qui remettent en cause les conclusions alarmistes des études précédentes. Ces nouveaux travaux se sont attachés à réexaminer les avantages et les risques du THM dans des contextes plus réalistes et représentatifs.

L'étude KEEPS (Kronos Early Estrogen Prevention Study)[182] s'est concentrée sur les effets du THM lorsqu'il est initié tôt après la ménopause. Elle a démontré que le THM pouvait avoir des effets positifs sur la santé cardiovasculaire sans présenter les risques majeurs identifiés dans les études antérieures. Ce résultat souligne l'importance du moment de l'initiation du traitement, en indiquant que les bénéfices sont plus significatifs et les risques moindres lorsqu'il est commencé peu après la transition ménopausique.

L'étude ELITE (Early versus Late Intervention Trial with Estradiol)[183] a approfondi cette question en comparant les impacts du THM en fonction du délai écoulé depuis la ménopause. Elle a confirmé que les femmes débutant le traitement dans les dix premières années suivant la ménopause présentaient une meilleure protection contre les maladies cardiovasculaires et un profil de sécurité plus favorable, en comparaison à celles qui le débutaient plus tardivement. Ces résultats ont renforcé l'hypothèse d'une « fenêtre d'opportunité » durant laquelle le THM est à la fois plus efficace et moins risqué.

---

182. Miller, V. M., Taylor H. S., Naftolin F. *et al.* "Lessons from KEEPS: the Kronos Early Estrogen Prevention Study". *Climacteric.* 2021;24(2):139-145. doi: 10.1080/13697137.2020.1804545

183. Karim, R., Xu, W., Kono N, *et al.* "Effect of menopausal hormone therapy on arterial wall echomorphology: results from the Early versus Late Intervention Trial with Estradiol (ELITE)". *Maturitas.* 2022;162:15-22. doi: 10.1016/j.maturitas.2022.02.007

Quant à l'étude E3N[184], une vaste cohorte française, elle a mis en avant des différences significatives liées aux types de molécules utilisées. Elle a notamment montré que les THM à base d'œstrogènes naturels (comme l'estradiol) et de progestérone micronisée étaient associés à un risque moindre de cancer du sein comparé aux formulations synthétiques ou aux progestatifs de première génération. Ces résultats ont ouvert la voie à une personnalisation des traitements, privilégiant les molécules les mieux tolérées et les plus sûres.

En synthèse, ces travaux ont montré que, pour les femmes plus jeunes ou celles qui commencent un THM dans les dix ans suivant la ménopause, les bénéfices peuvent surpasser les risques. Le traitement pourrait non seulement soulager efficacement les symptômes vasomoteurs et génito-urinaires, mais également prévenir l'ostéoporose et réduire le risque cardiovasculaire dans certains sous-groupes. Ils insistent sur l'importance du choix des molécules, du moment de l'initiation et d'une individualisation du traitement. Malheureusement, ces études plus récentes n'ont pas eu l'écho médiatique et les moyens des travaux précédents WHI et MWS, laissant de nombreuses femmes et des prescripteurs perplexes.

Perplexité que l'on retrouve en France ! 87 % des femmes rapportent au moins un des symptômes de la ménopause en plus de l'arrêt de leurs règles, 25 % souffrent de troubles sévères altérant leur qualité de vie et pourtant, seulement 6 % d'entre elles prennent un traitement hormonal de la ménopause[185].

Le THM ne divise pas que les scientifiques : il s'invite aussi dans les débats publics, où déformations et malentendus s'entrelacent. Les risques, souvent montés en épingle et mal contextualisés, ont semé le trouble chez de nombreuses femmes, ouvrant la voie à des alternatives dites « naturelles ». Entre les préparations bio-identiques, on nous promet des merveilles, mais sans garanties ni mode d'emploi

184. Fournier A., Berrino F., Clavel-Chapelon, F. "Unequal risks for breast cancer associated with different hormone replacement therapies: results from the E3N cohort study". *Breast cancer Res treat.* 2008;107(1):103-111. doi: 10.1007/s10549-007-9523-x
185. https://www.chu-toulouse.fr/unique-en-france-notre-centre-dedie-a-la

validés par la science. Ajoutez à cela les influenceuses et célébrités qui s'improvisent expertes en ménopause sur les réseaux sociaux, et vous obtenez un joyeux bazar. Entre slogans accrocheurs et pseudo-conseils, les femmes se retrouvent à jongler entre « Le THM, c'est dangereux ! » et « Essayez ce thé magique ! », transformant leur prise de décision en casse-tête façon Rubik's Cube.

Un autre mésusage surprenant : certaines voient dans le THM un véritable « filtre Instagram » hormonal, espérant freiner le vieillissement et préserver une peau de pêche. Alors « spoiler alert » : le THM n'est pas là pour offrir la jeunesse éternelle. Cette vision réductrice détourne le THM de son objectif principal qui est de soulager les symptômes invalidants de la ménopause et d'améliorer la qualité de vie des femmes en souffrance. Il faut remettre le THM à sa juste place et cela nécessite une communication claire, sans promesses utopiques ni dramatisation inutile.

Heureusement, tout n'est pas sombre dans l'univers du THM, un retour progressif de la confiance a été observé ces dernières années, grâce à des analyses approfondies et à une meilleure compréhension des bénéfices potentiels du traitement. Le THM, dans des conditions bien définies, contribue significativement à l'amélioration de la santé globale. Cette évolution s'accompagne d'une prise de conscience : la balance bénéfices-risques du traitement dépend étroitement de facteurs individuels. L'âge de début de la ménopause et de ses symptômes, les antécédents médicaux et les préférences personnelles constituent des éléments clés dans la décision d'initier ou non un THM.

Cette polémique met en évidence des enjeux plus larges liés à la santé des femmes. Le manque d'essais cliniques rigoureux sur les traitements modernes demeure un obstacle majeur, souvent en raison de coûts élevés. Par ailleurs, l'accès inégal au THM, qu'il s'agisse de sa disponibilité ou du niveau de formation des professionnels de santé, entretient des disparités préoccupantes. Dans certaines régions, de nombreuses femmes restent privées de soins adaptés et de traitements abordables, creusant ainsi davantage une fracture déjà bien présente dans la prise en charge.

En définitive, le THM n'est ni un ennemi à fuir ni un remède miracle. C'est un outil précieux, mais à manier avec soin, nécessitant une réflexion approfondie, un accompagnement éclairé et du discernement.

Les recommandations en termes de prescription du THM

Dans un communiqué publié en mai 2014, la HAS (Haute autorité de santé)[186] confirme que le traitement hormonal de la ménopause (THM) conserve un service médical rendu (SMR) important lorsque les symptômes vasomoteurs, le syndrome génito-urinaire liés à la ménopause affectent significativement le confort de vie des femmes. Ces traitements ne doivent pas être utilisés à des fins préventives et ne doivent donc pas être prescrits de manière systématique. Il est recommandé d'adopter la dose minimale efficace pour une durée aussi courte que possible, tout en respectant les précautions d'emploi et les contre-indications. Le THM est également recommandé dans certains cas pour prévenir l'ostéoporose, notamment chez les femmes présentant un risque accru de fractures.

En pratique, le maintien du THM est réévalué annuellement, selon la balance bénéfices-risques et dans le cadre d'une information complète sur cette balance et d'une décision partagée avec la patiente : l'efficacité du THM est prouvée sur l'amélioration des symptômes climatériques, l'ostéoporose, la prévention des fractures, ainsi que sur l'apparition du diabète de type 2 ou le risque de cancer colorectal. Sur le plan osseux, « la perte est plus importante dans les deux années qui suivent le début de ménopause, et se stabilise ensuite. Le THM peut la limiter s'il est initié après ces deux années, mais il ne permet pas de récupérer la perte préalable », insiste le Pr Patrice Lopes.

186. « Traitements hormonaux de la ménopause ». (s. d.). Haute autorité de santé. https://www.has-sante.fr/jcms/c_1754596/fr/traitements-hormonaux-de-la-menopause

Les molécules utilisées

Le THM est avant tout destiné aux femmes dont la ménopause provoque des symptômes gênants, en tenant compte de leurs besoins et de leur capacité à suivre le traitement. Les médecins privilégient souvent le 17 bêta-estradiol ou le valérate d'estradiol, associés à la progestérone micronisée ou à la dydrogestérone pendant au moins 12 jours par mois. En général, on opte pour un traitement combiné, car il réduit les saignements et s'appuie sur des études solides. De plus, la voie cutanée est souvent préférée aux comprimés pour limiter certains risques.

Les traitements disponibles combinent différents types d'hormones :

- Œstrogènes : estradiol, estrone, estétrol ou œstrogènes équins conjugués. Ils sont administrés par voie orale, transdermique (patchs, gels) ou vaginale.
- Progestérone, sous forme naturelle ou synthétique (comme la dydrogestérone), est indispensable pour prévenir l'épaississement anormal de la paroi de l'utérus chez les femmes qui ont encore leur utérus.
- Testostérone : utilisée pour traiter le trouble de désir sexuel hypoactif (HDSA), mais cette indication reste limitée. Bien que des études aient montré que son utilisation seule pendant la ménopause soit efficace, il est généralement conseillé de commencer par un THM classique avant d'y avoir recours. Cela permet de s'assurer que les niveaux d'œstrogènes, notamment au niveau vaginal, sont suffisants, car elles jouent un rôle dans l'amélioration de la libido.

THM : Quand et combien de temps ?

Le THM est généralement prescrit au moment de la ménopause ou en périménopause devant des symptômes contraignants. Il est recommandé de commencer le traitement tôt après la ménopause, idéalement dans les 10 années suivant la dernière menstruation, pour maximiser les bénéfices et minimiser les risques cardiovasculaires. Les doses minimales efficaces sont privilégiées et sa durée doit être individualisée : aucune limite arbitraire n'est imposée. Pour les femmes hésitant à arrêter le traitement, une approche possible constitue à faire une pause thérapeutique prédéfinie avec le praticien pour voir si les symptômes de la ménopause réapparaissent. Cela permet de prendre une décision pertinente sur la poursuite ou non du THM. En l'absence de facteurs de risque majeurs, il est possible de maintenir le traitement à long terme tout en réduisant progressivement les doses d'estrogènes.

THM : Entre demandes et recommandations

Prescrire un traitement hormonal pendant la périménopause peut être complexe en raison des fluctuations hormonales importantes à cette période. Elles peuvent provoquer des épisodes d'insuffisance en œstrogènes suivis de périodes d'excès, rendant le traitement difficile à équilibrer. Le THM reste néanmoins une option pour les femmes souffrant de symptômes sévères, bien que son utilisation ne soit formellement standardisée. Des recherches supplémentaires sont nécessaires pour définir les protocoles les plus adaptés.

En périménopause, plusieurs options peuvent être envisagées en fonction des besoins et du profil médical de chaque femme. Les traitements séquentiels sont souvent privilégiés. Une autre possibilité repose sur l'utilisation de contraceptifs oraux combinés classiques ou de nouveaux contraceptifs à base d'œstradiol et de diénogest[187] – hormone proche de la progestérone – qui peuvent aider à stabiliser les variations hormonales. Un dispositif intra-utérin hormonal libérant de la progestérone peut également être une solution. Dans certains cas, les médecins peuvent proposer de mettre les ovaires en pause avec un traitement spécifique, tout en ajoutant un THM pour compenser. Enfin, des pistes non hormonales, comme des médicaments ciblant les récepteurs nerveux (neurokinine), sont à l'étude, même si leur efficacité en périménopause reste à confirmer. L'essentiel ? Trouver l'approche qui convient le mieux à chaque femme pour vivre cette période avec plus de confort et de sérénité.

187. https://www.docteur-benchimol.com/dienogest.html

La prudence est également de mise lorsqu'il s'agit de prescrire un THM de novo aux femmes de 60 ans et plus. À cet âge, les risques de maladies cardiovasculaires, de caillots sanguins, d'accidents vasculaires cérébraux et de cancer du sein sont plus élevés. Si des bouffées de chaleur ou d'autres symptômes apparaissent dans cette tranche d'âge, il faut vérifier qu'ils ne sont pas causés par d'autres maladies, comme une hyperthyroïdie. Certaines femmes de cet âge cherchent également un traitement hormonal pour prévenir l'ostéoporose, préférant éviter les médicaments non hormonaux en raison de leurs effets secondaires. Cependant, il est important de leur expliquer que débuter un THM à cet âge n'est pas une pratique usuelle et que la décision doit être soigneusement réfléchie. Si un traitement est envisagé, il doit être prescrit avec des doses très faibles, de préférence sous forme de patchs cutanés ou de sprays pour limiter les risques, et accompagné d'une petite dose de progestérone si nécessaire. L'information claire et l'évaluation des bénéfices-risques sont essentielles avant de commencer ce traitement.

THM : ce qu'il faut savoir sur les vraies et fausses contre-indications

Certaines situations contre-indiquent, à ce jour, le recours au THM, notamment un antécédent de cancer du sein ou la présence d'anomalies mammaires à haut risque. Les femmes ayant des antécédents familiaux de cancer, mais sans mutation génétique identifiée, ou ayant subi des traitements lourds comme une radiothérapie intensive, doivent être suivies avec une attention particulière. Pour celles porteuses des mutations génétiques BRCA1 ou BRCA2 – gènes augmentant le risque de cancer du sein et de l'ovaire – et ayant subi une ablation préventive des ovaires, un traitement hormonal local peut être envisagé pour soulager les symptômes liés à la ménopause.

Pour les femmes souffrant d'hypertension artérielle, l'utilisation du THM demande une évaluation rigoureuse. Cela inclut non seulement la recherche de facteurs de risque comme le tabagisme, le diabète, des antécédents personnels d'hypertension ou diabète pendant les grossesses ou des troubles gynécologiques comme l'endométriose ou les ovaires polykystiques.

En cas d'antécédent de phlébite ou caillots sanguins, ou une prédisposition à des troubles de coagulation sanguine, et sans facteurs aggravants associés : les traitements oraux peuvent être remplacés par les patchs ou gels transdermiques. En revanche, les cas plus graves ou rares de troubles de la coagulation nécessitent une prudence particulière.

Pour les femmes atteintes d'endométriose, un des inconvénients du THM est de réactiver des lésions dormantes, en particulier chez celles qui ont encore leur utérus et des résidus importants de tissu utérin. Pour limiter ce risque, les traitements à base de progestérone seule sont généralement privilégiés.

Conclusion : Ménopause et THM, un choix éclairé et assumé à la lumière des avancées médicales

Le THM peut être une véritable bouffée d'air frais pour les femmes confrontées à des symptômes pénibles comme les bouffées de chaleur, l'insomnie ou les inconforts génito-urinaires. Ce traitement doit être prescrit avec soin, expliqué clairement et réservé aux femmes qui en ont réellement besoin. Idéalement, il est préférable de commencer dans les 10 années suivant la ménopause, là où ses bénéfices sont les plus marqués.

Les médecins doivent évaluer avec rigueur les bénéfices et les risques. Un bilan approfondi des antécédents personnels, qu'il s'agisse de cancers sensibles aux œstrogènes ou de maladies cardiovasculaires, est essentiel avant de s'engager sur cette voie. Un suivi annuel est tout aussi indispensable pour ajuster le traitement et s'assurer qu'il reste adapté aux besoins et à la santé des femmes.

Concernant la durée du traitement, il n'est pas question de prolonger indéfiniment ce compagnonnage hormonal. L'arrêt se décide en collaboration avec les femmes, sans précipitation ni dogmatisme, mais dans une perspective raisonnable. Les doses utilisées doivent être les plus faibles possible, avec une préférence pour les traitements combinés et séquentiels, souvent sous forme de patchs ou de sprays, plus pratiques et plus sûrs que les comprimés[188].

Et soyons clairs : le THM n'est pas une potion magique anti-âge. Chaque femme a le droit de choisir de ne pas médicaliser sa ménopause. Mais cela ne signifie pas qu'il faille minimiser les symptômes désagréables ou les effets à long terme de cette période de vie. En parallèle du THM, de nombreuses femmes se tournent vers des thérapies dites « naturelles » pour gérer leur ménopause. Malheureusement, ces solutions manquent souvent de preuves scientifiques solides et peuvent parfois être moins sûres qu'elles n'en ont l'air. La recherche et une meilleure régulation de ces produits sont donc cruciales pour garantir leur efficacité et leur innocuité.

Enfin, n'oublions pas qu'une bonne gestion de la ménopause ne se limite pas aux traitements médicaux. Des thérapies comportementales et cognitives, une activité physique régulière, un dépistage précoce des maladies chroniques et des cancers, ainsi que l'évitement des substances nocives forment les bases d'une approche globale.

La ménopause est bien plus qu'un défi médical : elle est un tournant dans la vie des femmes, une opportunité de réévaluer leur santé et leur bien-être. Une gestion éclairée de la ménopause, fondée sur des données scientifiques et une approche holistique, est essentielle pour améliorer la qualité de vie des femmes à mi-vie et au-delà.

Cela implique une action à plusieurs niveaux : renforcer la recherche, démocratiser l'accès aux soins, éduquer les professionnels et les femmes.

Ménopause et les approches alternatives : un plan B ?

Les termes « médecine douce » ou « médecine dure » n'ont pas de fondement conceptuel précis. Ce que l'on qualifie souvent de

188. https://gynerisq.fr/bibliotheque_docs/2021_les-femmes-menopausees-recommandations-pour-la-pratique-clinique-du-cngof-et-du-gemvi/

«médecines douces» repose sur des traditions anciennes et une vision holistique de l'individu, où le corps et l'esprit sont perçus comme un tout interconnecté. Dans ces pratiques, qu'il s'agisse de l'acupuncture, de la phytothérapie ou de la méditation, le corps est vu comme un écosystème subtil, un tout «vivant». Cette perspective trouve des résonances dans les écrits de Simone Weil, qui évoquait une quête d'harmonie spirituelle et corporelle, *La Pesanteur et la Grâce.* Rosi Braidotti[189] dans *Les réflexions écologiques* insistait sur la relation entre l'humain et son environnement naturel.

La médecine conventionnelle, héritière de la méthode scientifique et du rationalisme cartésien, segmente le corps en systèmes distincts et privilégie des interventions ciblées pour traiter les pathologies. Si cette approche a permis des progrès thérapeutiques majeurs, elle tend parfois à ignorer la subjectivité des patients, comme le souligne Donna Haraway dans sa critique de la technicisation du soin, ou Nietzsche, qui dénonçait une vision mécaniste du corps humain.

Les perspectives féministes, notamment celles de Simone de Beauvoir et Geneviève Fraisse[190], éclairent les enjeux de pouvoir et d'autonomie dans ces approches. Beauvoir, dans *Le Deuxième Sexe*, explique la manière dont le corps féminin a été historiquement contrôlé et médicalisé, tandis que Fraisse appelle à une réappropriation du soin comme espace d'émancipation, où les femmes deviennent actrices de leur propre santé. Ces réflexions invitent à dépasser la dichotomie entre les deux paradigmes en valorisant des pratiques qui intègrent autant l'efficacité scientifique que l'écoute attentive des besoins individuels.

Hans Georg Gadamer, dans *La Guérison en question*[191], propose une synthèse philosophique en décrivant la santé comme un

---

189. Rosi Braidotti. (2024, 15 décembre). Homepage – Rosi Braidotti. https://rosibraidotti.com/

190. Fraisse, G. (2015). «Chapitre 1. En finir avec la "condition" féminine?» Dans Vidal, C. (dir.), *Féminin Masculin. Mythes et idéologies.* (p. 15-26). Belin. https://doi.org/10.3917/bel.vidal.2015.01.0015

191. La Sagna, P. (2011). «Des guérisons en général et dans la psychanalyse en particulier». *La Cause freudienne* n° 7(1), 19-24. https://doi.org/10.3917/lcdd.077.0019

dialogue entre le corps, l'esprit et l'environnement. Ainsi, plutôt que d'opposer ces visions, il est possible de les penser comme complémentaires : la précision et la rigueur de la médecine conventionnelle pouvant s'enrichir de l'approche globale et humaniste des traditions alternatives. Ensemble, elles pourraient constituer une médecine véritablement intégrative, où l'humain et la science se rencontrent dans une réciprocité harmonieuse.

Les thérapies à base de plantes : phytothérapie

La nature a offert à l'humanité une source inestimable de remèdes. Les premiers thérapeutes, qu'ils soient chamans, druides ou simples cueilleurs, ont puisé les ressources dans leur écosystème pour soulager les maux de leurs semblables. Leur savoir empirique, transmis de génération en génération, reposait sur une observation minutieuse des plantes locales et sur une connaissance intuitive de leurs vertus curatives. Ils considéraient la nature comme une alliée essentielle, un trésor à respecter et à protéger.

Avec le temps, ce savoir s'est enrichi et structuré. En Égypte, sous la lueur vacillante des temples, les prêtres inscrivaient sur le papyrus Ebers la mémoire des plantes guérisseuses, tandis qu'en Mésopotamie, les guérisseurs gravaient sur l'argile la sagesse des herbes. Puis vint la Grèce, où Hippocrate fit de la médecine un art et où Dioscoride, dans son *De Materia Medica*, consigna l'âme végétale du monde, tissant un pont entre la terre et le savoir. Plus tard, dans les abbayes, les moines cultivaient des plantes médicinales dans leurs « jardins de simples ». Hildegarde de Bingen, abbesse, poétesse et herboriste de talent du XIIe siècle, enrichit cette pharmacopée médiévale en développant une approche holistique reliant alimentation, plantes et spiritualité. En Orient, les érudits arabes, tels qu'Avicenne, médecin de renom avec son *Canon de la médecine*, approfondirent ces connaissances en introduisant de nouvelles espèces et en perfectionnant les techniques d'extraction. Puis les alchimistes et les apothicaires prirent le relais, distillant le pavot, révélant la quinine, extrayant du saule l'aspirine, ouvrant la voie à la pharmacologie moderne.

Les révolutions scientifiques des XVIIIe et XIXe siècles, notamment dans le domaine de la chimie, ont ouvert la voie à la synthèse de molécules actives, donnant naissance à la médecine conventionnelle. Mais au fond, la science ne fit que redécouvrir ce que les anciens savaient déjà : la nature est le premier médecin de l'homme. Loin d'être reléguée au rang de simple folklore, la phytothérapie évolua conjointement. Aujourd'hui, la phytothérapie, du grec «phytos» (plante), incarne une approche moderne et rigoureuse de la santé par les plantes.

Il est essentiel de bien différencier les médicaments de synthèse, les phyto-médicaments et les compléments alimentaires pour éviter toute confusion. En France, tout produit qui n'est pas classé comme médicament est considéré comme un aliment. Lorsqu'une plante est utilisée en dehors d'un cadre médical ou d'un usage purement alimentaire, elle est alors classée comme complément alimentaire[192]. Les compléments alimentaires, bien que souvent perçus comme naturels et inoffensifs, ne sont pas soumis aux mêmes normes strictes que les médicaments. Leur statut est encadré par des réglementations spécifiques[193] visant à garantir leur sécurité et à prévenir tout malentendu avec des traitements médicamenteux. Si ces règles ne couvrent pas toujours les mêmes exigences de validation scientifique que celles imposées aux médicaments, en matière de communication, des restrictions strictes s'appliquent aux compléments alimentaires, notamment à travers le principe des allégations[194]. Cela signifie que les fabricants doivent mentionner uniquement des effets validés par les autorités, sans exagération ni promesse de guérison.

La phytothérapie et les médicaments de synthèse reposent sur des modes de fabrication différents. D'un côté, les médicaments classiques sont généralement conçus autour d'une seule

---

192. https://www.economie.gouv.fr/dgccrf/s%C3%A9curit%C3%A9/produits-alimentaires/complements-alimentaires
193. Directive – 2002/46 – EN-EUR-LEX. (s. d.). https://eur-lex.europa.eu/legal-content/FR/TXT/?uri=celex:32002L0046
194. *Grand Manuel de phytothérapie*. (2025, 21 janvier). Dunod. https://www.dunod.com/sciences-humaines-et-sociales/grand-manuel-phytotherapie-0

molécule bien définie, soigneusement sélectionnée pour cibler un récepteur précis du corps. Leur efficacité, leur sécurité et leurs éventuels effets secondaires sont étudiés en détail avant leur mise sur le marché, avec un suivi rigoureux assuré par les agences de pharmacovigilance.

La phytothérapie, en revanche, repose sur une approche plus globale appelée « totum »[195]. Contrairement aux médicaments synthétiques qui misent tout sur une molécule unique, une plante médicinale contient naturellement un cocktail de substances actives qui agissent en synergie. Cette richesse moléculaire permet souvent d'agir sur plusieurs aspects d'un problème de santé tout en limitant les effets indésirables. Mais cette complexité a aussi son revers : étudier précisément le fonctionnement des plantes est plus délicat, car certaines interactions entre leurs composants peuvent être mal connues ou révéler des effets inattendus.

L'activité pharmacologique des plantes repose sur deux catégories de constituants : les principes actifs et les principes utiles. Les principes actifs agissent directement sur l'organisme. Les principes utiles, en revanche, n'agissent pas directement, mais renforcent l'efficacité des principes actifs en permettant à l'organisme de mieux les utiliser. C'est cette combinaison d'effets, entre action directe et soutien, qui explique les bienfaits thérapeutiques des plantes et les distingue des médicaments de synthèse.

La thérapie botanique moderne propose deux approches principales : l'approche ciblée et l'approche personnalisée. La première consiste à utiliser une plante pour un problème précis. Par exemple, une infusion de camomille pour apaiser la digestion ou de la valériane pour mieux dormir. Cette méthode repose sur une connaissance approfondie des bienfaits de chaque plante et fonctionne un peu comme un remède naturel « clés en main ».

L'approche personnalisée, quant à elle, va plus loin. Ici, le phytothérapeute prend en compte non seulement les symptômes,

---

195. *Traité de phytothérapie et d'aromathérapie.* (1979). Dr Paul Belaiche Daninos. https://fr.wikipedia.org/wiki/Paul_Belaiche-Daninos

mais aussi le mode de vie, les antécédents et les besoins spécifiques de chaque personne. Plutôt que de proposer une seule plante, il élabore un mélange sur mesure adapté à l'organisme du patient. Cette approche maximise les effets tout en offrant une réponse plus aboutie et globale.

Enfin, la qualité des produits phytothérapeutiques est un enjeu crucial. Les plantes doivent être cultivées et récoltées dans le respect de normes strictes, garantissant leur innocuité et leur efficacité. Les procédés de transformation, qu'il s'agisse de macération, d'infusion ou de lyophilisation, visent à préserver leurs principes actifs.

La phytothérapie se situe à la croisée d'une tradition millénaire et d'une modernité scientifique, incarnant une approche globale et naturelle de la santé qui répond aux attentes contemporaines. En complément de l'allothérapie et des mesures préventives, elle offre une perspective holistique, respectueuse de l'organisme et en harmonie avec les besoins individuels.

Cependant, loin d'être une simple alternative ou une médecine dite douce, la phytothérapie s'inscrit dans une démarche médicale exigeante. À l'instar de la médecine conventionnelle, elle doit se conformer à des standards scientifiques rigoureux et être pratiquée par des experts formés et non des pseudo-sachants desservant la cause. La validation de son efficacité doit reposer sur des études scientifiques plus approfondies, qui consolident les connaissances sur ce répertoire thérapeutique naturel, tout en garantissant sa sécurité et sa pertinence dans le cadre des soins modernes.

Démarche clinique en phytothérapie concernant la préménopause, périménopause et ménopause installée

Comme en médecine conventionnelle, une surveillance médicale renforcée s'impose, car il ne s'agit pas seulement de « passer le cap », mais de le passer en bonne santé. Les mesures préventives font toute la différence et restent au cœur de la prise en charge. La personnalisation est la clé : chaque femme, chaque morphotype, chaque histoire mérite d'être prise en compte.

Considérons deux profils contraires. Chez une femme mince ou maigre, le corps transforme très peu les androgènes en œstrogènes, ce qui peut entraîner un déficit d'œstrogènes et un excès relatif d'androgènes. Résultat : un risque accru d'ostéoporose. L'objectif du suivi est donc de rétablir l'équilibre hormonal pour protéger la santé osseuse et le bien-être. À l'inverse, une femme en surpoids ou obèse produit plus d'œstrogènes à partir de ses tissus graisseux, ce qui peut atténuer certains symptômes de la ménopause. Mais cet avantage a un revers : cette production locale d'œstrogènes peut aussi augmenter le risque de cancers hormonodépendants, notamment du sein.

Ainsi, à la ménopause, il ne s'agit pas de généraliser mais de personnaliser un suivi adapté au profil hormonal et métabolique de chaque femme dans le but non seulement de soulager les symptômes invalidants, mais aussi de prévenir les complications à long terme. Les plantes médicinales peuvent apaiser ces symptômes.

Voyons comment ces alliées naturelles agissent en fonction des différentes caractéristiques féminines et des symptômes spécifiques.

Les principales formules de phytothérapie reposent sur des plantes aux noms parfois poétiques mais à l'efficacité souvent remarquable. Ces trésors végétaux se présentent sous différentes formes pharmaceutiques ou galéniques : liquides, comme les infusions, application cutanée, par exemple, sous forme de gel, particulièrement indiqué pour soulager la sécheresse vaginale ou en gélule. Les doses et les préparations varient selon l'intensité des symptômes et sont ajustées en fonction des résultats observés.

Les plantes aux effets œstrogéniques doivent leur action aux phytoœstrogènes, des composés naturels capables d'imiter ou de moduler l'effet des œstrogènes. On distingue principalement les lignanes et les isoflavones, qui interagissent avec des récepteurs spécifiques dans des organes comme le sein, l'utérus ou encore la prostate chez l'homme. Leur influence sur l'équilibre hormonal leur vaut le surnom d'« hormones biomimétiques », reflétant leur capacité à mimer certaines fonctions des hormones naturelles.

Les isoflavones forment un groupe de douze molécules réparties en trois familles, toutes construites autour d'une structure de base appelée aglycone. C'est sous cette forme «libre» qu'elles deviennent actives. À l'état naturel, elles existent souvent sous une forme conjuguée, inactive en elle-même, mais qui peut être convertie en aglycone grâce aux enzymes produites par le microbiote intestinal.

De leur côté, les lignanes, abondants dans les graines de lin, les céréales complètes, les légumes et certains fruits, subissent également une transformation par le microbiote, donnant naissance à des métabolites aux effets œstrogéniques.

Moins répandus que les isoflavones et les lignanes, les coumestanes, présents principalement dans les légumineuses, se distinguent par une affinité plus marquée pour les récepteurs œstrogéniques, leur conférant une activité hormonale plus intense.

L'effet de ces composés varie selon les tissus et le contexte hormonal. Pour être qualifiés de phytoestrogènes, ils doivent avoir prouvé leur activité in vivo – à l'intérieur d'un organisme vivant – et in vitro – expériences réalisées dans un laboratoire en dehors d'un organisme vivant – par différents tests consacrés à la démonstration des effets œstrogéniques, par exemple, les tests de l'OCDE (Organisation for Economic Cooperation and Développement)[196].

Plongeons maintenant dans l'univers des plantes médicinales et découvrons celles qui, depuis des siècles, sont au cœur de la phytothérapie pour leurs bienfaits exceptionnels[192 197]. Si cet univers fascinant vous intrigue et que vous souhaitez approfondir vos connaissances, voici deux ouvrages de référence qui vous guideront à travers la richesse de la phytothérapie. *Le Grand Manuel de phytothérapie* du Dr Éric Lorrain, rigoureux et pratique, et *Le grand livre des plantes qui soignent* de Pip Waller, une ode illustrée à la botanique. Ces deux ouvrages, complémentaires dans leur approche,

---

196. Tronquoy, E. (2015, 26 juin). «Les compléments alimentaires de la ménopause». https://dumas.ccsd.cnrs.fr/dumas-01284218v1

197. Le grand livre des plantes qui soignent: 70 plantes et 350 recettes santé bien-être écrit par Pip Waller – Larousse. (2018, 10 décembre). https://www.lalibrairie.com/livres/le-grand-livre-des-plantes-qui-soignent--70-plantes-et-350-recettes-sante-bien-etre_0-5311482_9782035946362.html

sauront captiver aussi bien les amateurs éclairés que les professionnels, en rendant hommage à la puissance et à l'élégance des plantes médicinales.

L'actée à grappes noires (*Cimicifuga racemosa*) : une plante polyvalente

L'actée à grappes noires (*Cimicifuga racemosa*), plante herbacée originaire des vastes plaines de l'est de l'Amérique du Nord, peut atteindre jusqu'à deux mètres de hauteur. Avec ses longues feuilles et ses grappes de petites fleurs blanches, elle ne manque pas d'attirer l'attention, tout comme son parfum… nettement moins engageant !

Sur le plan chimique, cette plante est un véritable laboratoire naturel. Elle regorge de flavonoïdes, tanins, acides phénoliques, alcaloïdes, sucres et acides gras, un cocktail qui explique ses nombreuses propriétés. Son efficacité pour soulager les désagréments de la ménopause est d'ailleurs cliniquement prouvée et reconnue par plusieurs organisations, européennes et l'OMS. Elle agit sur les récepteurs sérotoninergiques du cerveau pour réguler les bouffées de chaleur, les sueurs nocturnes et les troubles de l'humeur sans contenir de phytoœstrogènes. Mais l'actée ne s'arrête pas là. Elle affiche aussi des propriétés anti-inflammatoires, diurétiques, reconstituantes et sédatives, ce qui la rend précieuse pour traiter un éventail de troubles, du syndrome prémenstruel aux états de stress.

L'alchémille (*Alchemilla vulgaris*) : le secret éternel des femmes

L'alchémille, surnommée « manteau de Notre-Dame », est une plante intimement liée à l'histoire des femmes et aux mystères de leur santé. Ce n'est pas un hasard si son nom latin, *Alchemilla vulgaris*, évoque l'alchimie, cet art ancien qui cherchait à transformer le plomb en or. Au Moyen Âge, l'alchémille était une panacée capable d'apporter un soulagement aux maux féminins : douleurs utérines, troubles menstruels, ou les complications liées à l'accouchement. Ce surnom de « manteau de Notre-Dame » trouve ses racines dans une croyance ancienne : on attribuait à l'alchémille le pouvoir de traiter le « mal de Notre-Dame », un trouble circulatoire qui causait des démangeaisons et des rougeurs sur les jambes. Une autre facette de cette plante multifonction, qui n'a jamais cessé de fasciner. Aujourd'hui encore, l'alchémille reste un pilier de la phytothérapie féminine. Grâce à ses tanins et flavonoïdes, elle agit comme un régulateur naturel des hormones. Elle accompagne les femmes à toutes les étapes de leur vie, qu'il s'agisse de soulager les douleurs des cycles menstruels, d'atténuer les symptômes de la ménopause, ou simplement de rétablir l'équilibre là où le corps en a besoin.

L'alfalfa (*Medicago sativa*) : la globe-trotter

Originaire d'Asie occidentale, l'alfalfa, ou luzerne, pousse sur presque tous les types de sols. Ne vous fiez pas à son allure modeste : cette plante est une véritable bombe nutritionnelle, pleine de phytoœstrogènes, vitamines, minéraux et flavonoïdes. Elle a tout pour plaire à celles et ceux qui cherchent un coup de pouce naturel. Depuis des siècles, l'alfalfa est la meilleure amie des corps fatigués. Dans l'histoire, elle a été utilisée pour combattre la dénutrition, le rachitisme ou encore les périodes d'épuisement. Chez les femmes ménopausées, elle agit comme un soutien hormonal. Son activité estrogénique est d'ailleurs mise en avant par l'ANSES[192]. Son secret réside dans les coumestanes, de petites molécules qui savent se connecter aux récepteurs des œstrogènes. Ces phytoestrogènes, épaulés par d'autres flavones, aident à calmer les bouffées de chaleur et à stabiliser l'équilibre hormonal. En bonus, elle agit indirectement pour freiner l'activité des androgènes, comme un médiateur qui sait quand dire « stop ».

Souvent associée à d'autres plantes dans les formules pour maximiser son efficacité, l'alfalfa reste une championne du bien-être. Avec elle, les femmes ménopausées peuvent retrouver un peu d'énergie et de confort.

L'aubépine (*Crataegus spp.*) : la plante zen !

Une plante reconnue pour ses propriétés apaisantes sur le cœur et le système nerveux. Elle aide à réduire le stress et les palpitations et s'avère utile pour les femmes ménopausées ayant des troubles vasomoteurs associés à l'anxiété.

Le griffonia (*Griffonia simplicifolia*), un peu de bonheur dans ce monde de brut !

Originaire d'Afrique, cette plante contient du 5-HTP, un précurseur naturel de la sérotonine. Le 5-HTP (5-hydroxytryptophane) est une substance fabriquée par le corps à partir du tryptophane, « une brique protéique » essentielle. Son rôle est important, car il se transforme en sérotonine, un messager chimique qui influence l'humeur, le sommeil, l'appétit et le stress. Pendant la ménopause, les variations hormonales peuvent entraîner de l'anxiété, des sautes d'humeur ou des troubles du sommeil. Le 5-HTP aide à rétablir l'équilibre en apportant une sensation de calme et de bien-être. Il favorise aussi un sommeil plus réparateur et peut limiter les fringales liées au stress.

Le houblon (*Humulus lupulus*) : quand les bouffées de chaleur rencontrent la bière fraîche !

Ah, le houblon, ce fidèle compagnon des bières artisanales, mais saviez-vous qu'il est bien plus qu'un simple ingrédient de brasserie ? Dans le monde de la phytothérapie, le houblon est un véritable héros pour les femmes ménopausées. Ce végétal discret contient un phytoœstrogène ultrapuissant, la 8-prénylnaringénine (rien que de le prononcer, ça fait sérieux !), qui calme les bouffées de chaleur comme un verre d'eau glacée par une journée d'été. En plus, il a un effet relaxant naturel qui apaise les nerfs à fleur de peau.

L'igname ou yam : un partenaire pour un feu sous contrôle

L'igname, ou yam (*Dioscorea villosa*), est bien plus qu'un simple tubercule tropical. Appréciée dans les cuisines traditionnelles, notamment en Afrique de l'Ouest et en Amérique comme au Mexique, elle est une source précieuse de nutriments. Riche en fibres, vitamines (B1, B6, C) et minéraux essentiels comme le potassium, le cuivre et le manganèse, elle constitue une alternative sans gluten, idéale pour les personnes intolérantes. Sa richesse en glucides en fait un aliment énergétique intéressant, aussi bien dans des recettes salées que sucrées.

Au-delà de ses atouts nutritionnels, l'igname contient de la diosgénine, un composé étudié pour ses effets sur l'équilibre hormonal, notamment en période de ménopause. Et contrairement aux idées reçues, la diosgénine ne se transforme pas directement en DHEA – un dérivé de la progestérone – ou en progestérone dans l'organisme. Son impact hormonal est donc limité mais elle possède des propriétés antioxydantes intéressantes, notamment face aux déséquilibres liés à cette transition hormonale[198].

Le mucuna (*Mucuna pruriens*) : la légumineuse qui stimule corps et esprit

Une plante tropicale riche en L-dopa, un précurseur de la dopamine. Elle est utilisée pour améliorer l'énergie, la motivation et la libido, notamment chez les femmes ménopausées ayant un profil hypoandrogénique.

La passiflore (*Passiflora incarnata*) : la morphée tropicale

La passiflore (*Passiflora incarnata*), plante grimpante d'Amérique centrale et du sud des États-Unis, fascine autant par sa beauté que par son symbolisme. Ses longues tiges portent des fleurs complexes aux formes presque sculpturales, évoquant la couronne d'épines du Christ, d'où son nom de « fleur de la Passion ». Aussi appelée fruit de la passion, elle semble tout droit sortie d'un tableau exotique, à l'image des œuvres vibrantes de la peintre brésilienne Tarsila do Amaral. Au-delà de son apparence spectaculaire, la passiflore exhale un parfum doux et légèrement sucré. En phytothérapie, elle est reconnue pour ses vertus apaisantes : elle favorise le sommeil, réduit le stress et aide à atténuer les bouffées de chaleur liées à l'anxiété.

---

198. https://documentation.insp.gouv.fr/insp/doc/VIEPUBLIQUE/AADD51706065E56A4503F039099A4FD5/securite-et-benefices-des-phyto-estrogenes-apportes-par-l-alimentation-recommandations

Sauge sclarée (*Salvia sclarea*) et sauge officinale (*Salvia officinalis*) : la plante aux mille vertus

Présente aux quatre coins du monde avec près de 900 variétés, la sauge est une plante aussi jolie qu'utile. Facile à cultiver sous le soleil européen, elle arbore des feuilles gris-vert au parfum musqué, parfaites pour parfumer un jardin… ou une infusion détente. Rustique mais raffinée, elle est une véritable star en phytothérapie. Shakespeare lui-même, dans *Le Conte d'hiver*, célébrait les plantes médicinales et leur rôle dans le cycle de la vie, un écho à la place essentielle de la sauge dans la médecine traditionnelle.

Parmi ses nombreuses espèces, deux se distinguent par leurs propriétés médicinales : la sauge officinale (*Salvia officinalis*), incontournable des herboristes, et la sauge sclarée (*Salvia sclarea*), surnommée « herbe aux plaies ». Leurs extraits regorgent de flavonoïdes, tanins et terpènes aux effets avérés sur l'équilibre hormonal. Bien que leur action mimant les œstrogènes reste encore à préciser, elles aident à apaiser les bouffées de chaleur, à réguler le cycle menstruel et à atténuer les symptômes de la ménopause. Leur pouvoir antioxydant, neuroprotecteur et antistress soutient l'humeur et la sérénité. En bonus, elles boostent l'humeur, combattent le stress et offrent un effet anti-transpiration bienvenu pour celles et ceux qui veulent garder leur fraîcheur en toutes circonstances !

Le soja, pilier de l'alimentation asiatique

Le soja se décline sous de multiples formes : lait, tofu – ce « fromage » minimaliste – ou encore miso, ce condiment fermenté qui sublime les bouillons. Cette plante annuelle, pouvant atteindre 1 m 50, est une précieuse source de graines et d'huile omniprésentes dans l'alimentation et les substituts végétaux. Derrière sa simplicité apparente, le soja est un véritable concentré de nutriments : riche en fibres, protéines, lipides et minéraux, il se distingue aussi par ses isoflavones, des antioxydants réputés pour leur rôle potentiel dans la protection cardiovasculaire. Son huile, riche en acides gras insaturés et en vitamine E, soutient la santé du cœur. Grâce à ce profil nutritif, il est largement utilisé en compléments alimentaires, recommandé contre l'hypercholestérolémie, prisé comme alternative au lait de vache et intégré aux régimes hyperprotéinés.

Son rôle dans l'atténuation des symptômes de la ménopause, en raison de ses effets phytoœstrogéniques, est particulièrement étudié. L'impact du soja sur la ménopause suscite de nombreuses interrogations : en Asie, les bouffées de chaleur touchent bien moins de femmes (10 à 20 %) qu'en Occident (60 à 90 %). L'alimentation, riche en soja, pourrait expliquer cette différence, car cette légumineuse est l'une des sources naturelles les plus concentrées en phytoœstrogènes. Cependant, tous les produits à base de soja ne se valent pas : selon qu'il s'agisse de tofu, de lait de soja ou de compléments alimentaires, la teneur en isoflavones varie de 1 % à 40 %. La lécithine de soja issue de cette légumineuse, quant à elle, ne contient pas d'isoflavones.

Si le soja est souvent encensé pour ses bienfaits, il ne faut pas le considérer comme une panacée. L'Agence nationale de sécurité du médicament (ANSM) rappelle que son innocuité à long terme reste à préciser. Les femmes, ayant des antécédents de cancers hormonodépendants (sein, utérus, ovaires), doivent être particulièrement prudentes, car une consommation excessive pourrait être contre-productive. De plus, le soja peut interagir avec certains traitements médicaux, comme les anticoagulants ou les médicaments thyroïdiens, rendant indispensable l'avis d'un professionnel de santé.

Les études sur son effet anticancéreux restent nuancées : une étude menée en 2018 a analysé les effets des suppléments de soja sur le risque de cancer du sein et a révélé que leur impact varie en fonction du type de cancer et du contexte hormonal. Pour les cancers ER-positifs – sensibles aux œstrogènes – les phytoestrogènes pourraient soit augmenter le risque, soit agir d'une manière plus complexe, encore mal comprise. En revanche, pour les cancers ER-négatifs, ils pourraient avoir un effet neutre, voire protecteur. Ces résultats soulignent la nécessité d'études plus approfondies pour mieux cerner les effets potentiels du soja, notamment chez les femmes préménopausées ou nouvellement ménopausées[199]. Enfin, des recherches récentes indiquent que, lorsqu'il fait partie d'une alimentation variée et d'un mode de vie équilibré, le soja ne présente pas d'effets indésirables notables, même chez les femmes ménopausées ayant des antécédents de cancers hormonodépendants. Mieux encore, certaines études suggèrent que ses isoflavones pourraient réduire le risque de cancer du sein, bien que ces résultats nécessitent encore des confirmations à plus grande échelle.

En définitive, le soja est un aliment aux nombreuses qualités, mais il doit être consommé avec discernement. Ses vertus nutritionnelles et ses usages thérapeutiques en font un allié intéressant, mais son rôle dans l'alimentation et la santé doit être envisagé avec modération et en tenant compte des recommandations médicales adaptées à chaque individu[200].

Le tribulus (*Tribulus terrestris*)

Cette plante soutient la production d'androgènes et est souvent utilisée pour améliorer la libido et la vitalité. Elle est particulièrement adaptée aux femmes ménopausées ayant une baisse marquée de la vitalité ou du désir sexuel.

---

199. Touillaud, M., Gelot, A., Mesrine, S., Bennetau-Pelissero, C., Clavel-Chapelon, F., Arveux, P., Bonnet, F., Gunter, M., Boutron-Ruault, M. & Fournier, A. (2018). "Use of dietary supplements containing soy isoflavones and breast cancer risk among women aged >; 50 y: a prospective study". *American Journal Of Clinical Nutrition, 109*(3), 597605. https://doi.org/10.1093/ajcn/nqy313

200. Pachman, D. R., Jones, J. M. & Loprinzi, C. L. (2010). "Management of menopause-associated vasomotor symptoms: Current treatment options, challenges and future directions". *International journal of women's health*, 2, 123-135. https://doi.org/10.2147/ijwh.s7721

Phytothérapie et ménopause en pratique[201]

Le profil mince à faible taux d'androgènes : douceur et modulation hormonale

Pour les femmes minces avec peu de bouffées de chaleur, les extraits d'alchémille et d'alfalfa constituent un premier choix. Si les symptômes deviennent plus intenses, une combinaison houblon et alfalfa s'impose. Le houblon, grâce à la 8-prénylnaringénine est particulièrement efficace pour calmer les bouffées de chaleur, tout en favorisant un effet relaxant sur le système nerveux.

Le profil hyperandrogénique avec bouffées de chaleur intenses : apaisement ciblé

Chez les femmes avec des niveaux d'androgènes plus élevés, les bouffées de chaleur sont souvent plus violentes, survenant par vagues soudaines. Dans ce contexte, l'alchémille et le houblon forment une équipe parfaite. Le soja en graines, associé à la sauge officinale, la sauge sclarée et le houblon peuvent être consommés quotidiennement sous forme d'infusion, de teinture mère ou de poudre de plantes, matin et soir.

La sécheresse vaginale : restauration et hydratation des muqueuses

La sécheresse vaginale peut être soulagée par différentes plantes selon le profil hormonal. Chez les femmes dont les hormones sont en mode « équilibre naturel » ou « boost androgénique », le duo houblon et alfalfa favorise l'hydratation et la régénération des muqueuses. Le houblon, avec ses propriétés apaisantes et réparatrices, stimule les récepteurs des tissus vaginaux, tandis que l'alfalfa améliore leur élasticité. En cas de sécheresse sévère, un gel à base

201. *Le grand livre des plantes qui soignent: 70 plantes et 350 recettes santé bien-être* écrit par Pip Waller – Larousse. (2018, 10 décembre). https://www.lalibrairie.com/livres/le-grand-livre-des-plantes-qui-soignent--70-plantes-et-350-recettes-sante-bien-etre_0-5311482_9782035946362.html

de ces deux plantes, appliqué chaque soir, procure un soulagement ciblé et rapide. Pour les femmes plus minces, souvent plus sensibles aux variations hormonales, la sauge se révèle précieuse. Grâce à ses composés phénoliques aux effets anti-inflammatoires et œstrogéno-mimétiques, elle aide à restaurer souplesse et confort des tissus. Et si le stress exacerbe la situation, le griffonia est ajouté pour son action sur la sérotonine, aidant à réguler les émotions et les tensions.

Les troubles de l'humeur : soutien du système nerveux

La sauge sclarée est particulièrement recommandée pour son action modulatrice sur la sérotonine et elle peut être associée au griffonia pour stabiliser les neurotransmetteurs impliqués dans l'humeur. Le houblon peut également s'ajouter à cette formule, apportant une touche relaxante idéale en cas d'irritabilité marquée.

Lorsque les troubles du sommeil s'accompagnent de sueurs nocturnes, la valériane s'impose grâce à ses propriétés sédatives et apaisantes. Le soja, sous forme de graines, peut aussi être un allié, en raison de ses effets bénéfiques sur le sommeil et la cognition.

Les bouffées de chaleur liées au stress : régulation émotionnelle

Lorsque le stress amplifie les bouffées de chaleur, l'aubépine et la passiflore entrent en scène. En agissant sur l'axe hypothalamo-hypophyso-surrénalien, elles aident à moduler la réponse au stress et à atténuer les manifestations vasomotrices. Cette approche est particulièrement précieuse pour les femmes ayant des antécédents de cancers gynécologiques hormonodépendants, car elle permet d'éviter le recours aux phytoestrogènes tout en apportant un effet apaisant et régulateur.

Les contre-indications aux œstrogènes : les alternatives efficaces

Pour les femmes ne pouvant pas utiliser de phytoestrogènes, plusieurs alternatives naturelles peuvent aider à réguler les bouffées de chaleur et les troubles associés. Les extraits de mucuna, griffonia, aubépine et passiflore sont particulièrement intéressants, car ils agissent sur le système nerveux en modulant le stress et les réponses émotionnelles.

L'actée à grappes noires (*Cimicifuga racemosa*), quant à elle, est une plante souvent utilisée pour atténuer les symptômes de la ménopause sans interférer avec les récepteurs œstrogéniques. Son action repose principalement sur son effet sérotoninergique central, ce qui signifie qu'elle influence la production et l'activité de la sérotonine, un neurotransmetteur clé dans la régulation de l'humeur et de la thermorégulation. En modulant ces mécanismes, elle contribue à atténuer les bouffées de chaleur, l'irritabilité et les troubles du sommeil souvent liés aux déséquilibres hormonaux ; associée au griffonia, riche en 5-HTP (précurseur de la sérotonine), elle renforce cet effet régulateur, offrant ainsi une approche naturelle pour mieux gérer les fluctuations hormonales sans recourir aux phytoestrogènes.

Ménopause installée et diminution des androgènes : vitalité retrouvée

Pour les femmes dont les androgènes chutent significativement, le mucuna et le tribulus stimulent les précurseurs hormonaux, apportant un regain d'énergie et de vitalité. Ces plantes, seules ou associées au houblon, contribuent également à améliorer la libido, souvent fragilisée par la ménopause. En parallèle, pour préserver la densité osseuse et prévenir l'ostéoporose, les extraits de prêle et d'alfalfa, riches en silice et minéraux essentiels, soutiennent la reminéralisation et renforcent la structure osseuse, aidant ainsi à limiter la fragilité liée aux fluctuations hormonales.

Chaque femme a son propre rythme, chaque symptôme sa clé, chaque plante son rôle. Sans prétendre remplacer les hormones, la nature demeure une précieuse complice, capable d'harmoniser, d'apaiser et de redonner de l'élan là où le corps en a besoin. Pour mieux comprendre les effets œstrogéniques des plantes et des molécules, il est essentiel d'aller au-delà des études en laboratoire en les testant sur des organismes vivants. Cela permet de confirmer leur efficacité et de mieux cerner le rôle de composés comme les flavones, les terpènes et les phytostérols, présents dans de nombreuses plantes à action hormonale. Ces recherches doivent également identifier avec précision les substances actives et les mécanismes biologiques impliqués.

Du point de vue de la santé publique, la sécurité des produits est une priorité absolue. Avant leur mise sur le marché, les extraits de plantes ou les molécules sans usage traditionnel établi doivent démontrer leur absence de toxicité. Une transparence totale s'impose : chaque produit doit indiquer clairement le nom scientifique des plantes, les parties utilisées (fleurs, feuilles, racines…), ainsi que la quantité et le type de phytoœstrogènes présents. Une standardisation des extraits est également essentielle pour garantir une qualité homogène, permettre des comparaisons fiables et aider les consommateurs à faire des choix éclairés et sécurisés[202].

Pointes de sagesse : l'acupuncture et ménopause

Alors que la médecine conventionnelle mise sur les traitements médicamenteux, de plus en plus de femmes explorent des alternatives comme l'acupuncture, pilier de la médecine traditionnelle chinoise (MTC). Cette pratique repose sur un concept clé : l'énergie vitale, le Qi (气), circule dans le corps à travers des méridiens. Le concept de Qi ne trouve pas d'équivalent direct dans la science occidentale, il traduit une approche holistique où le soin ne se limite pas au traitement des symptômes visibles, mais s'intéresse à l'ensemble des interactions entre le corps, l'esprit et l'environnement. Ainsi, quand cette circulation se dérègle, les symptômes apparaissent. L'acupuncture, en stimulant des points précis avec de fines aiguilles, aide à rétablir l'équilibre énergétique, notamment lors des montagnes russes hormonales de la ménopause. En MTC, la ménopause n'est pas vue comme une maladie, mais est considérée comme une « seconde adolescence » (sans les crushs de lycée, mais avec des bouffées de chaleur !). Elle découle d'un

---

202. https://www.vie-publique.fr/rapport/28443-securite-et-benefices-des-phyto-estrogenes-apportes-par-lalimentation

déséquilibre entre le Yin (fraîcheur) et le Yang (chaleur). Quand le Yin se fait discret, le corps s'emballe : sueurs, sautes d'humeur, fatigue… Plutôt que de masquer ces signaux, l'acupuncture cherche à réajuster naturellement les énergies.

Une séance d'acupuncture commence par un échange approfondi sur les symptômes et l'état général de la personne, afin de cerner le terrain. Vient ensuite la pose des fameuses aiguilles sur des points stratégiques liés aux méridiens énergétiques. Selon la MTC, certains méridiens, comme ceux du foie et des reins, sont particulièrement impliqués dans l'équilibre hormonal et émotionnel. Pas de recette universelle : le nombre et la fréquence des séances dépendent de chacun, et les effets, souvent progressifs, se font sentir au fil des rendez-vous. Patience est ici le maitre-mot !

L'acupuncture peut être utilisée seule ou en complément d'autres traitements. Elle s'intègre volontiers dans une démarche globale associant une alimentation équilibrée et une activité physique. Toutefois, elle n'est pas une solution miracle : certaines femmes en ressentent vite les bienfaits, tandis que d'autres devront combiner différentes approches pour soulager leurs symptômes. Son efficacité reste donc individuelle. Au-delà des aspects physiques, l'acupuncture apporte un véritable moment de détente. Dans un quotidien marqué par le stress, ces séances favorisent l'apaisement, réduisent l'anxiété et améliorent la qualité du sommeil, des éléments souvent mis à mal par la ménopause.

Plusieurs études ont exploré les effets de l'acupuncture dans ce contexte. Une recherche publiée dans le *British Medical Journal* en 2019[203] a mis en évidence une réduction notable des bouffées de chaleur et des troubles du sommeil chez les femmes ménopausées suivant ces séances. De son côté, une étude de l'Université de Copenhague en 2016 a souligné une diminution de l'anxiété et de la dépression, ainsi qu'une amélioration globale de la qualité

203. Lund, K. S., Siersma, V., Brodersen, J. & Waldorff, F. B. (2019). "Efficacy of a standardised acupuncture approach for women with bothersome menopausal symptoms: a pragmatic randomised study in primary care (the ACOM study)". *BMJ Open*, *9*(1), e023637. https://doi.org/10.1136/bmjopen-2018-023637.

de vie. Ces résultats suggèrent un impact bénéfique, bien que l'acupuncture ne se substitue pas aux traitements hormonaux ou médicaux lorsque ceux-ci sont nécessaires.

Là encore, la question du niveau de preuve scientifique reste centrale. Si des effets positifs ont été observés sur des troubles comme les bouffées de chaleur, l'insomnie ou le stress[204] – y compris chez des femmes ayant des antécédents de cancer du sein[205] –, il est parfois difficile de distinguer l'efficacité réelle de cette méthode de l'influence de l'effet placebo[206]. De plus, si elle peut atténuer l'intensité des symptômes, elle n'intervient pas sur le processus biologique de la ménopause en lui-même. Loin de prétendre tout traiter, l'acupuncture cible des manifestations spécifiques, ce qui en fait un outil complémentaire intéressant plutôt qu'une solution universelle.

Si l'acupuncture est souvent encensée pour sa bonne tolérance et son absence d'effets secondaires notables, cela ne signifie pas qu'elle doive échapper au bon vieux principe de preuve. Cette aura de sécurité, un brin flatteuse, explique sans doute pourquoi certains s'accommodent volontiers d'une validation scientifique plus souple, surtout lorsqu'elle se pose en alternative aux traitements hormonaux. Mais n'en déplaise aux inconditionnels des aiguilles bienfaisantes, son efficacité mérite encore d'être scrutée avec la rigueur du microscope scientifique. Les recherches avancent et s'emploient à mieux définir son impact sur la ménopause : quels symptômes sont les plus réceptifs, quels points d'acupuncture sont les plus pertinents et quel est le bon timing des séances ? Elles examinent aussi ses interactions avec d'autres approches, tout en évaluant ses effets à long terme, les profils de patientes les plus réactives et son rapport coût-efficacité.

---

204. Lee, M. S., Kim, K., Choi, S. & Ernst, E. (2008b). "Acupuncture for treating hot flashes in breast cancer patients: a systematic review". *Breast Cancer Research And Treatment*, *115*(3), 497-503. https://doi.org/10.1007/s10549-008-0230-z

205. Cho, S. & Whang, W. (2009). "Acupuncture for vasomotor menopausal symptoms". *Menopause The Journal Of The North American Menopause Society*, *16*(5), 1065-1073. https://doi.org/10.1097/gme.0b013e3181a48abd

206. Loprinzi, C. (2010). "Management of menopause-associated vasomotor symptoms: Current treatment options, challenges and future directions". *International Journal Of Women's Health*, 123. https://doi.org/10.2147/ijwh.s7721

Si l'acupuncture peut représenter une option intéressante pour celles souffrant de symptômes modérés à sévères et réticentes aux traitements classiques, il est essentiel d'en connaître les limites actuelles. Une prise en charge adaptée passe avant tout par un praticien qualifié, garantissant un traitement plus ciblé et potentiellement plus efficace.

Prévention à la ménopause : gardez une longueur d'avance sur les hormones !

Activité physique et ménopause : un levier essentiel pour la santé des femmes

Depuis la révolution industrielle, l'Homme a considérablement réduit son activité physique quotidienne. En 1850, environ 30 % de l'énergie du travail provenait de l'effort humain, avec une moyenne de huit heures d'activité physique par jour. En 1990, cette part était tombée à 1 %, avec à peine une heure de mouvement quotidien. En clair, plus la technologie progresse, moins nous bougeons… et notre corps, lui, ne s'est pas vraiment adapté à ce mode « canapé illimité ». L'essor de la télévision dans les années 1970, puis des ordinateurs et du télétravail, a exacerbé ce phénomène. Résultat : un temps d'assise en forte augmentation, contribuant directement à la montée de l'obésité et des maladies chroniques. Ce n'est plus seulement un manque d'activité physique, mais un mode de vie à part entière : celui de la sédentarité. Les dangers de la position assise prolongée ne sont pourtant pas nouveaux. Dans les années 1950, l'épidémiologiste J. Morris et son équipe avaient observé un risque doublé d'infarctus chez les conducteurs de bus londoniens – sédentaires – par rapport aux contrôleurs, beaucoup plus actifs. Cette découverte a été le point de départ dans le domaine scientifique sur la thématique de l'activité physique[207].

---

207. Blair, S. N., G. Davey Smith, I. M. Lee, K. Fox, M. Hillsdon, R. E. McKeown, W. L. Haskell and M. Marmot (2010). "A tribute to Professor Jeremiah Morris: the man who invented the field of physical activity epidemiology." *Ann Epidemiol, 20*(9): 651-660.

Un problème de santé publique encore sous-estimé

Chaque année, la sédentarité serait responsable de 40 000 à 50 000 décès en France, selon le Pr François Carré (2021). Malgré l'ampleur du phénomène, cette menace peine à être prise en compte en santé publique. Le manque d'activité physique et la sédentarité sont aujourd'hui reconnus comme des facteurs de risque majeurs des maladies chroniques non transmissibles, avec des répercussions sur la santé physique, mentale et la qualité de vie.

Une étude internationale récente a recensé les niveaux d'activité physique jugée insuffisante et elle a révélé des tendances préoccupantes[208].

Qui bouge et qui ne bouge pas ?

L'analyse repose sur 358 enquêtes menées dans 168 pays auprès de 1,9 million de participants, et elle montre des disparités notables :

Dans 55 pays, plus d'un tiers de la population ne pratique pas d'activité physique qualifiée de suffisante.

- Les taux d'inactivité les plus élevés se retrouvent au Koweït (67 %), aux Samoa américaines (53 %), en Arabie saoudite (53 %) et en Irak (52 %).
- Les pays à revenu élevé sont les plus touchés, avec 37 % de la population insuffisamment active, contre 26 % dans les pays à revenu intermédiaire et 16 % dans les pays à faible revenu.

Ironiquement, plus le niveau de vie augmente, plus notre activité physique diminue. Comme si le progrès technologique avait troqué nos jambes contre des pieds de sièges et nos efforts contre des ascenseurs.

---

208. Guthold, R., Stevens, G. A., Riley, L. M. & Bull, F. C. (2018). "Worldwide trends in insufficient physical activity from 2001 to 2016: a pooled analysis of 358 population-based surveys with 1,9 million participants". *The Lancet Global Health, 6*(10), e1077-e1086. https://doi.org/10.1016/s2214-109x(18)30357-7

Un écart toujours persistant entre les hommes et les femmes

Si l'inactivité physique touche tout le monde, les hommes et les femmes ne sont pas logés à la même enseigne. Ce n'est pas une question de volonté ou de génétique, mais plutôt le résultat de facteurs sociaux, de contraintes du quotidien et d'habitudes ancrées dès l'enfance.

D'après l'*INJEP* (2022)[209], 59 % des femmes pratiquent une activité physique régulière, contre 62 % des hommes. L'écart de trois points peut sembler insignifiant, mais il reflète des différences profondes dans la manière dont hommes et femmes abordent et intègrent le sport dans leur vie. Les types d'activités varient considérablement : les femmes sont largement présentes dans le fitness, la gymnastique et les disciplines axées sur le bien-être, tandis que les hommes sont beaucoup plus nombreux dans les sports collectifs, mécaniques ou de combat. Même la relation au sport diffère : les hommes recherchent souvent la performance et la compétition, tandis que les femmes privilégient des activités axées sur la santé et la détente, avec parfois l'idée (avouée ou non) d'éviter un trop grand inconfort physique.

L'âge accentue encore ces variations. Entre 16 et 24 ans, 60,4 % des jeunes hommes pratiquent régulièrement une activité physique, contre 48,5 % des jeunes femmes. Plus tard, l'écart se creuse encore : après 65 ans, 31,4 % des femmes déclarent n'avoir pratiqué aucun sport depuis un an, contre 21 % des hommes *(Source Insee, 2022)*. Avec le temps, les femmes décrochent plus vite, non pas par manque d'envie, mais parce que d'autres priorités s'imposent avant même de penser à leur propre bien-être.

C'est là que le poids des rôles sociaux entre en jeu. Les garçons sont plus souvent encouragés à se dépenser à travers des sports considérés comme dynamiques, comme le football ou le basketball, tandis que les filles sont plus souvent orientées vers des disciplines

---

209. *INJEP*. (2023, 19 octobre). « Les chiffres clés du sport 2023 – Pratiques sportives selon le sexe – ».

associées à la grâce et à l'esthétisme. Une fois adultes, certaines hésitent à s'engager dans une pratique régulière, faute d'habitude ou par manque de confiance. Mais le frein majeur reste le manque de temps. Entre les obligations professionnelles, la gestion des enfants, du foyer et parfois même l'accompagnement de parents vieillissants ou d'un proche en difficulté, il reste peu de place pour une activité physique. Ce n'est pas qu'elles n'aiment pas bouger, mais après avoir couru toute la journée pour les autres, elles n'ont plus d'énergie pour courir pour elles-mêmes.

Des freins multiples à la pratique du sport : changeons de regard !

En plus de la charge mentale et des tâches domestiques souvent inégalement réparties, plusieurs freins limitent l'engagement des femmes dans l'activité physique. Le regard des autres, voire le « harcèlement », reste un obstacle majeur. Selon une étude IPSOS 2020[210], 81 % des femmes déclarent avoir déjà été victimes de « harcèlement » de rue, et une femme sur trois évite certaines tenues ou itinéraires en raison de remarques ou comportements déplacés. Résultat : courir en extérieur peut vite ressembler à une épreuve mentale autant que physique, et les salles de sport mixtes ne sont pas toujours synonymes de sérénité. À cela s'ajoutent les transitions biologiques, comme la grossesse, le post-partum ou la ménopause, qui transforment le corps et compliquent la régularité d'une pratique sportive. Quand s'occuper d'un nourrisson devient une séance de cardio à plein temps, difficile de trouver l'énergie pour une autre activité. Enfin, les douleurs articulaires, la fatigue et la perte musculaire après 50 ans rendent la reprise ou la poursuite du sport plus difficile. Avec la ménopause, 30 à 50 % des femmes souffrent de douleurs ostéo-articulaires, ce qui explique pourquoi nombre d'entre elles finissent par lever le pied… parfois définitivement.

---

210. https://www.ipsos.com/fr-fr/81-des-femmes-en-france-ont-deja-ete-victimes-de-harcelement-sexuel-dans-les-lieux-publics

Activité physique : quand le lieu de vie, l'origine et la situation économique influencent le sport des femmes

Dans les pays riches, la sédentarité touche particulièrement les femmes ménopausées : 37 % des Occidentales manquent d'activité physique, contre seulement 16 % dans les pays à faible revenu. Rien de surprenant : ici les bureaux la voiture et l'ascenseur ont été remplacés par les champs la marche et l'escalier. En Afrique subsaharienne ou en Asie du Sud-Est, les tâches du quotidien exigent encore un effort physique constant, maintenant un niveau d'activité plus élevé. L'origine ethnique pèse aussi dans la balance. Aux États-Unis, les femmes afro-américaines et hispaniques sont moins actives que les femmes blanches non hispaniques, ce qui aggrave les écarts en matière d'obésité et de maladies métaboliques (Joseph *et al.*, 2015). Enfin, il y a une barrière bien concrète : le coût. Entre équipements, abonnements et infrastructures parfois peu accessibles, faire du sport a un prix, ce qui complique l'accès à une pratique régulière, notamment pour les femmes aux revenus modestes.

Le confort moderne a ses avantages, mais aussi un prix à payer… souvent au détriment de nos baskets.

Comment réduire ces écarts et remettre tout le monde en mouvement ?

Le constat est clair, mais pas question de culpabiliser ceux qui bougent moins ! L'idée, c'est de rendre l'activité physique plus accessible et plus attrayante. Comment ? Avec des infrastructures adaptées, des horaires de salles de sport qui soient compatibles aux rythmes de vie, et surtout une approche qui mise sur le plaisir plutôt que sur la performance. Il faut proposer des activités mixtes et fédératrices, et montrer que bouger, c'est avant tout une source de bien-être à portée de tous !

C'est le moment de libérer du temps aux femmes, parce que si elles courent déjà partout pour les autres, elles méritent bien de le faire aussi pour elles-mêmes. Et en particulier à des étapes clés comme la ménopause, moment où le corps change, où les douleurs articulaires s'installent avec une fatigabilité accrue. L'envie de bouger s'incline parfois face aux symptômes inconfortables. C'est justement en intégrant plus de mouvement dans son quotidien que l'on peut atténuer ces effets, maintenir sa vitalité et préserver son capital santé. L'essentiel est de se rappeler que l'activité physique n'est pas un extra, mais un investissement en soi. Prendre soin des autres, c'est bien. Mais prendre soin de soi, c'est mieux.

Définition et méthodes de mesure de l'activité physique, sédentarité and Co[211] [212]

Comprendre la sédentarité et l'activité physique : entre canapé et mouvement

La sédentarité correspond à tout moment éveillé passé en position assise ou allongée, avec une dépense énergétique inférieure ou égale à 1,5 MET (Metabolic Equivalent of Task)[213]. En d'autres termes, si votre canapé mémorise mieux votre silhouette que votre salle de sport, vous êtes probablement sédentaire. Ce mode de vie est loin d'être anodin, car il favorise les maladies cardiovasculaires et constitue un facteur de risque majeur pour de nombreuses pathologies chroniques. À ne pas confondre avec l'inactivité physique, qui désigne un manque d'activité par rapport aux recommandations de l'OMS : au moins 150 à 300 minutes d'activité modérée ou 75 à 150 minutes d'activité intense par semaine. Autrement dit, s'inscrire à la salle et n'y aller qu'une fois tous les 29 février n'aura pas beaucoup d'effet ! Depuis 2012, l'OMS a même classé l'inactivité physique comme une pandémie mondiale. Oui, aussi grave qu'un virus, mais il n'y a pas de vaccin pour s'en prémunir… à part bouger un peu

211. https://docteur-bossy.com/2-uncategorised/170-travail-et-coeur-un-duo-a-haut-rique-congres-de-sfvm-dijon-2024.html
212. https://www.youtube.com/watch?v=P3hRxPCsUBo
213. Jetté, M., Sidney, K. & Blümchen, G. (1990). "Metabolic equivalents (METS) in exercise testing, exercise prescription, and evaluation of functional capacity". *Clinical cardiology*, *13*(8), 555-565. https://doi.org/10.1002/clc.4960130809

plus. L'activité physique correspond à tout mouvement du corps effectué par les muscles, entraînant une dépense d'énergie supérieure à celle du repos, qu'il s'agisse de prendre les escaliers (au lieu de râler contre l'ascenseur en panne), marcher jusqu'à l'arrêt de bus (plutôt que de scroller sur son téléphone en regardant sa vidéo préférée) ou même danser dans son salon. À un niveau plus structuré, le sport repose sur des règles précises et des exigences physique et mentale intenses avec la recherche de performance. Tout le monde ne deviendra pas Tania Zeng, cette pongiste de 58 ans qui, après avoir mis sa carrière entre parenthèses, a décroché une qualification pour les jeux Olympiques de Paris 2024. Mais son parcours prouve qu'il n'y a pas d'âge pour repousser ses limites.

Pour mesurer l'intensité des efforts physiques, on utilise le MET, une unité qui évalue la dépense énergétique. Un MET correspond à 3,5 ml d'oxygène consommé par kilo de poids corporel et par minute, soit l'énergie nécessaire pour rester assis sans bouger. À titre de comparaison, faire le ménage en mode actif correspond à 4 MET, tandis que courir après son bus grimpe à 6 MET. Pour savoir si votre corps est prêt à affronter la vie, plusieurs tests existent[214] : le test de marche de six minutes pour l'endurance, les pompes et le curl-up test pour la force musculaire, ou encore la flexion du tronc et le maintien sur un pied pour la souplesse et l'équilibre. Enfin, pour mesurer la sédentarité et son impact sur l'organisme, différents outils sont utilisés, comme l'IPAQ, les accéléromètres ou encore la spectroscopie proche infrarouge et la surveillance transcutanée du dioxyde de carbone, qui analysent en temps réel l'effet de l'inactivité sur la circulation sanguine et l'oxygénation musculaire. Si tous ces éléments vous rappellent que votre fauteuil est devenu votre meilleur ami, il est peut-être temps de revoir votre routine. Votre corps est conçu pour bouger, pas pour fusionner avec votre canapé !

---

214. Guide des connaissances sur l'activité physique et la sédentarité.

Conséquences de la sédentarité sur la mortalité et la morbidité : la sédentarité, le nouveau tabagisme

Le Pr Paul Menu[215], chirurgien cardiaque, ne mâche pas ses mots : « On sait déjà que le tabac est très mauvais, eh bien, le sitting, c'est encore pire. La sédentarité tue plus que le tabac. »[216] Ce constat, aujourd'hui partagé par de nombreux chercheurs, repose sur une réalité inquiétante : l'inactivité physique est devenue la première cause de mortalité évitable dans le monde.

Les preuves scientifiques s'accumulent. Selon Wilmot *et al.* (2012)[217], les personnes les plus sédentaires présentent un risque de mortalité accru de 49 % par rapport aux plus actives. Les conséquences ne s'arrêtent pas là : le risque de diabète de type 2 bondit de 112 %, celui des maladies cardiovasculaires de 147 %, tandis que la sédentarité prolongée augmente de 24 % le risque de cancer du côlon et de 21 % celui du cancer du sein (Matthews *et al.*, 2018). L'inactivité joue aussi un rôle dans le déclin cognitif, augmentant le risque de démence.

Les 6 heures critiques : au-delà, le danger s'installe

Certaines études ont défini un seuil critique de 6 heures assises par jour, au-delà duquel les risques pour la santé augmentent considérablement[218]. Ekelund *et al.* (2019) ont ainsi démontré qu'au-delà

215. https://www.ladepeche.fr/2020/11/23/la-sedentarite-tue-plus-que-le-tabac-pr-paul-menu-9216565.php

216. Agbaje, A. O. (2024). "Accelerometer-based sedentary time and physical activity from childhood through young adulthood with progressive cardiac changes: a 13-year longitudinal study". *European Journal Of Preventive Cardiology, 31*(12), 1480-1492. https://doi.org/10.1093/eurjpc/zwae129

217. Wilmot, E. G., Edwardson, C. L., Achana, F. A. *et al.* "Sedentary time in adults and the association with diabetes, cardiovascular disease and death: systematic review and meta-analysis". *Diabetologia 55*, 2895-2905 (2012). https://doi.org/10.1007/s00125-012-2677-z

218. Jingjie, W., Yang, L., Jing, Y., Ran, L., Yiqing, X. & Zhou, N. (2022). "Sedentary time and its association with risk of cardiovascular diseases in adults: an updated systematic review and meta-analysis of observational studies". *BMC public health, 22*(1), 286. https://doi.org/10.1186/s12889-022-12728-6

de ce seuil, la mortalité prématurée grimpe de 20 %. Pire encore, chaque heure supplémentaire passée assis augmente le risque de mortalité de 2 % (Van der Ploeg *et al.*, 2012). Une lueur d'espoir avérée : fractionner ces longues périodes d'inactivité par de courtes pauses actives toutes les 30 minutes réduit les effets négatifs sur la circulation et la pression artérielle (Diaz *et al.*, 2017)[219].

Face à ce constat, les professionnels de santé doivent jouer un rôle clé. L'Activité physique adaptée (APA)[220], encore trop peu prescrite, devrait être systématiquement intégrée dans la prise en charge des maladies chroniques et cardiovasculaires. En prévention, elle permet de réduire des facteurs de risque majeurs comme l'hypertension, l'obésité et le diabète.

De plus en plus d'entreprises intègrent l'activité physique au travail. Les médecins du travail, experts des impacts de la sédentarité et des mauvaises postures, jouent un rôle clé en proposant des solutions ergonomiques et des conseils adaptés pour prévenir les troubles liés à l'inactivité. Leur mission : anticiper, adapter et protéger la santé des travailleurs. Les mentalités évoluent favorablement, portées par les études scientifiques et les services de santé au travail qui proposent des solutions comme les bureaux assis-debout, les pauses actives ou les vélos de bureau. Une étude de Chau *et al.* (2019) a d'ailleurs montré que l'utilisation d'un bureau ajustable réduit en moyenne 54 minutes par jour le temps passé assis. Et plus efficace encore, marcher 2 minutes toutes les 30 minutes diminue la glycémie postprandiale – taux de sucre dans le sang après un repas – de 17 % (Katzmarzyk *et al.*, 2019).

Il est fort probable qu'à l'avenir, nous regardions notre mode de vie sédentaire avec autant d'inquiétude que nous avons perçu les bureaux enfumés du passé. Pour contrer ces effets nocifs, Ekelund *et al.* (2016) estiment qu'il faudrait 60 à 75 minutes d'activité

---

219. Diaz, K. M., Howard, V. J., Hutto, B., Colabianchi, N., Vena, J. E., Safford, M. M., Blair, S. N. & Hooker, S. P. (2017). "Patterns of Sedentary Behavior and Mortality in U.S. Middle-Aged and Older Adults: A National Cohort Study". *Annals of internal medicine, 167*(7), 46-475. https://doi.org/10.7326/M17-0212
220. https://www.sfp-apa.fr/

physique par jour. Les recherches doivent désormais mieux quantifier la charge de morbidité mondiale liée à la sédentarité, affiner ses recommandations et adapter ses solutions aux réalités du monde moderne.

Une certitude : bouger n'est plus un choix, mais une priorité.

De la sédentarité au mouvement : le shear stress, un allié précieux pour des vaisseaux et un cœur en bonne santé

Le shear stress, c'est la pression du sang sur les parois des vaisseaux. Quand on bouge, cette pression stimule la production d'oxyde nitrique (NO), une substance qui aide les artères à rester souples et en bonne santé. Mais quand on passe trop de temps assis, ce mécanisme ralentit : les artères deviennent plus rigides, la circulation veineuse s'affaiblit et le risque de caillots augmente. Une étude de Diaz *et al.* (2017) a même montré que rester sédentaire plus de 10 heures par jour réduit de 30 % la flexibilité des artères, augmentant ainsi le risque d'hypertension et d'infarctus.

Bonne nouvelle : l'activité physique est un vrai bouclier pour le cœur et les vaisseaux[221]. Elle stimule la circulation, assouplit les artères et renforce le système veineux[222]. En augmentant le shear stress, elle stimule la production de NO, empêchant les vaisseaux de se durcir. Elle aide aussi à garder la pression artérielle et le cholestérol sous contrôle, réduisant ainsi les risques cardiovasculaires. D'ailleurs, une étude de Hambrecht *et al.* (2003) a prouvé que faire de l'exercice régulièrement améliore de 50 % la capacité des artères à se dilater.

Et ce n'est pas tout : bouger active aussi les muscles des jambes, notamment ceux du mollet, qui fonctionnent comme une pompe naturelle pour faire remonter le sang vers le cœur. Résultat :

---

221. https://www.lamyrheology.com/notions-de-rheologie/#:~:text=Contrainte%20de%20cisaillement%20%3A%20%3F%20(Tau,par%20la%20surface%20sollicit%C3%A9e%20S.
222. https://www.lamyrheology.com/notions-de-rheologie/#:~:text=Contrainte%20de%20cisaillement%20%3A%20%3F%20(Tau,par%20la%20surface%20sollicit%C3%A9e%20S.

une meilleure circulation et moins de risques de varices ou de jambes lourdes (Padilla *et al.*, 2011).

Les bénéfices de l'activité physique sur les symptômes de la ménopause

À la ménopause, les bouffées de chaleur et les sueurs nocturnes deviennent des invités indésirables, perturbant le quotidien et les nuits. Bonne nouvelle : l'activité physique pourrait bien être « une amie » dans cette bataille.

Une méta-analyse de Daley *et al.* (2014) a montré que l'exercice modéré et régulier pouvait réduire la fréquence et l'intensité des bouffées de chaleur, même si les effets varient d'une femme à l'autre. L'explication ? L'activité physique aiderait à mieux réguler la température corporelle en influençant l'hypothalamus, un chef d'orchestre un peu déréglé par la chute des œstrogènes. Autre atout du sport : un sommeil plus paisible. Selon Elavsky et McAuley (2007), les femmes ménopausées actives s'endorment plus vite et dorment plus longtemps. Pourquoi ? Parce que bouger réduit l'anxiété et le stress, deux ennemis du sommeil, en stimulant la sécrétion des endorphines et en régulant le cortisol.

Pour limiter les nuits agitées et les réveils en sueur, mieux vaut enchaîner quelques séances de squat plutôt que de compter les moutons !

« Activité physique et équilibre : sculpter son corps et maîtriser son poids en mouvement ! »

Avec la ménopause, le métabolisme lève le pied, mais la graisse, elle, s'accumule… et choisit stratégiquement l'abdomen – comme nouvelle résidence principale. Ce changement n'est pas qu'une question de silhouette : la graisse viscérale, bien installée autour des organes, augmente considérablement le risque de diabète de type 2 et de maladies cardiovasculaires. Et ce n'est pas juste une impression. Selon une étude de Poehlman *et al.* (1995), les femmes ménopausées prennent en moyenne 2 à 3 kg dans les premières années suivant l'arrêt des règles, principalement sous forme de graisse abdominale.

Laisser la ménopause dicter la répartition des kilos ou reprendre le contrôle, telle est la question ? Eh bien, justement l'exercice physique n'a pas dit son dernier mot. Une étude de Kanaley *et al.* (2001) a montré que l'entraînement combinant endurance et renforcement musculaire était particulièrement efficace pour limiter cette prise de poids et éviter l'effet « bouée abdominale ». L'endurance, comme la marche rapide ou la course, améliore la dépense énergétique et améliore la sensibilité à l'insuline, tandis que le renforcement musculaire joue un rôle clé en préservant la masse musculaire.

Si on incrimine la ménopause, elle n'est pas la seule responsable de cette sarcopénie (fonte musculaire), le vieillissement provoque un ralentissement général du métabolisme et du contrôle des mouvements. Même si une personne conserve force, puissance et endurance, la maîtrise des mouvements plus fins ou plus précis peut se détériorer, impactant ainsi sa capacité à accomplir certaines activités quotidiennes. Cette perte de contrôle moteur peut affecter les muscles des bras et des mains, essentiels pour attraper et manipuler des objets, mais aussi ceux des jambes, ce qui perturbe l'équilibre et la marche, augmentant le risque de chutes. Les mouvements deviennent plus lents, moins coordonnés, et les capacités motrices diminuent. Lorsque ces difficultés se combinent avec un affaiblissement musculaire, les tâches habituelles deviennent de véritables défis et rendent la pratique d'une activité physique pénible.

Il est essentiel de promouvoir des programmes d'activité physique combinant renforcement musculaire, endurance, souplesse et équilibre pour améliorer la mobilité et prévenir les chutes, qui restent la principale cause de fractures. Or, un bon équilibre et des muscles solides ne profitent pas seulement aux os, mais aussi au cœur et aux vaisseaux. En effet, l'exercice ne se contente pas de renforcer le squelette, il stimule aussi la circulation sanguine, réduit le risque de maladies cardiovasculaires et aide à maintenir une bonne densité osseuse.

Côté os, même combat ! La ménopause accélère la perte de densité osseuse, mais les exercices en charge (marche rapide, musculation, jogging) aident à les renforcer. Martyn-St James et Carroll (2010) montrent que ces activités stimulent les ostéoblastes, les cellules constructrices de l'os. En revanche, les activités physiques portantes comme la natation ne feront pas de miracle pour la solidité osseuse bien qu'excellentes pour le système cardiovasculaire, elles n'ont pas d'effet significatif sur la densité osseuse[223]…

Il est important de promouvoir des programmes d'activité physique et d'exercice accrus combinant le renfort musculaire, l'endurance, la souplesse et l'équilibre pour optimiser la mobilité globale et réduire l'incidence des chutes[224]. Ces chutes qui ont le rappel, sont les principaux facteurs de risque de fractures.

Alors, pour garder un cœur en forme et des os solides, mieux vaut bouger que rester assise !

Bouger, c'est aussi muscler son cerveau : les vertus de l'activité physique sur la santé mentale et la mémoire

La ménopause ne chamboule pas seulement les hormones, elle perturbe aussi le cerveau. Avec la baisse des œstrogènes, les niveaux de sérotonine (hormone du bien-être) et de dopamine (hormone de la motivation) diminuent, ce qui peut entraîner des trous de mémoire, une irritabilité digne d'un lundi matin sans café et une sensation de brouillard mental.

Bonne nouvelle : l'activité physique aide le cerveau à mieux fonctionner. Selon Brown *et al.* (2013), bouger régulièrement stimule la région de l'hippocampe, essentielle à la mémoire et à l'apprentissage, et réduit l'inflammation qui accélère le vieillissement du cerveau. L'exercice augmente aussi la production de BDNF (Brain-Derived Neurotrophic Factor), une sorte d'engrais miracle pour les neurones, favorisant leur régénération et améliorant la plasticité

---

223. https://www.canada.ca/fr/ministere-defense-nationale/feuille-derable/defense/2024/09/menopause-activit-physique-reguliere-peut-avoir-effet-salutaire.html
224. Paterson, D. H., Jones, G. R. & Rice, C. L. (2007). "Applied Physiology Nutrition And Metabolism", 32(S2F), S75S121. https://doi.org/10.1139/h07-165

cérébrale. Améliorant ainsi la concentration et la capacité à retenir des informations. Côté moral, l'exercice physique a fait ses preuves. Blumenthal *et al.* (1999) ont montré qu'il pouvait être aussi efficace que certains médicaments contre la dépression modérée. Chez les femmes ménopausées, il permet de réduire l'anxiété, d'améliorer l'estime de soi et de stabiliser l'humeur.

Si la ménopause tente de brouiller les connexions, l'activité physique remet tout en ordre. Alors, pour préserver sa mémoire et son moral, mieux vaut troquer l'inactivité contre une bonne séance de sport, qu'il s'agisse d'une marche rapide, d'une séance d'aquagym ou d'un cours de danse !

Intégration de l'activité physique dans le quotidien des femmes ménopausées

Les recommandations internationales, notamment celles de l'Organisation mondiale de la santé (OMS), préconisent au moins 150 minutes d'activité physique modérée ou 75 minutes d'activité intense par semaine. Cependant, l'adhésion à un programme d'exercice peut être compliquée en raison de douleurs articulaires, de la fatigue ou d'un manque de motivation. Il est donc essentiel de proposer des activités adaptées aux capacités et aux préférences de chaque femme.

L'intégration de l'exercice sous forme d'activités plaisantes et variées favorise une meilleure adhésion sur le long terme. La marche rapide, le vélo, la danse, le yoga et la natation où votre corps est délesté de la pression terrestre sont des options accessibles et bénéfiques pour la santé cardiovasculaire, la flexibilité et le renforcement musculaire. De plus, l'accompagnement par un professionnel du sport ou un kinésithérapeute peut permettre de corriger d'éventuelles mauvaises postures et d'adapter l'intensité des exercices en fonction des besoins individuels. Il est également important de lutter contre la sédentarité en adoptant des réflexes simples. Être physiquement active implique d'être en mouvement et de pratiquer une activité physique régulière. À l'inverse, être sédentaire signifie rester assis ou allongé pendant une longue période sans mouvement. Donc une personne allant à la salle de sport cinq fois par semaine, est active physiquement, mais si elle passe aussi 7 heures par jour au bureau assise devant son écran, cette personne est aussi sédentaire ! Limiter le temps assis, intégrer plus de mouvement dans nos routines comme prendre les escaliers au lieu de l'ascenseur, se lever régulièrement lorsqu'on travaille assis ou marcher davantage au quotidien et adopter des solutions technologiques de surveillance sont aujourd'hui des actions saines pour préserver la santé et réduire la mortalité dite évitable.

Exercices recommandés pour les femmes ménopausées et leurs bienfaits

Les exercices d'endurance, comme la marche rapide, la natation ou encore le vélo, sont parfaits pour maintenir une bonne santé cardiovasculaire et contrôler la prise de poids. Ils permettent de brûler des calories tout en douceur et améliorent l'oxygénation du corps. L'idéal est d'opter pour des sessions de 30 minutes, cinq fois par semaine. Et si courir n'est pas votre tasse de thé, une bonne randonnée en pleine nature peut aussi faire des merveilles pour le corps et l'esprit.

Le renforcement musculaire est incontournable pour prévenir la fonte musculaire, favoriser l'équilibre, réduire le risque de chute et préserver la solidité des os. Les exercices au poids du corps comme les squats, les fentes, les pompes contre un mur ou les exercices avec des haltères légers sont idéaux. Non, il ne s'agit pas de devenir Hulk, mais simplement d'éviter de ressembler à une biscotte qui s'effrite avec le temps. Deux à trois séances par semaine d'au moins 20 minutes suffisent pour renforcer les muscles, améliorer la posture et dire adieu aux douleurs articulaires qui tentent de s'inviter sans permission.

Le Pilates et le yoga, le taïchi favorisent l'équilibre, la souplesse, et réduisent le stress. En plus d'aider à éviter les chutes (et donc les fractures), ces pratiques améliorent la posture et la respiration plus profonde. Une petite séance au réveil ou en fin de journée peut faire toute la différence.

La danse est une alternative ludique qui permet de travailler le cardio et la coordination sans même s'en rendre compte. Que ce soit un tango endiablé, une séance de zumba ou quelques pas de salsa dans le salon, bouger en rythme stimule les endorphines, les fameuses hormones du bonheur. Danser deux à trois fois par semaine tonifie le corps et améliore le moral.

L'effet plateau de l'activité physique : jusqu'où aller pour en tirer des bénéfices ?

Si l'activité physique est un atout pour la santé, en faire toujours plus ne signifie pas forcément obtenir de meilleurs résultats. Il existe un effet plateau : au-delà d'un certain seuil, les bénéfices supplémentaires deviennent marginaux. En d'autres termes, faire plus ne signifie pas forcément obtenir plus de résultats.

Les recommandations générales de l'Organisation mondiale de la santé (OMS) citées précédemment reposent sur des études démontrant que ce niveau d'activité est suffisant pour apporter des bénéfices significatifs à la santé, notamment en réduisant le risque de maladies cardiovasculaires, de diabète et de mortalité précoce. Cependant, jusqu'où aller pour maximiser ces bénéfices ? Une étude publiée dans *The Lancet* (2011) a montré que 15 minutes d'exercice par jour suffisent à réduire la mortalité de 14 %, et que chaque tranche supplémentaire continue d'apporter des bienfaits, mais de façon décroissante, suggérant ainsi un effet plateau. Le *British Medical Journal* confirme ces travaux : si l'augmentation de l'activité physique au-delà des seuils recommandés continue d'apporter des bénéfices, ces derniers deviennent progressivement moins significatifs. Ainsi, passer de 150 à 300 minutes par semaine améliore la santé, mais avec des bénéfices moindres que lorsqu'on passe de l'inactivité à 150 minutes.

Attention à ne pas tomber dans l'excès, trop d'exercices peut être contre-productif en augmentant le risque de blessures, de fatigue chronique et de stress cardiovasculaire, en particulier chez certaines populations. L'objectif est donc de trouver un équilibre entre activité et récupération. L'important n'est pas d'en faire toujours plus, mais de bouger intelligemment. Adapter l'intensité et la durée à ses capacités et à ses besoins est la clé pour tirer le meilleur parti de l'exercice… sans en faire trop !

Conclusion

L'activité physique est un atout majeur pour préserver la santé et la qualité de vie des femmes ménopausées et de tous en général. Elle participe à la régulation du poids, elle protège le cœur, renforce la densité osseuse, elle améliore l'humeur et réduit le risque de maladies chroniques. Véritable alternative non médicamenteuse, accessible à toutes et tous, elle doit être encouragée. Encore faut-il proposer des solutions adaptées aux capacités et aux préférences de chacun, afin d'intégrer naturellement plus de mouvement dans le quotidien. Bien que les apports de l'activité physique et les initiatives comme la Stratégie nationale sport et santé 2019-2024[225], soient largement reconnus, la sédentarité continue de progresser et représente une menace majeure pour la santé publique, comparable au tabagisme du siècle dernier. Favorisant la mortalité prématurée et les maladies chroniques, un sursaut est nécessaire pour éviter cette crise silencieuse. Il est temps de bouger !

En attendant que tout ce petit monde bouge, si on commençait par un peu de légèreté face à cette injonction. Rien de tel qu'une bonne «playlist» pour accompagner l'effort et rendre l'exercice plus entraînant. Beyoncé et *Texas Hold'Em* pour rythmer les pas, Johnny Hallyday avec *Allumez le feu !* pour une bonne dose d'énergie, ou encore *Le Coach* de Soprano et Vincenzo pour une motivation sans faille et je laisse le mot de la fin à Eddy de Pretto avec sa chanson *Être Bien* :

«J'ai qu'un but dans la vie
C'est d'être bien avec moi-même
D'être bien avec moi-même
D'être bien»

225. Stratégie nationale sport santé 2019-2024. (s. d.). sports.gouv.fr. https://www.sports.gouv.fr/strategie-nationale-sport-sante-2019-2024-85

Sommeil et ménopause, comment dormir plus de trois heures d'affilée

Le Pr Leger Damien[226 227], spécialiste du sommeil, le dit avec justesse : « Le sommeil est un facteur essentiel d'équilibre psychologique, de récupération physique et mentale, quels que soient notre âge, notre environnement et notre état de santé. » Longtemps, nous avons cru le sommeil inébranlable, aussi fidèle qu'un souffle régulier. Une tête posée sur l'oreiller, un soupir, et déjà le corps s'abandonnait aux mécanismes bien huilés de la nuit.

Avec la ménopause, ce précieux mécanisme se dérègle, perd de sa fluidité et se fragmente sous l'effet du déclin hormonal. L'endormissement devient plus capricieux, les réveils nocturnes se multiplient et le sommeil profond, pourtant vital à la régénération du corps et de l'esprit, s'amenuise. Il faut comprendre que nous ne sommes pas tous égaux face à Morphée. Certains s'endorment à peine le dos effleurant le matelas, d'autres tournent en rond comme si leur cerveau refusait d'éteindre les lumières. C'est le chronotype, cette prédisposition biologique qui fait de nous des lève-tôt ou des oiseaux de nuit. Ajoutons à cela un autre facteur majeur de perturbation : l'âge. Car oui, avec le temps, le sommeil devient plus fragile. Si ces bouleversements semblent inévitables, il est pourtant possible d'en limiter l'impact et de retrouver des nuits plus sereines en agissant sur plusieurs leviers.

L'environnement nocturne constitue le premier rempart contre les troubles du sommeil[228 229] Le bruit, qu'il vienne de la circulation, des appareils domestiques ou des nuisances du voisinage,

226. http://beh.santepubliquefrance.fr/beh/2019/8-9/pdf/2019_8-9.pdf
227. https://institut-sommeil-vigilance.org/wp-content/uploads/2019/02/CP-JNS-2013-1.pdf
228. https://www.inserm.fr/dossier/sommeil/ ; réseau morphée ; INVS
229. Muzet, A. (2006). « Bruit et sommeil : Répercussions sur la santé ». *Médecine/Sciences*, 22(11), 973-978. https://doi.org/10.1051/medsci/20062211973

altère la continuité du repos et compromet la récupération[230]. Notre corps réagit au bruit de deux manières bien distinctes : une voie directe, qui concerne exclusivement l'audition, et une voie indirecte, qui influe sur nos émotions et notre stress. La voie directe fonctionne comme un tambour qui résonne dans l'oreille. Lorsqu'un son survient, surtout s'il est intense, il active les circuits neuronaux de l'audition et stimule les cellules ciliées de l'oreille interne. Si le volume est modéré, ces cellules s'adaptent et récupèrent, comme après un concert où tout semble ouaté pendant quelques heures. En revanche, au-delà de 85 dB(A) – soit l'équivalent d'une tondeuse à gazon ou d'un marteau-piqueur trop proche – l'exposition prolongée peut causer des dommages irréversibles aux cellules ciliées, menant à une perte auditive définitive. La voie indirecte, elle, fonctionne autrement. Ici, ce n'est pas tant l'intensité du bruit qui importe, mais la manière dont le cerveau l'interprète. Un son perçu comme une menace ou une gêne immédiate peut déclencher une réaction de stress, même s'il n'est pas excessivement fort. Un bébé qui pleure en pleine réunion de télétravail ? Agacement garanti. Une alarme stridente au milieu de la nuit ? Le corps réagit instantanément par une montée de tension et une accélération du rythme cardiaque. Ce phénomène s'explique par l'activation du système limbique, la région du cerveau impliquée dans la gestion des émotions, qui perçoit ces bruits comme des signaux d'alerte et prépare l'organisme à réagir, perturbant ainsi la relaxation et le sommeil. Même si l'on croit s'y habituer, le cerveau, lui, reste en alerte. Même des bruits modérés peuvent accélérer le rythme cardiaque, augmenter la pression artérielle, fragmenter le sommeil et réduire sa profondeur.

L'exposition chronique au bruit nocturne stimule la production de cortisol et d'adrénaline, maintenant l'organisme en état de veille au lieu de favoriser la récupération. À long terme, cela entraîne une fatigue persistante, un affaiblissement du système immunitaire

230. https://observatoireprevention.org/2023/09/15/le-bruit-un-facteur-de-risque-meconnu-de-maladies-cardiovasculaires/

et un risque accru de troubles cardiovasculaires[231 232]. Les citadins sont bien plus exposés aux insomnies et réveils nocturnes que ceux qui dorment dans un environnement calme. Pourtant, un événement unique a offert un aperçu d'un monde sans vacarme : le premier confinement. D'un jour à l'autre, les rues se sont tues, les klaxons ont disparu, les avions se sont effacés du ciel. Dans ce silence inédit, certains ont retrouvé un sommeil profond, tandis que d'autres, habitués au brouhaha urbain, ont découvert que l'absence de bruit pouvait être aussi troublante que son excès. Aujourd'hui, la ville a repris son tumulte, ramenant avec elle son lot de nuisances nocturnes. Mais faut-il vraiment s'exiler à la campagne pour bien dormir ? Pas forcément. Le bruit en milieu urbain et sur le lieu de travail est devenu un véritable enjeu de santé publique. Pour y remédier, la mitigation acoustique passe par l'isolation des fenêtres, l'installation de rideaux épais et l'aménagement de l'espace de repos. Lorsque ces ajustements ne suffisent pas, il reste possible de masquer les sons perturbateurs en s'appuyant sur des bruits blancs, comme le souffle d'un ventilateur ou une pluie légère, qui uniformisent l'environnement sonore et atténuent les variations brusques. Les bruits roses[233], plus profonds et équilibrés, imitent des éléments naturels comme le murmure d'un ruisseau ou le bruissement des feuillages, facilitant l'accès à un sommeil plus stable. Après tout, les klaxons finiront toujours par s'arrêter et les bébés finiront par grandir… Mieux gérer le bruit, c'est non seulement protéger notre audition, mais aussi améliorer notre qualité de vie et notre bien-être au quotidien.

---

231. Sørensen, M., Andersen, Z. J., Nordsborg, R. B., Becker, T., Tjønneland, A., Overvad, K. & Raaschou-Nielsen, O. (2013). "Long-term exposure to road traffic noise and incident diabetes: a cohort study". *Environmental health perspectives, 121*(2), 217-222. https://doi.org/10.1289/ehp.1205503

232. Wojciechowska, W., Januszewicz, A., Drożdż, T., Rojek, M., Bączalska, J., Terlecki, M., Kurasz, K., Olszanecka, A., Smólski, M., Prejbisz, A., Dobrowolski, P., Grodzicki, T., Hryniewiecki, T., Kreutz, R. & Rajzer, M. (2021). "Blood Pressure and Arterial Stiffness in Association With Aircraft Noise Exposure: Long-term observation and potential effect of COVID-19 Lockdown". *Hypertension, 79*(2), 325-334. https://doi.org/10.1161/hypertensionaha.121.17704

233. Meyer-Bisch, C. (2005). « Les chiffres du bruit ». *Médecine/Sciences, 21*(5), 546-550. https://doi.org/10.1051/medsci/2005215546

La température de la chambre doit également être surveillée, car un excès de chaleur perturbe la thermorégulation et exacerbe les réveils nocturnes, notamment en cas de bouffées de chaleur. Une atmosphère oscillant entre 16 et 19 °C favorise un endormissement plus rapide et un repos ininterrompu. L'obscurité joue un rôle tout aussi déterminant : même une lumière faible peut entraver la sécrétion de mélatonine, perturbant ainsi l'horloge interne. Pour y remédier, les rideaux occultants ou les masques de nuit permettent de préserver un environnement propice au repos. Mais parmi les perturbateurs modernes du sommeil, un ennemi silencieux s'est immiscé dans nos nuits : les écrans et sa lumière enrichie en bleue[234] [235] [236]. Téléphones, tablettes, ordinateurs et téléviseurs prolongent artificiellement l'éveil, non seulement par le flot d'informations qu'ils diffusent, mais aussi par leur lumière enrichie en bleue, qui supprime la sécrétion de mélatonine et trompe le cerveau en lui faisant croire qu'il est encore en pleine journée. Cette lumière, perçue par la rétine, envoie un signal erroné à l'horloge biologique, retardant l'endormissement et fragilisant le sommeil profond. Dans nos sociétés hyperconnectées, il faut adopter de nouvelles habitudes, se mettre non pas en mode avion mais en mode veille. Cela passe par la limitation des écrans au moins une heure avant le coucher, renouer avec des rituels plus propices à l'apaisement, comme la lecture sur support papier ou l'écoute de musique douce. Et penser qu'il suffit d'activer un filtre anti-lumière bleue pour continuer à travailler tard ou faire ses derniers achats en ligne sans impact sur le sommeil relève encore du vœu pieux. À ce jour, les études scientifiques n'ont pas démontré une efficacité suffisante de ces filtres pour compenser totalement les effets délétères des écrans sur la production de mélatonine et la qualité de l'endormissement[237]. Rien ne remplace une véritable déconnexion en soirée, loin des écrans, pour préparer l'organisme à une nuit réellement réparatrice.

---

234. https://www.youtube.com/watch?v=JQ6YUuxTl24
235. https://www.youtube.com/watch?v=bWv91Z27T74
236. https://www.youtube.com/watch?v=9_UMEVezRso
237. https://www.anses.fr/fr/content/led-les-recommandations-de-lanses-pour-limiter-lexposition-la-lumiere-bleue

Si l'espace de sommeil est essentiel, il ne suffit pas à lui seul. Il faut aussi réajuster les rythmes biologiques en synchronisant l'organisme avec les bons signaux. L'activité physique est un excellent régulateur du cycle veille-sommeil, à condition qu'elle soit pratiquée au bon moment. Un exercice modéré en journée stimule la production de sérotonine, précurseur de la mélatonine, tout en régulant le niveau de cortisol, dont l'excès en fin de journée retarde l'endormissement. En revanche, un effort trop intense en soirée peut entraîner l'effet inverse en maintenant le système nerveux en éveil.

L'alimentation constitue également un levier efficace. Un dîner équilibré, favorisant les aliments riches en tryptophane comme les œufs, les noix et les produits laitiers, associés à des glucides complexes, encourage la synthèse de la mélatonine et facilite l'endormissement. En parallèle, une alimentation anti-inflammatoire, intégrant poissons gras, légumes verts et fruits rouges, contribue à réduire les micro-réveils et à améliorer la profondeur du sommeil.

Le stress joue un rôle paradoxal dans la régulation du sommeil bien dosé, il aide à rythmer nos journées et favorise l'endormissement mais lorsqu'il devient chronique, il alimente un cercle vicieux où les tensions accumulées dans la journée empêchent le cerveau de se relâcher à la nuit tombée. La cohérence cardiaque, en régulant la respiration, permet d'abaisser le niveau de cortisol et d'apaiser le système nerveux en quelques minutes. La méditation et la pleine conscience, en apprenant à observer les pensées sans les laisser envahir l'esprit, offrent également une alternative efficace pour interrompre les ruminations nocturnes.

Enfin, lorsque ces ajustements ne suffisent pas à stabiliser le sommeil, des solutions médicales peuvent être envisagées. Le traitement hormonal de la ménopause (THM), prescrit sous supervision médicale, contribue à restaurer un cycle veille-sommeil plus stable et à atténuer les symptômes perturbateurs. Pour celles qui privilégient des alternatives naturelles, la phytothérapie, avec des plantes comme l'actée à grappes noires, la mélisse ou le houblon, ainsi que des compléments en mélatonine ou en magnésium, peuvent offrir un soutien efficace.

Si la ménopause met le sommeil à rude épreuve, chamboule les nuits, elle n'en signe pas pour autant la fin du sommeil réparateur. En adaptant l'environnement, en synchronisant les rythmes biologiques et en apprivoisant les tensions mentales, il est possible de restaurer une qualité de repos satisfaisante et retrouver cette douce certitude qu'à la nuit succède toujours le jour.

Sommeil et ménopause : l'essentiel à retenir

- Les hormones influencent le sommeil : la baisse des œstrogènes et de la progestérone fragilise l'endormissement et augmente les réveils nocturnes.
- Un bon environnement favorise le repos : une chambre fraîche, sombre et silencieuse améliore la qualité du sommeil. Les bruits blancs ou roses peuvent masquer les nuisances sonores.
- Les écrans retardent l'endormissement : la lumière enrichie en bleue retarde la sécrétion de la mélatonine. Évitez les écrans au moins une heure avant le coucher. Mettez-vous en mode veille.
- L'activité physique aide, mais pas le soir : bouger en journée améliore le sommeil, mais un effort intense tardif peut le perturber.
- L'alimentation joue un rôle : le tryptophane (œufs, noix, produits laitiers) favorise la mélatonine et un sommeil plus stable.
- Gérer le stress pour mieux dormir : la cohérence cardiaque, la méditation et la pleine conscience réduisent le cortisol et facilitent l'endormissement.
- Le THM et les solutions naturelles : le traitement hormonal peut stabiliser le sommeil, et des alternatives comme la phytothérapie et la mélatonine existent.
- Des ajustements efficaces : agir sur l'environnement, l'hygiène de vie et les rythmes biologiques aide à limiter les troubles du sommeil liés à la ménopause.

Ménopause et stress : zen, soyons zen… ou au moins essayons !

Penser que le stress est une nuisance à éliminer ou, au contraire, un moteur indispensable à la performance, c'est voir le problème sous un angle bien trop simpliste. En réalité, le stress est avant tout un phénomène biologique naturel, une réaction programmée par l'évolution pour nous permettre de survivre. Sans lui, nos ancêtres auraient été balayés par la sélection naturelle, incapables de fuir un prédateur ou de réagir à une menace. C'est grâce à ce formidable système d'alerte que l'être humain a su anticiper les dangers, mobiliser son énergie au bon moment et s'adapter à son environnement. Le problème, ce n'est pas le stress lui-même, mais sa transformation en un mode de vie à temps plein, où l'alerte ne redescend jamais. Le stress aigu n'est pas une maladie, c'est la chronicisation du stress qui a des conséquences sur le plan sanitaire. Une enquête internationale publiée à l'occasion de la Journée mondiale de la santé mentale en 2022[238] révèle que 78 % des personnes interrogées considèrent la santé mentale aussi importante que la santé physique, mais seuls 34 % estiment que leur système de santé leur accorde une attention égale.

Comme le disait Albert Camus, « mal nommer les choses, c'est ajouter au malheur du monde », et c'est exactement ce qui se passe avec les notions de stress, charge mentale, burn-out et risques psychosociaux. Il est temps d'y voir plus clair.

Le stress[239], avant de devenir un mot fourre-tout, est d'origine française et remonte au Moyen Âge. Issu du latin *stringere*, qui signifie « serrer » ou « presser », il évoquait déjà l'idée de contrainte. Après un détour par les pays anglo-saxons, où il désigne d'abord la pression exercée sur un matériau, il revient en France avec une nouvelle signification : celle de la pression psychologique et

238. https://www.ipsos.com/en/world-mental-health-day-39-say-they-have-had-take-time-work-due-stress-past-year
239. Bossy. (2021, 17 novembre). *Stress et RPS*: définitions*. https://docteur-bossy.com/medecine-preventive/medecine-du-travail/risques-psychosociaux-rps/stress-et-rps-definitions.html

émotionnelle. Dans les années 1940, le Dr Hans Selye conceptualise le stress comme un Syndrome général d'adaptation (SGA)[240], soulignant son rôle essentiel dans la réponse de l'organisme aux agressions extérieures. Selon lui, le stress n'est pas un ennemi, mais une nécessité vitale, un moteur d'adaptation qui, mal maîtrisé, peut mener à l'épuisement. Il résume cette idée en une phrase percutante : « Stress is the spice of life ; the absence of stress is death. »[241]

En clair, face à un danger perçu, le cerveau active l'axe hypothalamo-hypophyso-surrénalien, déclenchant une décharge d'adrénaline et de cortisol[242]. Résultat ? Le cœur s'emballe, les muscles se tendent, la respiration s'accélère et on se prépare à combattre, fuir, se figer ou s'adapter. Jusque-là, tout va bien. Mais quand ce mécanisme se répète en boucle – pour un dossier en retard, une réunion tendue ou une to do list qui s'allonge sans fin –, il finit par épuiser l'organisme. Le stress ponctuel est un mécanisme de défense naturel qui, par le passé, nous a permis de ne pas finir en casse-croûte pour prédateur affamé, le stress chronique lui est un parasite invisible qui s'installe insidieusement et draine toute l'énergie disponible.

La charge mentale est une pression cognitive continue et invisible ; ce n'est pas une réaction immédiate, mais un état de fatigue progressif, avec cette sensation de porter le poids de 1000 responsabilités sur les épaules et l'impression que même en dormant, le cerveau continue de tout planifier. Conceptualisée par la sociologue Monique Haicault[243], la charge mentale touche particulièrement les femmes, souvent en première ligne pour jongler entre travail, gestion du foyer et anticipation permanente. Contrairement

240. Selye, H. (1954). "The alarm reaction, the general adaptation syndrome, and the role of stress and of the adaptive hormones in dental medicine". *Oral Surgery Oral Medicine Oral Pathology*, 7(4), 355-367. https://doi.org/10.1016/0030-4220(54)90142-5
241. Selye H., *The Stress of Life: Hans Selye*, M.D. New York, McGraw-Hill Book Company, Inc. 1956.
242. Gordan, R., Gwathmey, J. K. & Xie, L. H. (2015). "Autonomic and endocrine control of cardiovascular function". *World journal of cardiology*, 7(4), 204-214. https://doi.org/10.4330/wjc.v7.i4.204
243. Haicault, M. (2022). « Récits de la charge mentale des femmes ». Dans *Hermann eBooks* (p. 21-42). https://doi.org/10.3917/herm.patro.2022.01.0021

au stress, qui est une réaction à un stimulus précis, la charge mentale est un état d'usure progressive, qui se manifeste par une fatigue constante et une impression de ne jamais en faire assez. Lorsque cette charge mentale s'installe dans le temps, elle peut entraîner un stress chronique. C'est là que les deux notions se rejoignent : la charge mentale dépasse les capacités de régulation de l'individu, elle devient une source permanente de stress, pouvant mener à l'épuisement mental, et au niveau professionnel au burn-out et à des troubles psychosociaux.

Les risques psychosociaux (RPS)[244], quant à eux, regroupent l'ensemble des facteurs du travail qui peuvent avoir un impact négatif sur la santé mentale et physique. Il peut s'agir du stress chronique dû à une surcharge de travail, d'un manque de reconnaissance, de harcèlement, d'un environnement professionnel toxique ou d'une pression excessive sur les résultats. Ces facteurs sont structurels et ne dépendent pas uniquement des individus, mais du cadre dans lequel ils évoluent.

Le stress chronique, en revanche, est une exposition prolongée au stress sans période de récupération suffisante. Il entraîne une hyperactivation du système nerveux, une surproduction de cortisol et une incapacité à retrouver un état de détente. Il peut se traduire par des troubles du sommeil, une irritabilité constante, une sensation de fatigue même après le repos et une vulnérabilité accrue aux maladies. Lorsque ce stress chronique perdure et que l'organisme est incapable de récupérer, il peut déboucher sur un burn-out.

Le syndrome d'épuisement professionnel ou burn-out en anglais n'est pas un simple « coup de pompe » ni une lassitude passagère, il est le résultat d'un stress chronique non maîtrisé. Contrairement aux autres notions, il concerne exclusivement la sphère professionnelle. Il ne s'agit pas d'une maladie en soi, mais d'un processus d'usure psychique qui s'installe progressivement

244. « Risques psychosociaux (RPS). Ce qu'il faut retenir – Risques » – *INRS*. (s. d.). https://www.inrs.fr/risques/psychosociaux/ce-qu-il-faut-retenir.html

lorsque la pression professionnelle devient excessive et que l'individu ne parvient plus à récupérer. Ce syndrome se caractérise par trois dimensions majeures : un épuisement physique et émotionnel, marqué par une fatigue persistante qui ne disparaît pas avec le repos ; une prise de distance mentale vis-à-vis du travail, accompagnée de cynisme et d'une perte de sens ; et enfin, une diminution des performances, avec une baisse de motivation, des troubles de la concentration et un sentiment d'inefficacité. Le burn-out ne concerne que le monde du travail et ne doit pas être confondu avec l'épuisement lié à la vie personnelle ou aux responsabilités familiales. Son diagnostic impose d'écarter d'autres troubles comme la dépression, les troubles anxieux ou le stress post-traumatique.

Décrit dans les années 1970 par la psychologue Christina Maslach[245], le burn-out est aujourd'hui mesuré grâce à l'échelle de Maslach Burnout Inventory (MBI), qui repose sur trois dimensions : l'épuisement émotionnel, cette sensation d'être vidé et incapable d'affronter une nouvelle journée ; la dépersonnalisation, un détachement cynique vis-à-vis du travail et des autres ; et la diminution du sentiment d'accomplissement personnel, où l'on se sent inefficace malgré ses efforts. Lorsque ces trois indicateurs sont fortement présents, il ne s'agit plus d'un simple passage à vide, mais d'un effondrement psychique nécessitant une prise en charge professionnelle. D'autres outils permettent d'évaluer la surcharge mentale et le stress chronique avant d'atteindre ce point critique. Le Perceived Stress Scale (PSS)[246] de Cohen mesure la perception du stress au quotidien, tandis que le test de Karasek analyse l'équilibre entre charge de travail et autonomie décisionnelle. Ces tests, accessibles en ligne, offrent des repères pour identifier les signes de surcharge avant

---

245. Maslach, C. & Jackson, S. E. (1981). "The measurement of experienced burnout". *Journal Of Organizational Behavior, 2*(2), 99-113. https://doi.org/10.1002/job.4030020205
246. Giorgio, M., & Giorgio, M. (2022, 24 mai). « Échelle de mesure du stress perçu : Perceived Stress Scale ». *Atousante*. https://www.atousante.com/risques-professionnels/sante-mentale/sante-mentale-echelles-mesure-outils-evaluation/echelle-mesure-stress-percu-perceived/

qu'ils ne deviennent incontrôlables. Mais remplir un questionnaire ne suffit pas : seul un professionnel de santé peut interpréter ces résultats et proposer des solutions adaptées.

La ménopause fragilise davantage les femmes face à ces mécanismes, car la chute des œstrogènes et de la progestérone perturbe la régulation du stress et des émotions. Ces hormones régulent l'équilibre du système nerveux et leur diminution augmente la sensibilité à l'anxiété, aux sautes d'humeur et à la fatigue chronique. De plus, les troubles du sommeil fréquents à cette période rendent encore plus difficile la récupération face à un stress chronique. La surcharge mentale accumulée, notamment dans la gestion du foyer et du travail, devient alors un facteur aggravant, transformant ce qui était auparavant supportable en une charge insurmontable.

Une répartition équilibrée des responsabilités, que ce soit au travail ou à la maison, est un levier puissant pour réduire le stress chronique et éviter l'épuisement mental. Mais, et ne me dites pas le contraire, déléguer n'a rien d'inné et demande un certain art de la négociation. Tout commence par une clarification des attentes, car non, tout le monde ne devine pas instinctivement qu'une poubelle pleine doit être vidée ou qu'un projet ne se gère pas tout seul. Il faut poser les choses noir sur blanc, attribuer les tâches en fonction des compétences et de la charge actuelle, et surtout, éviter le piège du « Je pensais que tu allais le faire ». L'idée n'est pas une répartition stricte et figée, mais un équilibre fluide qui permet d'éviter que l'un s'épuise pendant que l'autre se contente d'observer. Et comme la communication est la clé de toute bonne organisation, mieux vaut exprimer ses besoins avant d'exploser, plutôt que de murmurer des reproches dans un coin.

Mais malgré tous nos efforts pour mieux organiser les choses, il arrive un moment où il faut accepter que tout ne sera jamais parfaitement sous contrôle. C'est là qu'intervient le lâcher-prise.

Le lâcher-prise, c'est un peu comme accepter que la météo ne dépend pas de nous : on peut râler contre la pluie, mais mieux vaut sortir le parapluie et s'adapter. Il ne s'agit ni d'abandonner ni de se résigner, mais plutôt d'apprendre à faire la paix avec ce qui échappe à notre contrôle, afin de préserver son énergie pour ce qui compte vraiment. Cette approche est particulièrement précieuse quand on jongle entre charge mentale, exigences professionnelles et imprévus du quotidien. Soyons honnêtes, lâcher prise ne vient pas naturellement, surtout quand on a l'habitude de tout anticiper, tout organiser et tout gérer à la perfection. La bonne nouvelle : ça se travaille ! C'est là que les outils concrets de gestion du stress entrent en jeu. Il ne suffit pas de se dire « Allez, détends-toi » pour que ça marche (sinon, ça se saurait), il faut entraîner le cerveau et le corps à mieux gérer les tensions et à ne pas se laisser emporter par la tornade du stress.

Pour éviter de sombrer dans la spirale de la charge mentale et des risques psychosociaux, il existe des méthodes éprouvées.

La cohérence cardiaque s'impose comme une approche efficace pour réguler le stress. Cette technique, issue de la neurocardiologie, est une technique de gestion du stress et des émotions qui repose sur la synchronisation du rythme cardiaque avec la respiration. Ce concept a été développé aux États-Unis dans les années 1990 par l'Institut HeartMath, qui a mené des recherches approfondies sur la variabilité de la fréquence cardiaque et son impact sur la santé mentale et physique. En France, c'est le Dr David Servan-Schreiber qui a popularisé la cohérence cardiaque au début des années 2000. Dans son ouvrage *Guérir le stress, l'anxiété et la dépression sans médicaments ni psychanalyse*, publié en 2003, il présente cette méthode comme un outil efficace pour réguler le stress et les émotions. La cohérence cardiaque consiste généralement à effectuer des exercices de respiration rythmée, tels que la méthode 365 : trois fois par jour, six respirations par minute, pendant cinq minutes. Cette approche vise à harmoniser le système nerveux autonome et à induire un état de calme et de repos sur une respiration contrôlée qui agit directement sur le système nerveux parasympathique, favorisant ainsi une réduction du cortisol, l'hormone du stress. En adoptant un rythme respiratoire régulier, il est possible d'abaisser la tension mentale, d'améliorer la concentration et de retrouver un équilibre émotionnel plus stable.

Une autre méthode largement étudiée est la méditation de pleine conscience, développée notamment par le Dr Jon Kabat-Zinn sous le programme MBSR (Mindfulness-Based Stress Reduction). En portant son attention sur le moment présent, sans jugement ni anticipation, cette pratique permet de diminuer l'hyperactivité mentale et de réduire les ruminations anxieuses. Les études en neurosciences ont montré que la méditation régulière modifie la structure du cerveau, notamment en renforçant le cortex préfrontal, impliqué dans la régulation des émotions, et en réduisant l'activité de l'amygdale, centre de la peur et du stress.

L'acceptation et l'engagement, issus des thérapies cognitivo-comportementales TTC[247] et l'Acceptance and Commitment Therapy (ACT), sont recommandés pour travailler sur les pensées envahissantes et développer une meilleure flexibilité psychologique. Attention, gros moment de vérité : tout contrôler est impossible. Et pourtant, combien de fois nous obstinons-nous à essayer ? À vouloir que les choses se passent exactement comme prévu, à nous épuiser à réarranger l'univers selon nos désirs… jusqu'à ce que la réalité nous rappelle brutalement à l'ordre. Apprendre à faire la différence entre ce qui dépend de nous et ce qui ne l'est pas, c'est un peu comme comprendre que la météo, les embouteillages ou l'humeur de votre boss un lundi matin ne sont pas sous votre contrôle – en revanche, votre réaction face à ces situations l'est. Ces approches reposent sur un principe simple mais redoutablement efficace : se battre contre l'incontrôlable est énergivore et inutile. En revanche, accepter que certaines choses nous échappent et rediriger son énergie vers ce qui peut réellement être influencé permet de gagner en sérénité et en efficacité. Ce n'est pas se résigner, c'est être fin stratège, un peu à la manière de Machiavel. On se concentre sur les actions que l'on peut réellement mener, plutôt que de gaspiller son énergie à ruminer des scénarios hypothétiques ou à vouloir changer l'inchangeable. L'acceptation et l'engagement sont donc une façon d'alléger la charge mentale, de se recentrer

247. Vera, L. (2001). « Les thérapies comportementales et cognitives ». *Enfances & Psy, 14*(2), 117. https://doi.org/10.3917/ep.014.0117

sur l'essentiel et d'apprendre à naviguer avec la réalité plutôt que contre elle.

L'écriture expressive, popularisée par les recherches du psychologue James Pennebaker, est également un moyen efficace de relâcher la pression mentale. Mettre par écrit ses émotions, sans retenue ni censure, permet de structurer sa pensée, d'extérioriser ses préoccupations et d'apporter de la clarté à une situation perçue comme confuse ou envahissante.

Sur le plan physiologique, l'activité physique joue un rôle essentiel dans le lâcher-prise. L'exercice libère des endorphines, hormones du bien-être, et contribue à réduire les effets du stress chronique en favorisant une meilleure oxygénation du cerveau et une régulation naturelle des émotions. La pratique régulière, même modérée, influence directement la capacité du corps à gérer les tensions accumulées.

La Neuro Emotional Technique (NET)[248] est une approche complémentaire qui explore le lien entre stress chronique et traumatismes émotionnels refoulés. Développée dans les années 1980 par les docteurs Scott and Deborah Walker[249], chiropraticien, cette méthode combine des éléments de la chiropratique, de l'acupuncture et de la kinésiologie appliquée. Elle a été introduite initialement dans le cadre de syndrome post-traumatique chez les militaires américains. L'objectif principal de la NET est de traiter ce que les praticiens appellent des « complexes neuro-émotionnels » (NEC), c'est-à-dire des émotions refoulées ou des traumatismes passés qui, selon eux, pourraient se manifester par des symptômes physiques ou des déséquilibres fonctionnels. Mais avant d'imaginer un grand ménage émotionnel façon Marie Kondo du cerveau, il faut rappeler que la NET mérite d'être rigoureusement analysée sur le plan scientifique, les études méritent d'être complétées afin

248. Trixy. (2025, 5 mars). "What is Neuro Emotional Technique (NET)? (And Does it Really Work)" – Sage Chiropractic Penang. Sage Chiropractic & Alexander TechniqueCenter.https://sagechiroalexander.com/blog/neuro-emotional-technique/
249. https://www.youtube.com/watch?v=cjJ70xuV6As

d'évaluer leur efficacité. À ce jour; il vaut mieux la voir comme un outil complémentaire plutôt qu'une solution miracle et dans tous les cas, il est recommandé aux individus intéressés par cette approche de consulter des professionnels de santé qualifiés et de considérer les preuves disponibles avant d'entreprendre ce type de traitement.

Au-delà des démarches individuelles, il y a les démarches collectives qui doivent être pensées et appliquées. Le bien-être ne se décrète pas : il se construit, au quotidien, par des choix concrets et respectueux de la réalité du travail. La prise en compte des femmes ménopausées dans ces démarches évite que cette étape de vie ne se transforme en un facteur aggravant du stress et de l'épuisement. Plutôt que de continuer à demander aux femmes de gérer leur charge mentale, leur carrière et leur ménopause dans le plus grand silence, il est temps d'établir avec les entreprises des actions pérennes afin d'accompagner les salariés tout au long de leur parcours de vie. Ce n'est pas seulement un levier de performance, mais un impératif éthique et un enjeu de santé publique qui méritent toute l'attention qu'on leur doit. Les entreprises ont un rôle à jouer pour prévenir ces situations. Il ne suffit pas de conseiller aux salariées de mieux gérer leur stress si l'environnement de travail reste inchangé. Une adaptation structurelle est nécessaire, en intégrant la prise en compte des réalités physiologiques de la ménopause dans les politiques de gestion des ressources humaines. Cela passe par des aménagements du temps de travail, une reconnaissance des impacts physiologiques et psychologiques, une limitation de la surcharge de travail, ainsi que par la mise en place de dispositifs de soutien tels que des formations et des programmes de prévention du burn-out.

La communication, le dialogue sont au cœur de ces démarches. Si le stress isole, les interactions sociales sont redoutablement efficace. Parler, échanger, vider son sac (sans forcément tout balancer à la tête du premier venu) permet d'alléger la charge mentale et de calmer cette chère hormone du stress : le cortisol. Un environnement où l'on peut s'exprimer librement sans passer pour une diva en burn-out fait toute la différence. Rien que de savoir qu'on n'est pas seule à jongler entre les bouffées de chaleur et les réunions à rallonge, ça aide déjà à mieux respirer.

Mais soulager la pression ne suffit pas toujours si, par réflexe, on continue à s'oublier au profit des autres. Beaucoup de femmes ont cette habitude bien ancrée : anticiper, prendre en charge, veiller au bien-être de leur entourage avant même de penser au leur. À force de jongler entre responsabilités professionnelles, charge mentale et gestion du quotidien, le temps pour soi devient une variable d'ajustement. Se préserver ne devrait pas être une option qu'on active en dernier recours, mais une priorité. Il y a un moment où il faut arrêter de vouloir tout gérer comme une super-héroïne sous perfusion de caféine et accepter qu'on ne puisse pas tout contrôler. Entre les fluctuations hormonales et un quotidien qui ne fait pas de pause, vouloir être partout à la fois, c'est le meilleur moyen de s'épuiser. Savoir déléguer sans culpabiliser, poser ses limites et s'accorder enfin du temps, ce n'est pas une concession, c'est une preuve d'intelligence stratégique. Alors on inspire, on expire… et cette fois, on pense aussi un peu à soi.

Ménopower : la force des liens, l'énergie du partage

La ménopause est une métamorphose, qui transforme à la fois le corps, l'esprit et la place que l'on occupe dans le monde. Loin d'être une retraite silencieuse sous un châle élimé avec une tisane soporifique, elle devrait être un élan d'affirmation, une renaissance. Mais pour cela, il faut veiller à ne pas tomber dans l'isolement, piège insidieux qui mine le moral. Il faut bien distinguer la solitude choisie et parfois nécessaire de l'isolement.

La solitude est une pause bienvenue, une respiration pour se retrouver après des décennies de sollicitations incessantes. L'isolement, en revanche, est un vide pesant, une absence d'interactions qui finit par nous fragiliser. L'expérience du Covid-19 en a offert une démonstration. Nous avons redécouvert à quel point nous étions des créatures sociales, à quel point un simple café avec une amie, une conversation animée ou une accolade peuvent être des élixirs de jeunesse bien plus efficaces qu'une crème antirides hors de prix. Les interactions humaines ne sont pas qu'un simple plaisir, mais un besoin biologique vital. Les études scientifiques attestent cette évidence. Elles favorisent la production d'ocytocine, cette hormone du bien-être qui tempère le stress et préserve notre équilibre émotionnel. À l'inverse, l'isolement génère une production en continu du cortisol. Cette production chronique accélère le vieillissement et érode l'énergie vitale.

Les sociétés où la vie communautaire est forte affichent les taux de longévité les plus élevés, à l'image des Zones Bleues – Okinawa, Sardaigne, Ikaria, Nicoya et Loma Linda – étudiées par Dan Buettner[250]. Ces régions partagent des piliers essentiels à la longévité : une alimentation équilibrée, une activité physique modérée, un but dans la vie (ikigai, plan de vida) et surtout des liens sociaux solides. Une étude italienne confirme que la résilience et les interactions sociales sont des marqueurs positifs et significatifs de leur bien-être psychologique et de leur longévité. Les centenaires sardes interrogées par Buettner sont unanimes : la famille et les relations sociales sont essentielles pour vieillir en bonne santé. La ménopause ne doit donc pas être un visa pour l'isolement, mais une escale vers une Zone Bleue personnelle : un espace où l'on cultive ses amitiés comme on entretient un jardin, où l'on savoure la vie… sans se soucier du regard des autres.

Il est vrai que les femmes ont toujours été les tisseuses de liens, les architectes de la cohésion sociale. De génération en génération, elles ont organisé la transmission des savoirs, assuré la stabilité des foyers et des communautés. Dans les sociétés traditionnelles, elles se réunissaient pour travailler, discuter, transmettre, rire et pleurer ensemble comme le faisait mon arrière-grand-mère Chacha. Et aujourd'hui ? Il serait absurde de renoncer à ce qui a toujours été une force fondamentale sous prétexte qu'on a soufflé quelques bougies de plus sur un gâteau d'anniversaire. C'est bien là le piège dans lequel tombent encore trop de femmes : continuer à se dévouer aux autres, mais sans se ménager d'espace pour

---

250. Buettner, D. (2019). *Les zones bleues du bonheur : Vivre comme les personnes les plus heureuses du monde.* Belgique : De Boeck supérieur.

elles-mêmes. Après des décennies passées à s'occuper des enfants, d'un conjoint, d'une carrière, de la santé mentale de tout ce petit monde, il serait temps de réorienter cette énergie vers soi. Car il ne s'agit pas de disparaître derrière les autres, mais de réapprendre à exister pleinement.

Le secret ? Se recentrer sur soi tout en cultivant des liens choisis, riches et stimulants. Il ne s'agit pas de multiplier les dîners mondains par obligation ou de s'inscrire à des cours de crochet (c'est un exemple !) par peur de se retrouver seule, mais d'investir dans des échanges nourrissants, de rejoindre des cercles qui résonnent avec ses valeurs et ses envies. À cet âge de la vie, il est essentiel d'éliminer les relations toxiques, celles qui pompent l'énergie au lieu de la régénérer. En écrivant ce paragraphe, une scène culte du film *La Crise* de Coline Serreau[251] (1992) me revient en mémoire. Maria Pacôme y incarne une femme sublime de cinquante ans, élégante, vive et terriblement lucide. Amoureuse de nouveau, affranchie de son rôle de mère et d'épouse, refusant d'être cantonnée au rôle de bonne à tout faire, avec un discours posé, elle annonce qu'elle s'en va, qu'elle veut s'occuper d'elle et exister autrement qu'au service des autres. À sa famille, qu'elle aime et dont elle s'est occupée des années durant, elle assène une réplique aussi cinglante que libératrice : « Tes problèmes [...] je m'en fous ». Si cette tirade amuse autant qu'elle dérange, c'est parce qu'elle met en lumière un basculement essentiel : celui où une femme décide de reprendre le contrôle de sa vie.

Toutefois, que l'on se rassure : ménopause ne rime pas nécessairement avec crise existentielle et départ théâtral en claquant la porte. Il ne s'agit pas d'envoyer tout valser, mais de comprendre l'importance de maintenir des liens sociaux forts, de rester active et de continuer à occuper une place pleine et entière dans la société. Et certaines femmes inspirantes ont su conjuguer engagement et autonomie, transmission et affirmation de soi au cours de l'histoire. Olympe de Gouges, qui, dès le XVIIIe siècle, a osé revendiquer l'égalité des sexes en créant des cercles de réflexion

251. https://www.youtube.com/watch?v=c53tuKqisrA

féminins. Marie-Rose Astié de Valsayre, qui a milité pour l'accès des femmes aux professions médicales et juridiques, prouvant que l'indépendance économique est la clé de la liberté. Ou encore Lou Andreas-Salomé, cette femme d'esprit libre qui a défié les conventions en influençant Nietzsche, Rilke et Freud, et en encourageant les femmes à cultiver leur force intérieure plutôt que de se laisser définir par le regard masculin.

Ces figures emblématiques nous rappellent une chose essentielle : l'autonomie ne signifie pas vivre en ermite. Elle implique de construire un réseau qui soutient, inspire et élève. Dans une interview récemment accordée à un magazine féminin[252], Perla Servan-Schreiber exprime avec grâce et intelligence qu'une femme qui cultive ses liens sociaux, qui s'investit dans des interactions riches et revigorantes, qui refuse l'invisibilité pour s'affirmer pleinement, est une femme qui s'offre un second souffle, une nouvelle vitalité. L'âge, après tout, n'est qu'un chiffre. Ce qui compte, c'est ce que l'on en fait. Vieillir ne signifie pas s'effacer, mais revendiquer son espace avec audace. Comme le dit Perla Servan Schreiber « La véritable jeunesse réside dans la curiosité, dans l'envie d'apprendre, d'échanger, de transmettre ». Les femmes qui refusent de se laisser enfermer dans un âge biologique figé, qui continuent à rire fort, à débattre, à explorer le monde, restent jeunes, quel que soit le nombre inscrit sur leur carte d'identité.

Je pense à nos mères, à toutes ces femmes qui ont élevé des enfants, mené des carrières, revendiqué des droits, et qui ont traversé les épreuves du quotidien avec une force tranquille, sans jamais se plaindre. Elles sont la preuve vivante que la résilience féminine ne se limite pas à un combat, mais qu'elle est une manière d'être, une philosophie de vie. À travers ces exemples, une constante se dessine : il faut trouver un équilibre entre introspection et engagement. Trop de femmes passent encore la seconde moitié de leur vie à s'oublier pour les autres, comme si elles ne méritaient pas d'exister en dehors du rôle qu'on leur a assigné. Pourtant, la ménopause

252. Hors-série, *ELLE Nutrition n° 64.*

est justement le moment où il devient impératif de reprendre sa place, d'arrêter de se fondre dans le décor.

S'entourer, oui, mais s'entourer bien. Construire des relations choisies, cultiver des amitiés solides, s'investir dans des projets qui apportent du sens et de l'énergie. La ménopause ne doit pas être une transition subie, mais une transformation pleinement assumée. La clé du Ménopower, c'est cette capacité à transformer une phase de vie en un nouvel élan. Cesser de s'oublier pour se retrouver. Cesser de penser en premier aux autres, pour mieux se nourrir soi-même avant de nourrir le monde. Car une femme qui s'épanouit pleinement, qui entretient des liens porteurs de sens et qui s'investit avec intelligence, n'est pas seulement une femme heureuse : c'est une femme puissante. Et une femme puissante transforme tout ce qui l'entoure.Bas du formulaire

Ménopause & vitalité : le secret est dans l'assiette !

La nutrition a toujours occupé une place centrale dans l'histoire de la médecine, notamment dans la prévention et la gestion des maladies. Depuis l'Antiquité jusqu'aux laboratoires modernes, médecins et penseurs se sont concentrés sur un enjeu essentiel : comment s'alimenter pour vieillir en bonne santé, en alliant longévité et qualité de vie ? Cette question prend tout son sens à l'heure de la ménopause, une période de transformation où l'alimentation soutient et préserve le corps.

Épicure[253], ce fin gourmet de la philosophie, déclarait : « Le principe et la racine de tout bien, c'est le plaisir du ventre. » Certes, il ne parlait probablement pas des bouffées de chaleur post-dessert ou de la quête de la balance affable, mais il avait saisi l'essentiel : l'alimentation est une des clefs de voûte de notre bien-être.

Au Moyen Âge, les médecins judéo-arabes ont approfondi l'étude des propriétés curatives des aliments et des plantes médicinales,

253. *La morale d'Épicure : et ses rapports avec les doctrines contemporaines.* (2002). Les Belles Lettres.

proposant des remèdes visant à équilibrer le corps et l'esprit. Ils étudiaient les vertus des plantes et des épices, concoctant des remèdes dignes d'une herboristerie moderne. Le fenugrec pour la digestion, le safran pour l'humeur, et un brin de sauge. S'ils avaient eu vent des fluctuations hormonales propres à la ménopause, nul doute que les médecins et penseurs auraient enrichi leur grimoire de recommandations spécifiquement adaptées à cette période de la vie des femmes.

Puis vient le XVIIe siècle, où Jean-Baptiste Van Helmont[254] découvre le suc gastrique. Oui, vous avez bien lu : avant lui, personne ne s'était vraiment soucié de ce qui se passait après la première bouchée. Le plus intéressant, c'est qu'il pose les bases d'une idée révolutionnaire : et si une bonne alimentation pouvait prévenir les maladies ? Appliqué à la ménopause, le concept est lumineux : et si, au lieu de subir les sautes d'humeur et les variations de tour de taille, on trouvait dans notre alimentation une alliée bienveillante ?

Au XIXe siècle, la science fait un pas de géant : on comprend enfin que manger, ce n'est pas juste une affaire de plaisir, c'est aussi une question de santé. La découverte des carences alimentaires a ouvert la voie à l'identification des vitamines et minéraux essentiels. Rendons hommage à Albert Szent-Györgyi[255], Prix Nobel de médecine en 1937, à qui l'on doit la découverte de la vitamine C. Extraite en grande quantité du paprika, cette vitamine a permis de prouver son efficacité dans le traitement expérimental du scorbut. Grâce à ces avancées, on comprend mieux aujourd'hui que le calcium et la vitamine D ne sont pas de simples recommandations de nutritionnistes, mais des éléments clés pour assurer la solidité des os, une préoccupation qui prend naturellement de l'importance avec l'âge.

---

254. Les œuvres de Jean-Baptiste Van Helmont : *Des principes de médecine et physique pour la guérison assurée des maladies*, traduction de Jean Lecomte, Lyon, janvier 16 160, page 69.
255. « L'histoire du scorbut » par Pr Perche, *Revue de Biologie Médicale n° 347* – mars 2019.

Ces dernières décennies, la recherche en nutrition s'est concentrée sur les liens entre l'alimentation et les maladies chroniques, notamment l'ostéoporose, les maladies cardiovasculaires et le diabète, qui sont des préoccupations majeures pour les femmes en période de ménopause. Dans les années 1960, deux travaux scientifiques marquent un tournant dans la compréhension des maladies cardiovasculaires. Ils ont établi la double relation entre la prise alimentaire de graisses saturées avec la cholestérolémie d'une part et l'hypercholestérolémie et la maladie cardiovasculaire clinique d'autre part. Le lien entre l'alimentation et ces maladies cardiovasculaires est fondé[256].

Ces résultats prennent une dimension encore plus importante lors de la ménopause, période où le métabolisme décide de ralentir le rythme.

Aujourd'hui, grâce aux grandes recherches épidémiologiques analysant les liens entre l'alimentation, le mode de vie, la génétique et les maladies chroniques, notamment cardiovasculaires – à commencer par l'étude préliminaire Framingham, suivie de PREDIMED[257], MONICA[258] et plus récemment de la vaste étude NutriNet[259] – nous savons que nos habitudes alimentaires

---

256. Hegsted, D. M., McGandy, R. B., Myers, M. L., & Stare, F. J. (1965). "Quantitative effects of dietary fat on serum cholesterol in man". *The American journal of clinical nutrition*, 17(5), 281-295. https://doi.org/10.1093/ajcn/17.5.281

257. Estruch, R., Ros, E., Salas-Salvadó, J., Covas, M. I., Corella, D., Arós, F., Gómez-Gracia, E., Ruiz-Gutiérrez, V., Fiol, M., Lapetra, J., Lamuela-Raventos, R. M., Serra-Majem, L., Pintó, X., Basora, J., Muñoz, M. A., Sorlí, J. V., Martínez, J. A., Fitó, M., Gea, A., Hernán, M. A., … PREDIMED Study Investigators (2018). "Primary Prevention of Cardiovascular Disease with a Mediterranean Diet Supplemented with Extra-Virgin Olive Oil or Nuts". *The New England journal of medicine, 378*(25), e34. https://doi.org/10.1056/ NEJMoa1800389

258. Tunstall-Pedoe, H., Kuulasmaa, K., Amouyel, P., Arveiler, D., Rajakangas, A. M. &Pajak, A. (1994). Myocardial infarction and coronary deaths in the World Health Organization MONICA Project. "Registration procedures, event rates, and case-fatality rates in 38 populations from 21 countries in four continents". *Circulation*, 90(1), 583-612. https://doi.org/10.1161/01.cir.90.1.583

259. Kesse-Guyot, E., Baudry, J., Berlivet, J., Perraud, E., Allès, B., Julia, C., Fezeu, L. K., Hercberg, S., Mariotti, F., Touvier, M. & Fouillet, H. (2025). "Associations of Global Burden of Diseases study-derived dietary scores with mortality and chronic

influencent directement notre santé. Adopter un régime riche en fibres, en bons lipides et en antioxydants n'est plus une simple tendance, c'est une nécessité. Les phytoestrogènes du soja et des graines de lin ? Un coup de pouce naturel contre les bouffées de chaleur. Les oméga-3 du poisson et des noix ? Un bouclier contre les troubles cardiovasculaires. Le calcium et la vitamine D ? Les meilleurs alliés pour un squelette qui résiste au temps.

En France et dans le monde, la sensibilisation aux bienfaits d'une alimentation variée et équilibrée s'est accrue grâce aux campagnes de prévention et aux recommandations nutritionnelles, comme celles du Programme national Nutrition Santé (PNNS)[260 261]. Pourtant, si l'importance d'une alimentation saine est de plus en plus reconnue, l'évolution de notre modèle agroalimentaire a profondément transformé nos habitudes alimentaires et la qualité de ce que nous consommons.

Le XXe siècle dans les pays occidentaux est marqué par le développement de l'industrie agroalimentaire et d'une agriculture intensive. D'un point de vue socio-économique, les industries agroalimentaires (IAA) constituent en France le premier secteur industriel et occupaient la cinquième place au niveau mondial en 2020[262]. Ce bouleversement s'est accompagné de progrès technologiques majeurs : la stérilisation, l'apparition d'équipements électroménagers modernes, et l'essor des grandes entreprises de l'agroalimentaire, comme le Groupe Danone fondé en 1929. Dès les années 1930, l'usage des pesticides modifie la production agricole, tandis que les années 1960 voient l'arrivée massive des additifs alimentaires, transformant profondément nos aliments.

---

disease risk: a comprehensive analysis from the prospective NutriNet-Santé study". *European Journal of Epidemiology*. https://doi.org/10.1007/s10654-024-01196-4

260. https://sante.gouv.fr/prevention-en-sante/preserver-sa-sante/le-programme-national-nutrition-sante/article/programme-national-nutrition-sante-pnns-professionnels

261. https://www.mangerbouger.fr/ressources-pros/le-programme-national-nutrition-sante-pnns/qu-est-ce-que-le-pnns

262. « Le panorama des industries agroalimentaires », 2022. (s. d.). Ministère de l'Agriculture et de la Souveraineté alimentaire. https://agriculture.gouv.fr/le-panorama-des-industriesagroalimentaires

Aujourd'hui, dans un monde ultra-connecté et rythmé par la rapidité, les repas faits maison laissent peu à peu la place aux aliments ultra-transformés, disponibles en un clin d'œil et adaptés à des modes de vie effrénés. Mais cette modernité a un coût : nos aliments sont devenus plus denses en énergie, mais plus pauvres en micronutriments et en fibres. Ils contiennent davantage de sucres raffinés, de graisses d'origine animale et végétale, modifiant ainsi l'équilibre nutritionnel[263]. À l'avenir, il ne suffira plus d'évaluer les aliments uniquement à travers leur profil nutritionnel (richesse en fibres, vitamines, sucres ou graisses). Il faudra également interroger leur degré de transformation, car un aliment ultra-transformé, même enrichi en nutriments, ne remplacera jamais un produit brut et naturellement équilibré.

Alors, mesdames, si votre corps semble vous jouer des tours, sachez que la meilleure arme se trouve peut-être dans votre cuisine. Revenir à des aliments simples, peu transformés et riches en nutriments pourrait bien être le secret d'une ménopause sereine et en pleine forme. Dans cette aventure hormonale, autant mettre toutes les chances de son côté – et si possible en prenant plaisir à renouer avec une cuisine plus authentique !

Les bases de la nutrition pour tout comprendre

Un aliment, ce n'est pas juste ce qui remplit l'estomac quand la faim nous rappelle à l'ordre. C'est un assemblage de nutriments. Les macronutriments – protéines, glucides et lipides – fournissent l'énergie nécessaire pour affronter la journée, tandis que les micronutriments – vitamines, minéraux et oligoéléments – agissent comme des catalyseurs, veillant discrètement mais efficacement au bon fonctionnement de notre organisme. Les fibres, en particulier les fibres prébiotiques, nourrissent le microbiote intestinal, favorisent la fermentation bénéfique, la production d'acides gras à

---

263. Cordain, L., Eaton, S. B., Sebastian, A., Mann, N., Lindeberg, S., Watkins, B. A., O'Keefe, J. H. & Brand-Miller, J. (2005). "Origins and evolution of the Western diet: health implications for the 21st century". *The American journal of clinical nutrition*, 81(2), 341-354. https://doi.org/10.1093/ ajcn.81.2.341

chaîne courte et le renforcement de la barrière intestinale, autant d'éléments clés pour l'immunité et la santé métabolique. Quant à l'eau, bien plus qu'un simple hydratant, elle assure le transport des nutriments, facilite l'élimination des déchets, régule la température corporelle et préserve la souplesse des articulations, contribuant ainsi à l'équilibre et au bon fonctionnement de l'organisme[264].

Il ne faut jamais rien bannir de son alimentation, car chaque aliment a sa place dans une approche équilibrée. L'essentiel est d'écouter son corps, de respecter ses besoins et de savourer chaque bouchée sans excès ni culpabilité. Manger doit rester un plaisir, mais un plaisir guidé par la modération et le bon sens. Une alimentation équilibrée repose avant tout sur la diversité et la réflexion. Il ne s'agit pas simplement de remplir son assiette pour calmer une faim passagère, mais d'apporter à son organisme ce dont il a besoin pour bien fonctionner sans frustration ni privation.

Apport nutritionnel conseillé ANC[265]

Le terme ANC* (Apport nutritionnel conseillé) a vu le jour en 1981 avec la première édition du *Répertoire des Apports nutritionnels conseillés pour la population française*, un guide de référence en nutrition. Il sert à fixer des repères établis par l'ANSES pour un grand nombre de nutriments, essentiels ou simplement bénéfiques. L'idée derrière ce terme était d'éviter une multiplication inutile de notions proches et parfois confuses. Par exemple, au lieu d'avoir une avalanche de termes comme « besoins nutritionnels optimaux », « apports recommandés » ou « références nutritionnelles », l'ANC regroupe tout sous un même nom, plus simple à utiliser. En fonction de l'évolution des connaissances scientifiques et des modes de vie, les données sur les ANC sont régulièrement mises à jour. Dans la terminologie internationale, on retrouve les expressions Recommended Dietary Allowance (RDA) et Recommended nutrientintake (RNI).

---

264. https://www.youtube.com/watch?v=ifyCEGFVFI4&t=21s
265. Source ANSES 2016, « Actualisation des repères du PNNS : élaboration des références nutritionnelles ».

Les Apports journaliers recommandés (AJR)

Adoptées pour leur facilité d'usage, ces valeurs réglementaires européennes servent de référence pour l'étiquetage nutritionnel des vitamines et minéraux. Bien qu'elles puissent différer des Apports nutritionnels conseillés (ANC), qui ne sont pas destinés à apparaître sur les emballages, elles restent relativement proches.

Selon l'Organisation mondiale de la santé (OMS), les besoins énergétiques d'une personne sont définis comme « la quantité d'énergie nécessaire pour compenser les dépenses et assurer une taille et une composition corporelle compatibles avec le maintien à long terme d'une bonne santé et d'une activité physique adaptée au contexte économique et social ». L'intérêt de cette définition est de poser une base scientifique pour évaluer les apports nécessaires à une bonne santé. Elle sert notamment à établir des recommandations nutritionnelles adaptées aux individus, en tenant compte de leurs besoins physiologiques, de leur mode de vie et de leur environnement. Cela permet d'éviter les carences comme les excès, et ainsi de favoriser un équilibre alimentaire optimal.

Répartition des apports en macronutriments

L'énergie apportée par l'alimentation provient de trois macronutriments : les protéines, les glucides et les lipides. Leur contribution à l'apport énergétique total est généralement répartie de manière équilibrée afin d'assurer un bon fonctionnement de l'organisme. Les protéines, qui représentent environ 15 % de cet apport, fournissent 4 kcal par gramme et sont essentielles pour entretenir nos muscles. Les glucides, stars du carburant corporel, couvrent entre 45 et 50 % des besoins et apportent eux aussi 4 kcal par gramme, alimentant en priorité le cerveau et les muscles. Les lipides, souvent mal aimés pourtant indispensables, représentent 35 à 40 % de notre énergie et sont les plus riches avec 9 kcal par gramme. Ils sont déterminants pour l'absorption des vitamines et la production d'hormones et sont primordiaux à l'équilibre du système nerveux, ils forment une gaine protectrice autour des cellules nerveuses, optimisant ainsi la transmission des signaux au sein de tout le réseau de communication. L'idée derrière cette répartition est de garder un équilibre parfait pour bien fonctionner et éviter les excès ou les carences. Côté mesure de l'énergie, on a deux unités et une même mission : quantifier l'énergie, qu'elle soit mécanique ou métabolique : le Joule et la calorie. Le premier est l'unité officielle en physique, tandis que la seconde est plus familière en nutrition. Pour faire simple, un Joule, c'est l'énergie nécessaire pour pousser un objet sur un mètre avec une force d'un Newton, alors qu'une calorie correspond à l'énergie qu'il faut pour réchauffer un gramme d'eau d'un degré. Petite subtilité : en nutrition, quand on parle de calories, on parle en réalité de kilocalories (kcal). Pour passer de l'un à l'autre, il suffit de savoir qu'une calorie vaut 4,184 Joules. Peu importe l'unité, l'important est de bien doser son carburant pour rester en forme !

Les protéines

Les protéines sont les briques de construction du corps humain. Elles bâtissent nos muscles, nos os, notre peau et bien plus encore. Sans elles, pas de régénération cellulaire, pas d'enzymes, pas d'hormones… C'est le ciment de notre organisme. Composées de 20 acides aminés, dont 9 sont dits essentiels parce que notre corps ne sait pas les fabriquer, ils doivent impérativement venir de l'alimentation. On en trouve dans les protéines animales, comme la viande, le poisson, les œufs et les produits laitiers, qui contiennent tous les acides aminés nécessaires. Les protéines végétales, elles, issues des légumineuses, céréales, graines et oléagineux, doivent parfois être combinées pour assurer un apport optimal.

Nos besoins en protéines évoluent tout au long de la vie. Dès la naissance, un nourrisson en pleine croissance en nécessite environ 1,5 g par kilo de poids corporel. En grandissant, la quantité diminue progressivement : 1,1 g/kg chez le tout-petit et 0,85 g/kg à l'adolescence, une période où le corps se transforme rapidement. À l'âge adulte, un apport de 0,8 g/kg suffit généralement pour entretenir la masse musculaire et assurer le bon fonctionnement de l'organisme. Après 65 ans, la fonte musculaire s'accélère, et il est recommandé d'augmenter l'apport de 1 à 1,2 g/kg pour préserver la force et la mobilité. Certains besoins spécifiques nécessitent également une adaptation : les sportifs, dont les muscles sont très sollicités, peuvent aller jusqu'à 2 g/kg pour favoriser la récupération, tandis que les femmes enceintes ou allaitantes ont un besoin accumulé, autour de 1,1 g/kg, pour répondre aux exigences du bébé.

À la ménopause, les protéines deviennent des partenaires précieux. La baisse des œstrogènes entraîne une fonte musculaire, un ralentissement du métabolisme et une perte de densité osseuse, augmentant le risque d'ostéoporose. Un apport suffisant en protéines permet de garder des muscles toniques, de préserver la solidité des os en travaillant main dans la main avec le calcium et la vitamine D, et d'éviter les fringales en régulant la satiété. Comme la prise de poids est souvent une réalité à cette période, les protéines aident aussi à limiter le stockage des graisses tout en maintenant une silhouette harmonieuse.

L'idéal est de répartir les protéines sur la journée plutôt que d'en consommer une grande quantité en un seul repas. Le corps ne les stocke pas comme il le fait avec les graisses, donc un apport régulier favorise une meilleure assimilation et un bon maintien de la masse musculaire. En pratique, une personne ayant un besoin quotidien de 60 g de protéines devra viser environ 20 g par repas. Ceux qui ont des besoins plus élevés, comme les sportifs ou les personnes âgées, peuvent ajuster légèrement cette répartition.

Le matin, inclure des protéines aide à stabiliser le taux de sucre dans le sang, à apporter une énergie durable et à éviter les fringales en fin de matinée. On peut opter pour deux œufs avec un morceau de fromage, un bol de fromage blanc avec quelques amandes, ou encore un *English breakfast* avec une tranche de pain complet et un yaourt.

Le midi et le soir, on vise 25 à 30 g de protéines avec des repas simples : une portion de viande blanche ou de poisson, accompagnée de légumes et d'un peu de féculents, un steak haché avec des haricots verts et du pain, une omelette aux œufs et au fromage, ou encore une boîte de thon avec une salade composée.

Pour les fins de journée chargée où l'on rentre tard, il est utile d'avoir sous la main des options rapides : une omelette qui cuit en trois minutes, une tranche de jambon ou de volaille avec un morceau de fromage et du pain, un yaourt nature avec quelques noix, ou encore du fromage blanc avec une cuillère de miel et quelques amandes.

L'important est d'avoir toujours chez soi des aliments pratiques, peu transformés et prêts à l'emploi. Cela permet d'assurer un bon apport en protéines sans se compliquer la vie, même après une longue journée.

Les sucres[266]

Le sucre, cette petite douceur qui titille nos papilles, est en fait un simple glucide, un fournisseur d'énergie rapide mais sans réel apport nutritionnel, contrairement aux féculents ou aux fibres. Il existe sous plusieurs formes, certaines plus discrètes que d'autres. D'un côté, on trouve les sucres ajoutés, présents dans une multitude d'aliments et de boissons, qu'ils soient industriels ou faits maison. Parmi eux, les monosaccharides, comme le glucose et le fructose, sont les plus simples avec une seule molécule, tandis que les disaccharides, comme le saccharose (le sucre de table), le lactose (dans le lait) ou le maltose (dans certaines céréales), en comptent deux. Ces sucres ajoutés comprennent aussi ceux naturellement présents dans le miel, les sirops et les jus de fruits.

Tous les sucres ne se valent pas, et leur effet sur l'organisme varie selon leur nature. On distingue d'abord les sucres libres, qui regroupent à la fois les sucres ajoutés dans les aliments transformés et ceux naturellement présents dans les jus de fruits. À l'inverse, les sucres naturellement présents se trouvent dans les fruits et légumes entiers, où ils sont accompagnés de fibres qui ralentissent leur absorption. Enfin, les sucres totaux englobent l'ensemble de

266. Feltz, C., Corréard, V. & Marula, A. (2024, 3 avril). « Le sucre dans notre alimentation : une menace insidieuse ? » *Ici, le Média de la Vie Locale.* https://www.francebleu.fr/emissions/a-votre-service-france-bleu-paris/le-sucre-dans-notre-alimentation-une-menace-insidieuse-9926737

ces catégories, qu'ils soient d'origine naturelle ou ajoutés. Prenons l'exemple d'une orange : lorsqu'on la mange entière, son sucre est « emprisonné » dans une structure riche en fibres, ce qui ralentit son passage dans le sang et évite un pic glycémique brutal. Mais une fois pressée en jus, les fibres disparaissent et le sucre devient libre, c'est-à-dire qu'il est absorbé aussi rapidement qu'un sucre ajouté, provoquant une montée soudaine du taux de sucre dans le sang. Tout se joue dans la structure du sucre et la façon dont on le consomme : un fruit entier nourrit, un jus de fruits pas franchement. Même goût, mais un impact nutritionnel bien différent.

La question de la quantité de sucre à consommer se pose alors avec insistance. Selon l'OMS et la Fondation des maladies du cœur et de l'accident vasculaire cérébral, l'apport en sucre ajouté ne devrait pas dépasser 10 % des calories totales et, dans l'idéal, se limiter à 5 %. Pour une femme de 31 à 50 ans ayant une activité physique modérée, cela correspond à environ 50 grammes de sucre par jour, soit l'équivalent de dix morceaux de sucre, et idéalement à 25 grammes, soit cinq morceaux. À titre de comparaison, une simple canette de soda contient à elle seule près de 40 grammes de sucre, ce qui représente déjà huit morceaux.

Les chiffres de la consommation mondiale sont révélateurs. Aux États-Unis, le sucre fait partie du quotidien avec une consommation moyenne de 126 grammes par jour et par personne. En Europe, les Allemands et les Néerlandais suivent de près avec respectivement 103 et 102,5 grammes. À l'inverse, l'Inde se distingue avec une consommation bien plus faible, à peine 5 grammes par jour. En France, les données de l'ANSES montrent qu'entre 20 et 30 % de la population dépasse les 100 grammes de sucre quotidiennement, hors lactose et galactose.

Le sucre est apprécié pour son goût, mais lorsqu'il est consommé en excès, il devient un véritable danger pour la santé. De nombreuses études ont démontré qu'il est directement impliqué dans l'apparition des caries dentaires, du diabète, de l'obésité et des maladies cardiovasculaires. Les chiffres sont alarmants : les personnes dont l'apport en sucre ajouté représente 10 à 15 % de leur apport énergétique total ont un risque d'AVC et de maladies cardiaques, augmenté de 30 %. Ce risque est même multiplié par trois lorsque la consommation dépasse 25 % de l'apport énergétique. Les sodas, qui sont la principale source de sucre ajouté, en contiennent environ 35 à 40 g par canette, soit l'équivalent de 7 à 10 morceaux de sucre. Absorbé très rapidement par l'organisme, ce sucre provoque des pics de glycémie, entraînant prise de poids, résistance à l'insuline et diabète de type 2. Leur acidité est également néfaste pour les dents, car elle attaque l'émail et favorise les caries. Quant aux sodas «Light» ou «Zéro», s'ils ne contiennent pas de sucre, ils sont remplacés par des édulcorants qui peuvent perturber la flore intestinale et entretenir l'envie de sucre.

Pour réduire cette exposition aux dangers du sucre, la solution la plus simple consiste à limiter la consommation de boissons sucrées, qui représentent la principale source de sucre ajouté dans l'alimentation. Un jus de fruits, même sans sucres ajoutés, n'est pas une alternative aussi saine qu'il n'y paraît. L'idéal est de privilégier les aliments bruts, de consommer des fruits entiers plutôt que sous forme de jus et d'opter pour des produits naturels, comme un yaourt nature au lieu d'un yaourt aromatisé. On le répète, l'eau, rien d'autre. C'est la seule boisson dont votre corps a besoin. Tout le reste est superflu.

Le sucre doit donc être consommé avec modération. Inutile de le diaboliser, mais mieux vaut en contrôler la place dans notre alimentation, surtout lorsqu'il se cache sous des formes insidieuses dans les produits transformés. Il est important de redoubler de prudence à la ménopause, période qui s'accompagne de changements métaboliques majeurs: le corps brûle moins efficacement les calories, la répartition des graisses se modifie et la sensibilité à l'insuline peut être perturbée. Une consommation excessive de sucre et en particulier de sucres ajoutés favorise la prise de poids, notamment abdominale, un phénomène fréquent après la cinquantaine. Or, cette graisse viscérale est particulièrement problématique, car elle est associée à un risque accru de maladies cardiovasculaires, de diabète de type 2. Au-delà du poids, le sucre agit aussi sur l'équilibre hormonal. Des pics répétés de glycémie et d'insuline peuvent accentuer les fluctuations hormonales et aggraver certains symptômes de la ménopause comme la fatigue, les fringales, les variations d'humeur et même les bouffées de chaleur. Un excès de sucre favorise également l'inflammation, un facteur qui peut amplifier les douleurs articulaires et accélérer la vie. L'idéal est donc d'opter pour des sources de sucre naturellement associées à des fibres, comme les fruits entiers, qui permettent une absorption plus lente et évitent les chutes brutales d'énergie. À l'inverse, mieux vaut limiter les sucres ajoutés présents dans les biscuits, sodas, plats préparés et même certains yaourts. En privilégiant une alimentation riche en fibres, en protéines et en bons lipides, il est possible de stabiliser la glycémie, d'éviter les fringales et de mieux gérer cette phase.

Une douceur sucrée de temps en temps, dans une alimentation équilibrée, ne pose aucun problème. L'essentiel est de ne pas en abuser, car l'excès de sucres, en particulier les sucres ajoutés, peut vite se transformer en une menace silencieuse, bien loin de la douceur innocente qu'il semblait offrir au départ.

Les graisses

Les graisses ont longtemps été vues comme les grandes ennemies de notre santé. Pourtant, elles sont essentielles au bon fonctionnement de notre corps. Elles ne servent pas qu'à stocker de l'énergie : elles sont les matériaux de construction de nos cellules, de notre cerveau et de nos hormones. Sans elles, nos membranes cellulaires seraient fragiles, nos neurones fonctionneraient moins bien et notre équilibre hormonal serait perturbé. Le cerveau, à lui seul, est constitué de 60 % de lipides, preuve que le gras n'est pas juste un ennemi, à condition de bien le choisir !

Bonnes ou mauvaises graisses ? Décrypter les différents types de lipides

Toutes les graisses ne se valent pas, et c'est leur qualité, plus que leur quantité, qui influence notre santé. On distingue trois grandes familles de graisses : les saturées, les insaturées et les trans. Les graisses saturées, présentes dans les viandes grasses, le beurre, la crème, les fromages et les viennoiseries industrielles, ont mauvaise réputation. Et pour cause : en excès, elles favorisent le mauvais cholestérol (LDL), qui peut s'accumuler dans les artères et augmenter le risque de maladies cardiovasculaires.

Les graisses insaturées sont, au contraire, bénéfiques pour la santé. Elles se divisent en deux groupes : les oméga-9, présents dans l'huile d'olive, l'avocat et les noix de cajou, qui protègent le cœur et contribuent à la régulation du cholestérol, et les oméga-3 et 6, des acides gras essentiels que l'organisme ne peut pas produire et qui doivent être apportés par l'alimentation. Les oméga-3, que l'on trouve dans les poissons gras, les noix et l'huile de colza, ont des effets anti-inflammatoires et réduisent les risques cardiovasculaires. Quant aux oméga-6, présents dans l'huile de tournesol et de pépins de raisin, ils jouent aussi un rôle important, mais une consommation excessive peut favoriser l'inflammation.

Les acides gras trans sont les pires du lot. Issus de procédés industriels qui transforment les huiles liquides en graisses solides (margarines, fritures, biscuits industriels), ils augmentent le risque de maladies cardiovasculaires et n'apportent aucun bénéfice au corps. Ces graisses-là sont à bannir et en particulier à la ménopause[267].

Le cholestérol : ange ou démon ?

Le cholestérol a longtemps été accusé de tous les maux, il est temps de rétablir la vérité sur ce mal-aimé. Ce lipide est en réalité un élément clé du bon fonctionnement de notre organisme. Il est indispensable à la construction des membranes cellulaires, à la production de vitamine D, d'hormones stéroïdiennes (dont les œstrogènes) et de la bile, qui aide à digérer les graisses. Alors, faut-il s'alarmer en voyant du cholestérol dans nos assiettes ? Pas forcément. Les études scientifiques ont montré que ce n'est pas tant la consommation de cholestérol alimentaire qui pose problème,

---

267. Fiolet, T., Srour, B., Sellem, L., Kesse-Guyot, E., Allès, B., Méjean, C., Deschasaux, M., Fassier, P., Latino-Martel, P., Beslay, M., Hercberg, S., Lavalette, C., Monteiro, C. A., Julia, C. & Touvier, M. (2018). "Consumption of ultra-processed foods and cancer risk: results from NutriNet-Santé prospective cohort". *BMJ (Clinical research ed.)*, 360, k322. https://doi.org/10.1136/bmj.k322

mais plutôt la surconsommation de graisses saturées, qui stimulent la production de mauvais cholestérol (LDL) et augmentent le risque cardiovasculaire.

L'étude MRFIT[268], menée sur plus de 12 000 hommes à risque cardiovasculaire, a montré que réduire uniquement le cholestérol alimentaire n'avait pas d'impact direct sur la mortalité cardiaque. En revanche, l'étude PREDIMED[269], qui s'est intéressée aux effets du régime méditerranéen, a prouvé que ce mode alimentaire, riche en bonnes graisses comme l'huile d'olive et les noix, réduisait de 30 % le risque de maladies cardiovasculaires. Et pourtant, les participants consommaient plus de cholestérol que les recommandations officielles !

Aujourd'hui, les recommandations préconisent de limiter l'apport en cholestérol alimentaire à 300 mg par jour, soit l'équivalent d'un œuf de 70 g. Mais il faut retenir que ce n'est pas l'œuf du matin qui pose problème, mais bien le cumul de mauvaises graisses saturées et trans dans l'alimentation. Plutôt que de diaboliser le cholestérol alimentaire, mieux vaut se concentrer sur la qualité des graisses consommées et privilégier une alimentation équilibrée, inspirée du régime méditerranéen.

Petit focus sur la prise de sang

Le cholestérol et les triglycérides sont des marqueurs clés des bilans sanguins, mais encore faut-il bien comprendre leur rôle. On distingue le HDL High (*Density lipoprotein*), souvent appelé « bon » cholestérol, qui aide à éliminer l'excès de cholestérol et protège

---

268. Marwick, C. (1986). "Campaign seeks to increase US 'cholesterol consciousness'". *JAMA: The Journal of the American Medical Association, 255*(9), 1097. https://doi.org/10.1001/jama.1986.03370090015002

269. Estruch, R., Ros, E., Salas-Salvadó, J., Covas, M. I., Corella, D., Arós, F., Gómez-Gracia, E., Ruiz-Gutiérrez, V., Fiol, M., Lapetra, J., Lamuela-Raventos, R. M., Serra-Majem, L., Pintó, X., Basora, J., Muñoz, M. A., Sorlí, J. V., Martínez, J. A. & Martínez-González, M. A. (2018). "Retraction and Republication: Primary Prevention of Cardiovascular Disease with a Mediterranean Diet". *N Engl J Med* 2013; 368:1279-90. *The New England journal of medicine, 378*(25), 2441-2442. https://doi.org/10.1056/ NEJMc1806491

les artères. Plus son taux est élevé, mieux c'est, avec une valeur idéale supérieure à 0,4 g/L. À l'inverse, le LDL (*Low density lipoprotein*), surnommé « mauvais » cholestérol, peut, en excès, s'accumuler dans les artères et augmenter le risque cardiovasculaire. Son taux doit rester sous 1,6 g/L, voire 1,3 g/L pour les personnes à risque. Le cholestérol total ne doit pas dépasser 2 g/L. Un bon équilibre repose sur un HDL élevé et un LDL bas, un duo essentiel pour préserver la santé du cœur, particulièrement fragilisée à l'entrée dans la ménopause et au tout début de cette dernière.

Mais le cholestérol n'est pas le seul acteur dans cette histoire. Les triglycérides sont un autre type de lipides que le corps utilise pour stocker l'énergie en surplus. Imaginez votre organisme comme une maison : les sucres et les graisses consommés sont l'électricité qui alimente vos besoins énergétiques. Mais si vous en apportez trop et que vous ne les utilisez pas immédiatement, le corps les met de côté sous forme de triglycérides, un peu comme un stock de secours. Jusque-là, tout est sous contrôle. Mais si la réserve déborde trop souvent, notamment à cause d'une alimentation trop riche en sucres ajoutés et en graisses saturées, et d'un manque d'activité physique, ces triglycérides s'accumulent dans le sang. Conséquence : les artères s'encrassent, le cœur fatigue et le risque cardiovasculaire grimpe.

Sur une prise de sang, un taux normal de triglycérides est inférieur à 1,5 g/L. Au-delà, il est temps de rééquilibrer l'alimentation et d'adopter de bons réflexes : moins de sucres ajoutés, moins d'alcool, plus d'oméga-3, une meilleure répartition de bonnes graisses et un peu d'exercice pour brûler ce stock avant qu'il ne s'accumule là où il ne faut pas.

Plutôt que de s'inquiéter uniquement des valeurs chiffrées, l'important est de miser sur une alimentation équilibrée et un mode de vie sain.

Ménopause : pourquoi le choix des graisses est-il encore plus important ?

À la ménopause, le métabolisme ralentit, la masse musculaire diminue et la graisse a tendance à s'accumuler autour du ventre.

Éliminer totalement les graisses serait une erreur, car elles jouent un rôle essentiel dans l'équilibre hormonal, la protection des cellules et la régulation de l'inflammation. Il est donc important de privilégier les bonnes sources de lipides. Les oméga-3, présents dans les poissons gras, l'huile de colza et les noix, protègent le cœur et réduisent l'inflammation. Les oméga-9, que l'on retrouve dans l'huile d'olive, les avocats et les amandes, contribuent à la stabilité du cholestérol. En revanche, il est préférable de limiter la consommation de graisses saturées et d'éviter totalement les acides gras trans, souvent présents dans les plats industriels et les fritures.

L'ANSES recommande que les lipides représentent 35 à 40 % de l'apport énergétique total, soit environ 97 à 111 g de graisses par jour pour un adulte consommant 2 500 kcal. Cela correspond à environ trois portions de matières grasses par jour, une portion équivalant à deux cuillères à soupe d'huile ou 10 g de beurre.

Acides gras trans : le poison caché de la malbouffe à bannir d'urgence !

Les acides gras trans industriels, c'est un peu les méchants du monde de la nutrition. Créés artificiellement pour améliorer la conservation des aliments transformés, ils n'apportent rien de bon et, pire encore, ils augmentent le mauvais cholestérol (LDL), font baisser le bon (HDL), favorisent l'inflammation et augmentent le risque de maladies cardiovasculaires et de maladies chroniques. Une vaste étude parue en 2018, intitulée « Consommation d'aliments ultra-transformés et risque de cancer : résultats de la cohorte prospective NutriNet-Santé », a mis en évidence qu'une augmentation de 10 % de la consommation d'aliments ultra-transformés était associée à une augmentation de plus de 10 % du risque global de cancer, y compris celui du sein.

Contrairement aux graisses saturées, qui peuvent avoir un rôle dans l'organisme, celles-ci sont 100 % nocives et devraient être évitables à tout prix. Chaque année, leur consommation est responsable de plus de 500 000 décès liés aux maladies du cœur à travers le monde. Quand on voit les dégâts à la consommation de ces acides gras trans que l'on retrouve dans la malbouffe, l'inquiétude est grande[270].

L'ANSES recommande de limiter leur apport à 2 % de l'apport énergétique total et encourage à réduire d'au moins 30 % la consommation des produits qui en contiennent, comme les viennoiseries, pâtisseries, biscuits et barres chocolatées, qui présentent peu d'intérêt nutritionnel. En revanche, la consommation de lait et de produits laitiers, sources naturelles d'acides gras trans, peut être maintenue en privilégiant les versions demi-écrémées ou écrémées.

En France, l'étiquetage des acides gras trans n'est pas obligatoire, contrairement à certains pays qui ont pris des mesures strictes. Le Danemark a été pionnier en imposant une limite de 2 g pour 100 g de matières grasses, ce qui a réduit de manière significative les maladies cardiovasculaires. D'autres pays comme le Canada et certaines villes des États-Unis (New York, Californie…) ont interdit leur ajout depuis plus de 10 ans. En Europe, un règlement adopté en avril 2019 fixe également cette limite de 2 g pour 100 g, une mesure appliquée depuis avril 2021. À l'échelle mondiale, l'OMS a lancé la stratégie REPLACE, dont l'objectif est d'éliminer totalement les acides gras trans industriels d'ici 2023. Son plan repose sur six axes visant à surveiller, réguler et remplacer ces substances par des alternatives plus saines :

- Identifier les sources d'acides gras trans dans l'alimentation ;
- Encourager les industriels à les remplacer par des alternatives plus saines ;
- Légiférer pour restreindre ou interdire leur utilisation ;
- Surveiller la présence de ces graisses dans les aliments ;
- Informer le grand public et les acteurs de l'industrie agroalimentaire ;
- S'assurer de la bonne application des mesures.

270. Clique TV. (2023, 16 avril). « Malbouffe : c'est quoi cette tendance inquiétante sur TikTok ? » – CANAL+ [Vidéo]. YouTube. https://www.youtube.com/watch?v=1gRLzIhvA-Y

Comment faire les bons choix au quotidien ?

Manger équilibré ne signifie pas supprimer les graisses, mais bien les choisir. Voici quelques réflexes simples :

- Utiliser pour la cuisson → olive, avocat et pour l'assaisonnement → olive , colza, noix, lin, chanvre ;
- Manger des poissons gras (saumon, sardines, maquereaux) deux fois par semaine ;
- Ajouter une poignée de noix ou d'amandes en collation ;
- Éviter les produits transformés riches en acides gras trans (viennoiseries, plats préparés, biscuits industriels) ;
- Privilégier le beurre en petite quantité plutôt que les margarines industrielles.

Les graisses n'ont pas à être les grandes méchantes de l'histoire… tout dépend de celles qu'on invite dans notre assiette ! À la ménopause, quand le métabolisme fait la grasse matinée et que les risques cardiovasculaires pointent leur bout du nez, il vaut mieux miser sur des graisses utiles. Le régime méditerranéen ? Un bel exemple à suivre, avec ses oméga-3 et ses huiles végétales qui protègent le cœur et empêchent les graisses de s'incruster là où elles ne sont pas invitées. Le gras n'est pas le problème… c'est juste une question de casting !

Les fruits et les légumes[271]

Les fruits et légumes sont les super-héros nutritionnels, surtout à la ménopause. Riches en antioxydants, vitamines, minéraux et fibres, ils aident à préserver le cœur, stabiliser la glycémie, lutter contre l'oxydation cellulaire et améliorer la digestion.

En France, le PNNS recommande de manger au moins cinq portions de fruits et légumes par jour, avec idéalement plus de légumes que de fruits. Le PNNS (Programme national Nutrition

---

271. Bossy. (s. d.). « Prévenir le risque cardiovasculaire par une alimentation saine et équilibrée ». SFMV, 2023. https://docteur-bossy.com/2-uncategorised/167-prevenir-le-risque-cardiovasculaire-par-une-alimentation-saine-et-equilibree-sfmv-2023.html

Santé) est un plan lancé en 2001 en France pour améliorer la santé de la population à travers l'alimentation et l'activité physique. Il fixe des repères nutritionnels, comme « manger 5 fruits et légumes par jour », et lutte contre les maladies liées à une mauvaise alimentation (obésité, diabète, maladies cardiovasculaires). Il est révisé régulièrement pour s'adapter aux avancées scientifiques.

Sur le papier, c'est parfait, mais dans la vraie vie, entre le travail, la fatigue et la sédentarité, croquer joyeusement cinq pommes et trois assiettes de légumes par jour n'est pas toujours une priorité. Surtout, quand un café et un biscuit semblent bien plus pratiques et attrayants ! Pourtant, les preuves scientifiques s'accumulent pour montrer l'impact positif d'une alimentation riche en végétaux.

L'étude DASH (Dietary Approaches to Stop Hypertension)[272] a démontré que consommer régulièrement des fruits et légumes contribue à faire baisser la tension artérielle, probablement grâce à leur richesse en potassium. Et selon l'OMS, une alimentation pauvre en fruits et légumes serait responsable de 31 % des maladies coronariennes et de 11 % des infarctus dans le monde. Autrement dit, les légumes ne sont pas là que pour décorer l'assiette, ils protègent notre cœur !

Pourquoi sont-ils si efficaces ? Leur pouvoir antioxydant est une des explications majeures. À la ménopause, où l'inflammation et le stress oxydatif augmentent naturellement, les polyphénols, flavonoïdes et caroténoïdes contenus dans les végétaux aident à neutraliser les radicaux libres, ces molécules rebelles qui abîment nos cellules et accélèrent le vieillissement. En bonus, les fibres solubles présentes dans les fruits et légumes permettent de mieux gérer la glycémie, améliorer le transit et favoriser un microbiote intestinal équilibré, ce qui joue aussi sur l'immunité et la gestion du poids.

---

272. Appel, L. J., Moore, T. J., Obarzanek, E., Vollmer, W. M., Svetkey, L. P., Sacks, F. M., Bray, G. A., Vogt, T. M., Cutler, J. A., Windhauser, M. M., Lin, P. H. & Karanja, N. (1997). A clinical trial of the effects of dietary patterns on blood pressure. DASH Collaborative Research Group. *The New England journal of medicine, 336*(16), 1117-1124. https://doi.org/10.1056/NEJM199704173361601

Même si tout le monde s'accorde à dire que les fruits et légumes sont bénéfiques, prouver scientifiquement leur impact direct sur les taux d'antioxydants dans le sang n'est pas si simple. Les études interventionnelles rencontrent des difficultés à obtenir des résultats clairs, car de nombreux facteurs viennent brouiller les pistes : choix des marqueurs biologiques, variations entre les populations étudiées, ou encore techniques de prélèvement. La science travaille à définir des échelles de mesure plus précises pour affirmer leur rôle protecteur contre certaines maladies. Ce qui est certain, c'est que l'ensemble de notre alimentation compte, et que manger des fruits et légumes reste un réflexe santé incontournable !

L'essai randomisé, contrôlé et réalisé en 2020 Associations entre la consommation de fibres alimentaires et le risque de maladies cardiovasculaires, de cancers, de diabète de type 2 et de mortalité dans la cohorte prospective NutriNet-Santé[273] réaffirme qu'une consommation élevée de fibres, notamment issues du soja et des fruits, est liée à un risque réduit de maladies chroniques et de mortalité. Des recherches complémentaires sont nécessaires pour préciser l'impact des différentes sources de fibres. En attendant, leur place dans les recommandations nutritionnelles doit être renforcée, car l'apport en fibres reste insuffisant dans de nombreux pays.

À la ménopause, l'apport en fibres devient particulièrement important, car le ralentissement métabolique et le risque de maladies chroniques augmentent. Malheureusement, la consommation moyenne reste bien inférieure aux recommandations officielles, qui préconisent 25 à 30 g par jour. En France, elle tourne autour de 17 à 20 g, et aux États-Unis, elle tombe à environ 15 g. Ce manque impacte directement la santé, notamment en matière de régulation du poids, de prévention du diabète de type 2 et de protection

---

273. Partula, V., Deschasaux, M., Druesne-Pecollo, N., Latino-Martel, P., Desmetz, E., Chazelas, E., Kesse-Guyot, E., Julia, C., Fezeu, L. K., Galan, P., Hercberg, S., Mondot, S., Lantz, O., Quintana-Murci, L., Albert, M. L., Duffy, D., Milieu Intérieur Consortium ; Srour, B. & Touvier, M. (2020). "Associations between consumption of dietary fibers and the risk of cardiovascular diseases, cancers, type 2 diabetes, and mortality in the prospective NutriNet-Santé cohort". *The American journal of clinical nutrition, 112*(1), 195-207. https://doi.org/10.1093/ajcn/nqaa063

cardiovasculaire, des enjeux majeurs après 50 ans. Les fibres stabilisent le taux de sucres dans le sang, notamment les fringales et les fluctuations d'énergie souvent accentuées par les variations hormonales. Elles participent abondamment à l'équilibre du microbiote intestinal, dont l'influence s'étend à l'inflammation, à l'immunité et même à l'humeur. Pour mieux vivre cette transition et limiter la prise de poids abdominale fréquente à la ménopause, il est essentiel d'augmenter la consommation de légumes, fruits, céréales complètes, légumineuses et oléagineux afin d'atteindre les apports recommandés et de préserver son bien-être sur le long terme.

Comment intégrer ces fameux 5 fruits et légumes par jour sans transformer chaque repas en un défi nutritionnel ? La clé du succès réside dans la progressivité et le bon sens : une soupe en hiver, une salade en été, des légumes rôtis qui cuisent tout seuls au four, un fruit en collation, ou encore un smoothie maison pour une touche de fraîcheur. Pas besoin de peser ses brocolis au gramme près ou de manger des crudités à tous les repas, l'important est d'en ajouter un peu plus chaque jour, sans stress.

Et si vous manquez de temps, retenez cette règle simple : plus votre assiette est colorée, mieux c'est, et en plus, c'est joli coloré ! Car oui, les pigments naturels des fruits et légumes sont souvent liés à leur richesse en antioxydants. Alors, que ce soit rouge, vert, orange ou violet, remplissez votre assiette de couleurs et votre corps vous remerciera.

Le sel

Le sel est un élément central de notre alimentation et, avouons-le, un exhausteur de goût qui réveille les papilles. Pourtant, derrière cette petite touche savoureuse, se cachent des effets bien moins anodins sur notre santé, en particulier à la ménopause, période où le risque d'hypertension entre autres augmente naturellement. Le sel, ou plus précisément le chlorure de sodium ($NaCl$), est un mélange de deux électrolytes essentiels à l'équilibre hydrique de l'organisme et à la transmission des signaux nerveux. Son binôme, le potassium, intervient dans la régulation de la pression sanguine et dans le bon fonctionnement musculaire et nerveux. Le problème, c'est que notre alimentation moderne et industrielle est beaucoup trop riche en sodium et souvent trop pauvre en potassium, créant un déséquilibre qui favorise l'hypertension artérielle et les maladies cardiovasculaires.

Le sel ne se cache pas seulement dans la salière qu'on secoue machinalement au-dessus de nos assiettes. Il est partout, niché dans des aliments courants comme le pain, les biscottes, la charcuterie, les fromages, les plats préparés, les sauces, voire certaines sucreries et condiments. Sur le lien cliqal[274], vous pouvez retrouver la composition des aliments ayant une forte teneur en sel. En France, on en consomme en moyenne 7,7 g par jour[275], et en Chine, la consommation grimpe à 10,9 g ! Pourtant, l'OMS recommande de ne pas dépasser 5 g par jour – soit une petite cuillère à café – car au-delà, les risques cardiovasculaires explosent. Trop de sodium entraîne la rétention d'eau, la hausse de la pression artérielle et la fatigue du cœur et des reins.

La bonne nouvelle : réduire sa consommation de sel a un impact prouvé ! Les études montrent que diminuer son apport permet de faire baisser la pression artérielle, en particulier chez les personnes hypertendues. Mieux encore, augmenter son apport en potassium (présent dans les fruits, légumes et légumineuses) aide à contrebalancer les effets néfastes du sodium en dilatant les vaisseaux sanguins et stabilisant la tension. Et le combo gagnant ? Moins de sel, plus de potassium !

Alors, comment réduire sa consommation de sel sans transformer chaque repas en expérience fade et insipide ? Quelques réflexes simples peuvent faire toute la différence. Éviter de resaler systématiquement ses plats, privilégier les épices et les herbes aromatiques pour relever les saveurs, fuir les plats ultra-transformés trop salés

---

274. https://ciqual.anses.fr/

275. Tan, M., He, F., Morris, J. K. & MacGregor, G. (2022). "Reducing daily salt intake in China by 1 g could prevent almost 9 million cardiovascular events by 2030: a modelling study". *BMJ nutrition, prevention&health*, 5(2), 164-170. https://doi.org/10.1136/bmjnph-2021-000408

et opter pour des aliments naturellement riches en potassium comme les légumes, les fruits et les légumineuses. Face à ce défi personnel, certaines entreprises innovent avec des substituts de sel et des procédés permettant de réduire la teneur en sodium dans les aliments sans en altérer le goût. Des startups développent, par exemple, des levures boulangères permettant de diminuer la quantité de sel dans le pain, tandis que d'autres travaillent sur des arômes obtenus par fermentation pour réduire le sel dans les produits carnés.

En parallèle, les gouvernements et les agences de santé exercent une pression croissante sur l'industrie agroalimentaire pour réduire la teneur en sel des produits transformés. L'objectif fixé par l'OMS est une réduction de 30 % de la consommation de sel d'ici 2025, ce qui pourrait avoir un impact significatif sur la santé publique. Saluons cette initiative du secteur de la boulangerie qui, depuis le 2 octobre 2023, a réduit la teneur en sel du pain courant en France, passant de 1,5 g à 1,4 g pour 100 g, sans altérer son goût. Cette diminution s'inscrit dans une démarche progressive, puisque des pains comme la baguette ont déjà vu leur taux de sel baisser de plus de 20 % depuis 2015, selon le ministère de l'Agriculture. Pour les consommateurs, ce changement est quasiment imperceptible, et même les artisans boulangers confirment que cela n'affecte ni la fabrication ni le plaisir de dégustation. Certains, comme les boulangers spécialisés dans le pain au levain, avaient d'ailleurs anticipé cette réduction, profitant du goût naturellement plus prononcé du levain pour limiter le sel. Derrière cette initiative, un enjeu de santé publique : réduire les maladies cardiovasculaires et l'hypertension, car le pain représente 20 % des apports quotidiens en sel des Français[276].

Réduire le sel ne veut pas dire oublier les fibres, qui protègent la fonction cardiovasculaire, notamment en aidant à réguler le taux

276. L. R. D. (2023, 3 octobre). VIDÉO – « Les baguettes désormais moins salées pour votre santé, mais qu'en disent vos papilles ? » TF1 INFO. https://www.tf1info.fr/conso/video-sel-hypertension-risques-cardiovasculaires-les-baguettes-desormais-moins-salees-pour-votre-sante-mais-qu-en-disent-vos-papilles-2271738.html

de cholestérol et à stabiliser la glycémie. Donc, pour protéger son cœur, mieux vaut troquer les chips contre une belle assiette de légumes colorés et des céréales complètes ! À la ménopause, où les changements hormonaux augmentent naturellement le risque de maladies cardiovasculaires, ces ajustements alimentaires peuvent faire toute la différence. Moins de sel, plus de potassium et de fibres, et le tour est joué pour préserver votre santé.

Rayonnez à la ménopause grâce à la vitamine D[277]

La vitamine D, découverte en 1922 par Elmer McCollum, est un nutriment essentiel que l'organisme fabrique principalement grâce à l'exposition au soleil. Son rôle dans la prévention du rachitisme a marqué un tournant dans l'histoire de la médecine, mais son influence ne s'arrête pas là : elle intervient dans l'absorption du calcium, la solidité des os, le bon fonctionnement du système immunitaire et même l'humeur. Pourtant, malgré son surnom de « vitamine du soleil », les carences sont fréquentes, y compris dans des régions où le soleil est très présent. Un paradoxe ? Pas tant que ça. Prenons l'exemple des femmes vivantes au Moyen-Orient, plus de 60 % d'entre elles présentent un déficit en vitamine D, souvent en raison d'habitudes vestimentaires couvrantes et d'un mode de vie principalement en intérieur. Mais elles ne sont pas seules : en Europe, l'hiver, les jours raccourcissent, les températures refroidissent, et l'envie de s'exposer au soleil devient rédhibitoire. L'exposition solaire reste le moyen le plus efficace de synthétiser cette vitamine, mais à condition d'en respecter les règles du jeu[278]. Quinze à vingt minutes par jour suffit, bras et jambes découverts, de préférence entre midi et seize heures. Toutefois, une protection solaire est nécessaire pour éviter les effets nocifs des UV et surtout les UVA nocifs pour

277. https://www.inserm.fr/c-est-quoi/jveux-du-soleil-cest-quoi-la-vitamine-d/

278. Maligorne, P. C. (2023, août 29). *Combien de temps doit-on passer au soleil pour avoir sa dose de vitamine D sans prendre de risques ?* – Édition du soir Ouest-France – 17/08/2023. Ouest-France.fr.https://www.ouest-france.fr/leditiondusoir/2023-08-17/combien-de-temps-doit-on-passer-au-soleil-pour-avoir-sa-dose-de-vitamine-d-sans-prendre-de-risques-3f0106ba-8572-4ecb-b7bf-1dfcaf9c2752

la peau d'où l'importance de trouver un équilibre entre production de vitamine D et préservation du capital cutané. Quant à la luminothérapie[279], pourrait-elle combler ce manque ? La lumière artificielle des lampes de luminothérapie, bénéfique pour lutter contre la dépression saisonnière, ne reproduit pas les UVB nécessaires à la production de vitamine D.

En cas de carence avérée, une supplémentation est souvent recommandée, notamment chez les femmes ménopausées, particulièrement vulnérables à l'ostéoporose. À ce stade de la vie, les os, privés de l'effet protecteur des œstrogènes, deviennent plus friables, et un déficit en vitamine D aggrave le risque de fractures.

La vitamine D ne s'arrête pas à la solidité du squelette, elle veille aussi sur notre moral[280]. Un déficit important est associé à un risque accumulé de dépression, notamment en hiver. Elle intervient dans la production de sérotonine, ce neurotransmetteur surnommé « l'hormone du bonheur ». Donc, moins de soleil, moins de vitamine D, moins de sérotonine… et l'hiver peut vite ressembler à un interminable lundi matin. Et ce n'est pas tout ! Un manque de vitamine D peut également perturber le sommeil en influençant la production de mélatonine, l'hormone qui régule le cycle de veille-sommeil. Autrement dit, si vous passez, vos nuits sont perturbées, votre taux de vitamine D mérite peut-être un petit check-up.

La vitamine D stimule la production d'anticorps et module la réponse immunitaire. Un déficit peut affaiblir les défenses de l'organisme face aux infections ou, au contraire, provoquer une réaction excessive pouvant favoriser certaines maladies auto-immunes. Plusieurs études montrent qu'une carence augmente le risque d'infections respiratoires et affaiblit la capacité du corps à

---

279. Cazaux, S. (2022, 8 décembre). « Luminothérapie, hygiène de vie… Les conseils un médecin pour faire face au manque de soleil ». *BFMTV.* https://www.bfmtv.com/sante/luminotherapie-hygiene-de-vie-les-conseils-d-un-medecin-pour-faire-face-au-manque-de-soleil_AV-202212080253.html

280. Rey, S. (2025, 15 janvier). « Fatigue, déprime… Comment faire le plein de vitamine D en hiver ? » *Madame Figaro.* https://madame.lefigaro.fr/bien-etre/vitamine-d-comment-en-faire-le-plein-en-hiver-et-lutter-contre-la-fatigue-et-la-deprime-080119-162945

se défendre contre les virus et bactéries. Ainsi, en hiver, une vigilance particulière est de mise pour éviter les rhumes, la fatigue et les boîtes de mouchoirs à répétition.

Pour assurer vos apports en vitamine D à la ménopause, il est important de combiner une bonne exposition au soleil, une alimentation adaptée et, si besoin, une supplémentation. En hiver et en particulier si vous avez une peau foncée, cette synthèse peut être insuffisante, ce qui rend l'alimentation et la supplémentation d'autant plus importantes.

La vitamine D3 est généralement mieux assimilée et les doses recommandées varient autour de 1000 à 2000 UI par jour, parfois plus, selon les besoins individuels. Il est préférable de faire un dosage sanguin pour ajuster l'apport.

Dans votre alimentation, l'objectif est d'intégrer régulièrement des aliments riches en vitamine D. Voici des repères concrets pour assurer un apport suffisant :

- Poissons gras : consommer du saumon, du maquereau, du hareng ou des sardines deux à trois fois par semaine. Une portion de 100 g de saumon couvre environ 80 % des besoins quotidiens en vitamine D.
- Œufs : manger un à deux œufs par jour, surtout le jaune, qui contiennent environ 1 à 2 microgrammes de vitamine D.
- Champignons (exposés à la lumière) : privilégier 100 g de champignons de Paris laissés à la lumière avant consommation, ce qui peut fournir jusqu'à 10 microgrammes de vitamine D.
- Produits laitiers enrichis : boire un verre de lait enrichi ou consommer un yaourt enrichi par jour, qui apporte environ 1 à 2 microgrammes de vitamine D.
- Huiles de foie de poisson pour les plus courageuses : une cuillère à café d'huile de foie de morue fournit plusieurs fois l'apport quotidien recommandé, mais son goût peut être un frein.

Enfin, pour maximiser l'effet de la vitamine D, il est essentiel d'assurer un apport suffisant en calcium. On le trouve dans les produits laitiers, mais aussi dans certains légumes verts comme le brocoli et le chou, les amandes, les graines de sésame et certaines eaux minérales riches en calcium comme l'Hépar ou la Contrex.

L'idéal est donc de profiter du soleil dès que possible, d'adopter une alimentation riche en vitamine D et en calcium, et, si nécessaire, d'envisager une supplémentation adaptée à votre situation. Cette molécule est bien plus qu'un simple nutriment, c'est un vrai couteau suisse. Elle mérite qu'on lui accorde une attention particulière, sous peine de voir nos os s'effriter avec en prime un moral en berne, un sommeil non réparateur et une immunité altérée.

Les additifs alimentaires[281]

Les additifs alimentaires, ce sont ces petites substances invisibles qui se glissent dans nos assiettes sans qu'on y prête vraiment attention. Ils ne sont ni un aliment à proprement parler, ni un ingrédient classique, mais ils sont ajoutés aux produits pour améliorer leur texture, leur couleur, leur conservation ou leur stabilité. Présents à toutes les étapes, de la fabrication au stockage, ils deviennent ainsi des composants à part entière du produit fini.

On distingue deux grandes catégories d'additifs : les naturels, souvent issus d'algues ou de plantes, et ceux de synthèse, fabriqués en laboratoire. Ils sont identifiables sur les étiquettes soit par leur nom scientifique, soit par un code commençant par un « E » suivi d'un chiffre. Par exemple, l'acide ascorbique (E300), alias la vitamine C, joue un rôle antioxydant, tandis que la curcumine (E100) donne une belle couleur jaune orangé aux aliments. À l'inverse, certains additifs comme le nitrite de sodium (E250), utilisé comme conservateur dans la charcuterie, sont régulièrement pointés du doigt pour leurs potentiels effets sur la santé.

Avant d'être autorisés, ces additifs passent au crible des autorités sanitaires. En Europe, c'est l'Autorité européenne de sécurité des aliments (EFSA)[282] qui se charge d'évaluer leur innocuité et leur

---

281. https://www.anses.fr/fr/content/le-point-sur-les-additifsalimentaires
282. https://www.efsa.europa.eu/fr/topics/topic/food-additives

intérêt. Un additif n'est admis que s'il ne présente aucun risque aux doses utilisées et s'il justifie un vrai bénéfice technologique.

Faut-il s'en méfier? Si certains additifs naturels, notamment ceux aux propriétés antioxydantes, sont parfois mis en avant pour leurs effets protecteurs contre le stress oxydatif et les maladies cardiovasculaires, aucune étude clinique ou épidémiologique n'a encore prouvé un réel impact positif sur la santé. En clair, leur utilité dans nos aliments est surtout technologique, pas thérapeutique.

Moralité: lire les étiquettes, c'est bien, mais se focaliser sur la qualité globale de son alimentation, c'est encore mieux! Un bon équilibre nutritionnel vaut toujours mieux que la chasse aux additifs.

Alcool : un faux ami aux effets bien réels

Ah, l'alcool! Ce compagnon des soirées, des toasts entre ami(e) s, du fameux «un petit verre, ça ne fait pas de mal». Eh bien si, justement, ça fait du mal.

L'alcool est souvent perçu comme un élément ancré dans les traditions culturelles, parfois même présenté comme ayant des effets protecteurs sur la santé cardiovasculaire. En 1992, Serge Renaud et Michel de Lorgeril présentaient le paradoxe français ou «french paradox» dans *The Lancet* avec l'hypothèse selon laquelle la consommation modérée de vin rouge pourrait réduire le risque de maladies cardiovasculaires, malgré une alimentation riche en graisses saturées. Or, cette théorie a été fortement remise en question par des études épidémiologiques plus récentes, qui montrent que les effets de l'alcool sur la santé sont avant tout néfastes et qu'il représente une cause majeure de mortalité prématurée[283]. Cette idée romantique selon laquelle boire du vin rouge en mangeant du fromage réduirait les risques de maladies cardiovasculaires est un mythe.

---

283. https:// theconversation.com/french-paradox-une-consommationmoderee-dalcool-na-pas-deffet-protecteur-114853

Quand on regarde les études scientifiques, on découvre la fameuse courbe en J[284] [285] qui représente le niveau de risque par maladie, en fonction de la quantité d'alcool consommé. Imaginez un graphe : au début, on voit que les buveurs légers (1-2 verres par jour) semblent en meilleure posture que les abstinents. Sauf que, passé un certain seuil (30 g/jour, soit 3 verres et plus), le risque explose. Plus on boit, plus on court vers des problèmes sérieux : hypertension, infarctus, AVC, cancers, cirrhose du foie, démences… Ce qui est sûr, c'est que la consommation d'alcool n'est pas à ce jour recommandée dans un but de protection cardiovasculaire. Et si on prend en compte toutes les causes de décès liées à l'alcool, même les petits buveurs perdent tout « avantage » supposé par rapport aux abstinents. L'alcool ne protège pas, il fait des dégâts à petit feu.

Parlons chiffres. Chaque année en France, 41 000 personnes meurent à cause de l'alcool, et contrairement à ce qu'on pourrait croire, ce ne sont pas seulement des « gros buveurs ». Il y a de tout : des maladies du foie (bonjour la cirrhose !), des cancers digestifs, des infarctus, des AVC, sans oublier les accidents de la route et les suicides. Un vrai fléau sanitaire. Et cette histoire d'alcool bon pour le cœur ? Oui, le vin rouge contient des polyphénols, des antioxydants réputés. Mais devinez quoi ? On peut en trouver ailleurs ! Les fruits rouges, le thé vert, le chocolat noir… Autant de sources saines qui n'attaquent pas votre foie à chaque gorgée.

Alors, est-ce que tout le monde est logé à la même enseigne face à l'alcool ? Pas vraiment. Certains groupes y sont encore plus sensibles, notamment les femmes ménopausées, qui voient leur protection hormonale fondre comme neige au soleil. En effet à cette période, la consommation d'alcool doit être évitée.

---

284. Griswold, M. G., Fullman, N. Hawley, C. *et al.* "Alcohol use and burden for 195 countries and territories, 1990-2016 : a systematic analysis for the Global Burden of Disease Study 2016". *Lancet.* 2018 ; 392 :1015-1035.
285. "Population-level risks of alcohol consumption by amount, geography, age, sex, and year: a systematic analysis for the Global Burden of Disease Study 2020." Bryazka, Dana *et al. The Lancet*, volume 400, Issue 10347, 185-235.

Avec les bouleversements hormonaux, l'organisme l'élimine moins efficacement, et ses effets se font plus vite et plus longtemps ressentir. Déjà que le métabolisme ralentit, chaque verre apporte son lot de calories superflues, favorisant un stockage des graisses particulièrement tenace au niveau abdominal. Comme si cela ne suffisait pas, il perturbe la glycémie, entraînant fringales, coups de fatigue et une gestion du poids plus délicate. Le sommeil en pâtit également. Loin de favoriser l'endormissement, l'alcool entraîne des réveils nocturnes plus fréquents et un repos de moindre qualité, laissant une sensation de fatigue au réveil (et une haleine douteuse). Il augmente les bouffées de chaleur et les sueurs nocturnes, rendant les nuits encore plus agitées. Sur le plan cardiovasculaire à la ménopause, le risque d'hypertension et de maladies cardiaques augmente, et la consommation d'alcool, même modérée, peut accentuer ces effets en réduisant la souplesse des vaisseaux sanguins. Sans oublier son impact sur la santé osseuse : en interférant avec l'absorption du calcium, il contribue à la fragilité osseuse et accroît le risque d'ostéoporose et l'alcool augmente le risque de cancer du sein, et ce, dès le premier verre.

L'idée qu'un petit verre est bon pour la santé, c'est un peu comme croire qu'un paquet de chips est une bonne source de légumes parce qu'il y a de la pomme de terre dedans. L'alcool reste un toxique, même en petite quantité. Alors, si vous pensiez que trinquer tous les jours allait prolonger votre espérance de vie, il est peut-être temps de revoir vos sources… et votre consommation !

Conclusion

La ménopause est un moment de transition où bien manger aide à mieux appréhender les changements. Avec les modifications hormonales, le métabolisme ralentit, la prise de poids abdominale s'accélère et les risques cardiovasculaires augmentent. Une alimentation variée et équilibrée, riche en fibres, légumineuses, céréales complètes, fruits et légumes, contribue à préserver le microbiote intestinal, à réduire l'inflammation et à stabiliser les paramètres métaboliques[286]. À l'inverse, l'alcool et les aliments ultra-transformés aggravent ces déséquilibres et augmentent le risque de maladies chroniques.

Au-delà des choix individuels, l'enjeu est collectif. Les experts alertent sur l'urgence de réduire la consommation d'aliments ultra-transformés, riches en additifs, sucres cachés et graisses nocives. Pourtant, les actions en santé publique peinent à se concrétiser. Il est donc essentiel d'exiger plus de transparence, de réglementation et d'alternatives saines pour préserver la santé et l'environnement.

Le projet French Gut[287] ouvre une voie prometteuse en analysant la flore bactérienne de plus de 10 000 volontaires français pour mieux comprendre l'impact de notre alimentation sur notre santé et l'environnement. L'avenir de la prévention passe par une prise en charge nutritionnelle individualisée, adaptée aux besoins spécifiques de chacun, en fonction de son âge, de son métabolisme et de son microbiote.

À l'avenir, il sera essentiel de ne pas se focaliser uniquement sur la qualité nutritionnelle des aliments, mais aussi sur leur degré de transformation. La prévention des maladies ne repose pas sur une pilule magique, un aliment miracle ou un verre de vin rouge. Elle passe avant tout par une alimentation diversifiée et non transformée, une activité physique régulière, une abstinence de substances toxiques comme le tabac, une hydratation suffisante et une bonne gestion du stress. Mais au-delà de ce que nous mangeons, il est tout aussi important de prendre le temps de manger, d'être attentif à ses sensations et de respecter les aliments ainsi que les quantités ingérées. C'est dans cette perspective que s'inscrit la Mind-Eat Scale[288],

---

286. Amiot-Carlin, M. J. (2022). « Profils alimentaires et pathologies cardiovasculaires ». *Cahiers de Nutrition et de Diététique.*

287. https://lefrenchgut.fr/

288. Van Beekum, M., Shankland, R., Rodhain, A., Robert, M., Marchand, C., Herry, A., Prioux, C., Touvier, M., Barday, M., Turgon, R., Avignon, A., Leys, C. & Péneau, S. (2024). "Development and validation of the mindful eating scale (mind-eat scale) in a general population". *Appetite*, 199, 107398. https://doi.org/10.1016/j.appet.2024.107398

un outil conçu pour mesurer le niveau de pleine conscience dans l'alimentation. Elle évalue la capacité à manger en étant pleinement attentive à ses sensations, sans distraction ni automatisme, et analyse son impact sur la relation à la nourriture, la gestion du poids et la santé globale. Cette échelle est le fruit d'un travail rigoureux mené par des chercheurs français pour donner un cadre précis à l'alimentation en pleine conscience. Après avoir défini des critères, validé leur pertinence avec des experts et testé l'outil sur un large échantillon de volontaires, ils ont abouti à la Mind-Eat Scale, une échelle de 24 questions couvrant six aspects clés : perception de la faim et de la satiété, recul face aux envies alimentaires, observation sans jugement, appréciation des saveurs, ouverture et gratitude envers la nourriture.

Ce qui la rend unique, c'est son approche alliant science et expérience des praticiens, la rendant applicable au quotidien. Désormais, elle offre aux chercheurs un outil fiable pour mieux comprendre les effets de l'alimentation en pleine conscience sur la santé. Cet outil est en pratique utilisé dans la gestion du poids et la prévention des compulsions alimentaires. En nutrition et diététique, elle aide à mieux écouter les signaux de faim et de satiété, tandis qu'en thérapie comportementale, elle contribue à apaiser le stress et à lutter contre les troubles alimentaires. Au quotidien, elle favorise une approche plus sereine de l'alimentation, en encourageant à manger plus lentement, avec plus de plaisir et moins de culpabilité.

À la ménopause, cette approche peut être précieuse. Manger en pleine conscience permet de mieux réguler les apports, d'éviter le grignotage émotionnel et de limiter la prise de poids, souvent accentuée par les fluctuations hormonales. Un outil simple, mais efficace, qui aide à traverser cette transition plus sereinement, surtout dans un monde où la surconsommation et l'ultra-transformation des aliments perturbent notre rapport à la nourriture et à notre corps.

Au-delà de ces bienfaits pour la santé, l'alimentation est aussi et surtout un moment de partage. Cuisiner ensemble, échanger autour d'un repas, découvrir de nouvelles habitudes alimentaires avec l'autre… autant de gestes qui créent du lien et renforcent la complicité. Dans cette transition qu'est la ménopause, les liens et le soutien du partenaire font la différence, et cela passe par ces moments de complicité.

4.

MÉNOPAUSE : MODE D'EMPLOI POUR LE PARTENAIRE DE VIE (SURVIE INCLUSE)

La ménopause ne concerne pas seulement les femmes : c'est un « véritable séisme » hormonal, émotionnel et conjugal qui touche aussi bien l'individu que le couple. Lorsque le corps change, c'est souvent toute la dynamique relationnelle qui s'en trouve bouleversée. Fatigue, sautes d'humeur, baisse de libido ou inconfort physique peuvent créer des incompréhensions et des tensions. Pourtant, le sujet reste tabou. Beaucoup d'hommes et de partenaires ne savent pas comment aborder cette période et préfèrent l'éviter, par crainte de maladresse ou de rejet. Une étude de l'IFOP en 2021 révèle que 45 % des hommes en couple avec une femme ménopausée avouent ne pas savoir comment réagir, et plus d'un sur trois évite le sujet. Ce silence peut être plus destructeur que les symptômes eux-mêmes. 50 % des femmes ménopausées déclarent ressentir un impact négatif sur leur bien-être émotionnel et leur relation de couple. La ménopause transforme la perception de soi, le désir, la sexualité, mais elle met surtout en évidence un point fondamental : dans le couple, il est impossible de s'adapter à un changement dont on ne parle pas. Sans communication, chacun finit par se sentir seul dans cette transition. Le conjoint doit comprendre qu'il ne s'agit pas seulement d'une question hormonale, mais d'un ensemble de facteurs. C'est ici que le dialogue devient essentiel. Car dans le couple, rien ne peut s'ajuster sans communication. Trop souvent, les hommes disent qu'ils ne savent pas comment agir, qu'ils craignent de mal faire, de blesser, d'être maladroits. «Je ne reconnais plus ma femme, me confiait un patient. C'est comme si j'avais un tout nouveau smartphone entre les mains, mais avec une notice en japonais.» Une autre femme, désemparée, m'a avoué qu'elle aurait préféré que son mari parte en mission au bout du monde plutôt que de l'avoir sous les yeux à longueur de journée. Une femme, quant à elle, m'a dit un jour: «Mon mari est devenu mon colocataire, il est là, mais c'est comme si on vivait sur des planètes différentes.» Ces témoignages sont révélateurs d'une même réalité: si le couple ne se redéfinit pas ensemble, il se distend. Il n'y a pas de solution miracle, mais il y a une évidence: si l'on ne parle pas, on ne peut pas comprendre. Un homme ne peut pas deviner ce que ressent sa compagne si elle ne le lui exprime pas, et inversement. Le dialogue est le socle du couple, encore plus à cette étape de la vie où les repères changent.

Que l'on se rassure tout de suite, certaines femmes vivent la ménopause comme une libération. Plus de règles, plus de contraception, plus de risques de grossesse, plus d'injonctions sociales pesantes sur la jeunesse et la fertilité. Elles découvrent une liberté nouvelle, un temps pour elles, une sexualité débarrassée de la peur de l'inattendu. Comme le chante Helena dans *Summer Body*, nous passons trop de temps à nous voir à travers le prisme d'un «miroir déformé». Un corps jugé, scruté, comparé à des standards souvent inaccessibles. Mais l'essentiel n'est pas là.

«Summer body, j'vais bien, tu sais quoi
Summer body, j'ai passé l'été sans toi
Summer body, j'vais pas m'gâcher la vie
Pour plaire à je sais pas qui, à je sais pas quoi…»

Il y a dans ces paroles une force, une affirmation puissante qui résonne particulièrement avec cette période de vie. Car, oui, certaines femmes se sentent mieux à 50 ans qu'à 20.

Pour celles qui ont toujours cultivé une image positive d'elles-mêmes et une sexualité épanouie, la ménopause est vécue comme une simple transition. Et parfois, elle ravive même la flamme.

Certaines ressentent une montée du désir, ce que certains spécialistes qualifient de « seconde adolescence ». Mais là encore, tout dépend du parcours de chacune. Une femme qui n'a connu qu'un seul partenaire, qui a eu des relations difficiles ou qui a toujours eu un intérêt limité pour la sexualité aura plus de mal à s'épanouir dans cette nouvelle phase de vie. « Plus de mal » ne signifie pas « aucune possibilité ». L'histoire révèle quelques exemples de femmes qui, à la ménopause, ont découvert une sexualité plus revigorante et plus audacieuse.

George Sand (1804-1876), romancière célèbre, vécut plusieurs histoires d'amour marquantes après 50 ans. Sa relation avec le graveur Alexandre Manceau, de 14 ans son cadet, illustre cette liberté affective et sentimentale qu'elle a toujours revendiquée, refusant de voir l'âge comme un frein à l'amour et à la passion. Dans *Chéri*, Colette explore les tourments des femmes d'âge mûr face au temps qui passe et au regard social. Léa, 50 ans, vit une passion ardente avec Chéri, de 24 ans son cadet. Leur relation dépasse l'attirance physique : elle repose sur une complicité profonde, mêlant tendresse, intelligence et désir. Pourtant, lorsque Chéri cède aux conventions et épouse une femme plus jeune, il découvre un vide inattendu. Des années plus tard, revenu vers Léa, il perçoit enfin les marques du temps sur son corps et comprend brutalement l'irréversibilité de leur séparation. À travers cette histoire, Colette met en lumière une réalité implacable : si les hommes vieillissent avec une indulgence sociale, les femmes doivent sans cesse prouver leur désirabilité. Loin d'être un simple écho de sa propre vie, *Chéri* contraste avec l'expérience personnelle de l'écrivaine, qui vécut une longue histoire avec un homme plus jeune sans jamais douter de son pouvoir de séduction. Lucide, elle savait que défier le temps était une illusion, mais elle cultiva jusqu'à la fin ce charme insaisissable, s'émancipant des standards imposés à la féminité et à l'âge[289] [290].

289. Germaine Greer. *The Change: Women, Ageing and the Menopause.*
290. Coney S. (2002). "The Change: Women, Ageing and the Menopause". *BMJ: British Medical Journal*, *324*(7342), 922.

Pour la grande majorité des femmes, cette transition entraîne, à des degrés divers, des questionnements sur soi, son image et ses relations aux autres. Elle vient souvent ébranler l'assurance que l'on pensait acquise, bousculant ainsi l'équilibre personnel et affectif. Ainsi pour certaines, l'image de soi se fissure, et avec elle, la sexualité. La fatigue, les bouleversements hormonaux et la transformation du corps créent un sentiment d'étrangeté. «J'ai l'impression d'être un fantôme, mon reflet ne me ressemble plus», me livrait une femme. Une autre ajoutait: «Avant, mon mari me regardait avec envie. Aujourd'hui, j'ai l'impression d'être devenue transparente.» Une étude de l'Université Paris-Descartes a d'ailleurs démontré que les femmes ayant toujours eu une image corporelle positive et pratiqué une activité physique régulière souffrent bien moins de troubles psychologiques liés à la ménopause. À l'inverse, celles qui ont été soumises aux injonctions de jeunesse et de minceur peuvent ressentir cette transition comme une perte identitaire.

Pour les femmes célibataires, divorcées ou veuves, cette période peut être encore plus complexe. Retrouver une sexualité après 50 ans demande une assurance intérieure et une réconciliation avec son propre corps. À cet âge, l'injonction à rester jeune demeure l'une des plus lourdes à porter, comme si vieillir devait être repoussé à tout prix pour conserver sa légitimité sociale – et plus encore, son droit à la séduction. La visibilité des femmes reste trop souvent liée à cette notion de fraîcheur, érigée en synonyme de jeunesse, tandis que les hommes, eux, traversent les années avec une indulgence sociale dont les femmes sont encore largement privées. Une chevelure poivre et sel, quelques rides, une silhouette moins affûtée ne sont pas perçues comme des obstacles à une nouvelle histoire d'amour pour eux, mais plutôt comme les marques d'un charme assumé, d'une maturité séduisante. À l'inverse, nous nous imposons, souvent inconsciemment, une discipline de fer pour rester désirables, comme si le simple fait d'exister ne suffisait plus. Cette asymétrie est criante d'injustice: tandis qu'un homme peut refaire sa vie, fonder une nouvelle famille et se projeter dans un recommencement quasi infini, une femme doit faire le deuil de certaines choses – celui de la maternité, celui de la jeunesse et, plus cruel encore, celui du désir qu'elles inspirent. Ce qui est aberrant, c'est que nous avons fini par intégrer cette idée selon laquelle, passé un certain âge, nous serions devenues invisibles, voire repoussantes sur le plan sexuel. Cette perception, nourrie par des décennies d'injonctions, doit être déconstruite. La séduction, la sexualité, le plaisir ne se résument pas à la jeunesse ni à la fertilité. Ils existent bien au-delà, indépendamment de la capacité à procréer et d'être intemporelle. Il est temps de se réapproprier cette idée essentielle : la fonction première de la sexualité est le plaisir, pas la reproduction ou la quête d'un corps performant. Concevoir un enfant est une décision, un projet au sein d'un couple, mais l'acte en lui-même est avant tout une célébration de l'intimité, du désir partagé et du bien-être mutuel. Quant à nos exploits sexuels, ils ne suivent pas un programme millimétré digne d'un cours d'ashtanga yoga.

Dans cette quête de liberté, il faut aussi revisiter un autre mythe persistant : celui du prince charmant. Nous avons grandi, bercées par l'idée que la sexualité devait être intimement liée à l'amour, qu'il fallait attendre ce « grand amour » pour vivre des moments intimes. Cette vision à l'eau de rose a bercé des générations de femmes persuadées que désirer sans amour, c'était comme manger un gâteau sans fourchette. Spoiler : ça marche très bien sans. Pourtant, si l'amour renforce évidemment la complicité et l'épanouissement sexuel, il ne devra pas être un prérequis absolu pour expérimenter une sexualité heureuse. Il est parfaitement possible – et même sain – de dissocier les deux. Redécouvrir son corps, s'ouvrir à de nouvelles sensations sans y attacher une dimension sacrée ou romantique, c'est aussi une forme d'émancipation. Trop longtemps, nous avons laissé l'amour conditionner notre rapport au plaisir, oubliant que celui-ci nous appartient, indépendamment de celui qui partage notre lit.

Trop souvent, les femmes peinent à expliquer à un nouveau partenaire que les rapports nécessitent parfois plus de patience, plus de douceur, que notre corps s'est redessiné avec le temps. Et c'est vrai, notre corps change, nous avons besoin de plus de temps pour atteindre le plaisir. Et alors ? J'ai envie de vous répondre comme Maria Pacôme dans le film *La crise*, avec cette réplique inoubliable :

«Tes problèmes… je m'en fous.»[291] [292]. Parce qu'à 50 ans, comme celle incarnée par l'actrice, on n'a plus de comptes à rendre. On assume ses choix, y compris les plus intimes. On aime, on désire, on vit selon ses propres règles – et on ne laisse plus personne définir ce qui est «convenable» ou pas. Nous avons vécu, nous sommes plus lucides, et peut-être même plus libres. Arrêtons de nous laisser influencer par les diktats de la jeunesse, de toutes ces injonctions sur la manière de faire, de désirer et d'aimer. L'expérience nous a appris une chose, c'est que le bonheur et l'épanouissement ne sont pas dictés par un âge ou une apparence. À 50 ans, 60 ans, 70 ans, nous ne sommes plus les mêmes qu'à 20 ans, et c'est tant mieux. Nous avons appris à nous connaître, à savoir ce qui nous plaît, ce qui nous va, ce que nous voulons et ce que nous refusons. Nous avons appris à nous choisir. Alors oui, notre corps est différent, mais notre désir, lui, ne s'est pas envolé. Il ne s'agit plus de plaire à «je ne sais pas qui» ou à «je ne sais pas quoi», il s'agit de se plaire à soi-même, d'aimer le reflet que l'on voit dans le miroir, non pas parce qu'il est conforme aux normes, mais parce qu'il est le nôtre.

Si nous vieillissons, il faut aussi se rappeler que les hommes changent, et ne sont pas toujours les adonis et les princes charmants que l'on veut bien nous faire croire. Face à ces changements, les hommes, eux aussi, sont parfois perdus. Et je ne parle pas seulement de leurs chaussettes qu'ils égarent sans cesse, ils se retrouvent souvent désorientés face à leur compagne qui change sous leurs yeux. Beaucoup ne savent plus comment l'approcher, comment lui parler, comment la toucher sans craindre de mal faire. «J'ai peur de lui faire mal, m'a avoué un homme dont la femme souffrait de sécheresse vaginale. Elle n'a plus envie, alors je n'ose plus rien tenter.» Comme le rappellent le Dr Ronald Virag chirurgien vasculaire andrologue et membre de l'Académie française de chirurgie et le Dr Hélène Sussman médecin vasculaire[293] – tous deux auteurs de

291. https://www.youtube.com/watch?v=c53tuKqisrA

292. https://live.cinematheque.ch/films/la-crise

293. *Le sexe des hommes – Tout savoir sur les troubles de l'érection pour les soigner ou les éviter, Hélène Sussman.* (s. d.). Chasse-aux-livres. https://www.chasse-aux-livres.fr/prix/2266349627/le-sexe-des-hommes-helene-sussman

nombreux ouvrages sur la dysfonction érectile et accompagnant depuis des années des hommes confrontés à des troubles de l'intimité – la question du désir, à la cinquantaine, dépasse largement le champ médical. Elle ouvre aussi, dans de nombreux couples, un espace de questionnement profond sur le désir, la féminité, et la place de l'autre dans ce nouveau paysage intime. Les deux praticiens, qui accompagnent depuis des années des hommes en difficulté et leurs partenaires, décrivent avec justesse un terrain miné de passions contrariées, de silences pudiques, parfois de frustrations feutrées, où les non-dits pèsent souvent plus lourd que les symptômes eux-mêmes.

Face à cette étape charnière, les réactions varient – et si l'on devait en esquisser des profils, trois stéréotypes ressortent. Le premier est celui de la continuité apaisée. Après quelques orages physiques – bouffées de chaleur, troubles du sommeil, sécheresse vaginale – bien identifiés et relativement bien maîtrisés, la femme retrouve un équilibre. Le couple aussi. La vie intime reprend alors son cours, parfois plus calme, mais souvent plus complice, libérée des contraintes de la fertilité ou de la performance. Le deuxième scénario, plus inattendu, est celui d'une réinvention joyeuse. Certaines femmes vivent la ménopause comme un soulagement, une libération. Affranchies des pressions liées à la maternité, à la contraception, à l'image sociale du «corps jeune», elles redécouvrent leur désir avec une spontanéité nouvelle. Ce renouveau, parfois surprenant pour le partenaire, peut créer un déséquilibre: l'époux, moins à l'aise, moins performant, se retrouve déstabilisé par cette femme qu'il pensait connaître et qui, soudain, s'affirme, s'épanouit. Ce n'est pas la ménopause qui met en pause la vie sexuelle – c'est elle qui, parfois, lui redonne du souffle. Enfin, le troisième stéréotype, plus radical, est celui du repli. Pour certaines, la ménopause marque un arrêt net de la vie sexuelle. L'envie s'étiole, le corps devient étranger, les rapports s'espacent jusqu'à disparaître. Lors des consultations, il n'est pas rare d'entendre certains hommes, un peu perdus, confier : «Depuis la ménopause, ma femme est beaucoup moins demandeuse.» Comme si cette étape biologique avait signé, sans préavis, la fin d'une histoire charnelle.

Derrière ce silence, il y a souvent des douleurs non exprimées, des malaises ignorés, mais aussi une question plus vaste : celle de la place de la femme dans son propre désir, et du regard que son partenaire porte sur elle et inversement.

Au fond, il ne s'agit pas seulement de sexualité. La ménopause interroge la féminité dans ce qu'elle a de plus intime, de plus mouvant. Elle oblige, parfois avec fracas, à redéfinir les contours du désir, à repenser la relation à soi, au corps, à l'autre. Et si, à défaut d'un modèle unique, on apprenait à laisser place à toutes ces façons d'être femme – y compris à 50 ans, et bien au-delà ?

Ce que beaucoup de partenaires masculins peinent à comprendre, c'est justement cette complexité. Certains se sentent démunis, déroutés par les évolutions de la libido de leur compagne. Mais ce qu'ils ignorent souvent, c'est que le désir féminin ne se déclenche pas comme un interrupteur. Elle résulte d'un équilibre délicat entre hormones, émotions et le contexte de vie de chaque femme. Fatigue, stress, image de soi, qualité du lien émotionnel… autant de facteurs qui influencent le désir, et qui rendent chaque parcours intime unique.

La sexualité féminine repose sur une interaction fine entre plusieurs mécanismes physiologiques et psychologiques[294]. L'excitation sexuelle ne se limite pas à une simple « envie » : c'est un processus complexe où le cerveau intervient à plusieurs niveaux. Il reçoit des signaux sensoriels, les analyse, les amplifie (merci la dopamine !) et les transmet à tout un réseau de structures cérébrales (hypothalamus, thalamus, amygdale, cortex cingulaire et frontal). Une fois le feu vert donné, c'est au tour du corps d'entrer en scène : le clitoris se gorge de sang, les muscles lisses se détendent, et tout ce beau mécanisme mène à la tumescence et à la protrusion du clitoris (ou, pour faire plus simple : il réagit, il se dresse, il est prêt). Mais attention, tout ça est une équation d'équilibre entre neurotransmetteurs excitateurs (dopamine, œstrogènes, testostérone, norépinéphrine) et inhibiteurs (sérotonine, prolactine,

294. Author, N. (2019). « Chapitre 8 : Sexualité et ménopause ». *Journal Of Obstetrics And Gynaecology Canada*, 41, S103-S121. https://doi.org/10.1016/j.jogc.2019.02.147

opioïdes). Trop de sérotonine ? Bye bye la libido. Un bon niveau de dopamine ? Bonjour le désir ! C'est un jeu entre accélérateur et frein qui peut facilement se dérégler. Et comme si cela ne suffisait pas, l'irrigation sanguine et la relaxation musculaire doivent être au rendez-vous pour assurer une réponse sexuelle optimale. Un déséquilibre dans l'un de ces systèmes (mauvaise circulation, stress, déséquilibre hormonal) peut provoquer une dysfonction sexuelle féminine, freinant le plaisir. Heureusement, la science s'en mêle ! Grâce à l'imagerie cérébrale, on peut désormais observer ce qui se passe dans le cerveau pendant l'excitation et l'orgasme, ouvrant la voie à de nouvelles approches pour améliorer la sexualité féminine. Et si nécessaire, des solutions comme les inhibiteurs de la phosphodiestérase de type 5 (le Viagra féminin !), mais il n'agit pas sur la circulation sanguine comme son équivalent masculin : il modifie plutôt l'action des neurotransmetteurs dans le cerveau. Les résultats sont mitigés, et ces traitements sont loin d'être une solution miracle, l'oxyde nitrique ou les prostaglandines peuvent donner un petit coup de pouce aux tissus concernés.

L'excitation féminine, ce n'est pas juste une question de stimulation locale : c'est un feu d'artifice neurochimique où le cerveau, les hormones, les nerfs et la circulation sanguine jouent un rôle clé. Lorsque tous ces mécanismes s'accordent parfaitement, le désir et le plaisir sont au rendez-vous. Mais si quelque chose vient perturber cette harmonie, on peut pointer du doigt la prolactine, qui freine l'excitation, ou regretter l'absence de dopamine, ce neurotransmetteur du plaisir. Et si besoin, on peut toujours espérer un sursaut chimique pour relancer la machine !

La sécheresse vaginale est aussi une problématique tangible qui touche près de 60 % des femmes ménopausées et qui peut rendre les rapports inconfortables, voire douloureux. Il existe des solutions. Lubrifiants, hydratants vaginaux, traitements locaux aux œstrogènes... mais aussi une réinvention de la sexualité, où la pression de la pénétration cède la place à une sensualité plus large, plus lente, plus exploratoire. Une femme peut ressentir son corps différemment, et un simple baiser peut avoir un effet bien plus puissant que l'acte sexuel en lui-même si le contexte ne s'y prête pas. Comme l'écrivait Simone de Beauvoir, « il n'y a pas de fatalité biologique : l'anatomie n'est pas un destin. » Cette phrase souligne l'un des mythes les plus persistants autour de la sexualité féminine : celui qui érige la pénétration en passage obligé du plaisir. Cette vision, héritée d'une longue tradition patriarcale, repose sur l'idée erronée que le coït serait l'unique voie d'accès à une sexualité accomplie. Pourtant, il suffit d'écouter les récits de nombreuses femmes, de s'intéresser aux études scientifiques sur le plaisir féminin, ou simplement d'observer la diversité des expériences sensorielles pour comprendre à quel point cette idée est réductrice. Le plaisir ne se limite pas à un acte mécanique : il réside dans l'exploration, la complicité, le toucher, la caresse, le regard échangé, la connexion émotionnelle. La masturbation, longtemps reléguée au rang de substitut solitaire, est en réalité une pratique à part entière qui permet de mieux connaître son propre corps et d'enrichir l'intimité du couple. L'excitation peut naître de mille façons, par un frisson, une attente, une parole, un souffle. En faire une expérience centrée uniquement sur la pénétration revient à passer à côté d'une multitude de sensations et d'échanges qui participent tout autant, sinon davantage, au plaisir. Remettre en question cette croyance, c'est offrir aux femmes la possibilité d'une sexualité épanouie, où chaque individu peut redéfinir ce qui lui procure du plaisir sans se conformer à un modèle unique. C'est aussi permettre aux couples de s'éloigner des attentes rigides et de redécouvrir ensemble une sensualité plus fluide, plus intuitive, où la finalité ne se résume pas à un schéma préétabli, mais à un partage authentique du désir[295].

Face à ces changements physiques, le traitement hormonal de la ménopause a démontré son efficacité pour atténuer les symptômes inconfortables, et il peut être proposé dans ce contexte. La testostérone est parfois prescrite en seconde intention aux femmes pour améliorer leur libido, mais son efficacité reste incertaine et les études scientifiques sont encore divisées sur la question. Le réajustement global est plus pertinent : explorer d'autres formes de

---

295. http://gemvi.org/grand-public/

plaisir, prolonger les préliminaires, se reconnecter émotionnellement et mentalement avec le désir.

Et l'homme dans tout ça ? Il n'est pas épargné. L'andropause, terme flavescent inventé récemment, crée plus de confusion qu'elle n'apporte de réponses. Contrairement à la ménopause, qui est un arrêt net de la production d'hormones, l'homme voit ses taux de testostérone diminuer progressivement avec l'âge. Il ne traverse pas une « ménopause masculine » au sens strict, mais peut ressentir une baisse d'énergie, de libido, des troubles de l'érection liés au vieillissement. Ce qui est certain, c'est que le couple doit traverser ces changements ensemble.

La libido n'est pas qu'une question chimique ou mécanique. Elle dépend aussi de facteurs externes comme le stress, les nouvelles technologies, la qualité de la relation et du contexte de vie. Une étude de l'Université de Montréal montre que 70 % des femmes ménopausées déclarent que leur libido est influencée davantage par leur état émotionnel que par leur taux d'hormones. Ce n'est pas que la femme ménopausée ne veut plus, c'est qu'elle n'a parfois plus l'espace mental nécessaire pour se connecter à son désir.

La ménopause coïncide aussi avec d'autres bouleversements dans le couple. Le départ des enfants ou le fameux syndrome du nid vide, qui laisse dans nos sociétés modernes souvent la place au nid qui déborde[296]. Entre les grands ados qui prolongent leur séjour, profitant du confort parental pour leurs études (et leurs amours), et les (grands-)parents en quête de soins ou de compagnie, la maison familiale devient une véritable colocation intergénérationnelle. L'intimité des parents se réduit inexorablement, et le foyer ressemble parfois plus à un hôtel gratuit à durée indéterminée qu'à un havre de tranquillité ! sans oublier la retraite qui pointe son bout du nez. Après des décennies de charge mentale, d'organisation familiale, le couple se retrouve face à face… parfois désemparé. Une étude de l'Université Paris Dauphine indique que 35 % des divorces

296. Martin-Du-Pan, R. C. (2009). « Syndrome du nid vide, ménopause et traitement œstrogénique ». *Revue Médicale Suisse*, 5(206), 1292. https://doi.org/10.53738/revmed.2009.5.206.1292

après 50 ans surviennent dans les cinq ans suivant le départ du dernier enfant ou son retour ! Paradoxalement, alors qu'on devrait avoir plus de temps pour soi, la charge mentale ne disparaît pas, elle change juste de forme. Il faut réapprendre à être ensemble, à recréer du désir dans un quotidien où l'autre est présent 24 heures sur 24. Pour certaines femmes, voir leur conjoint assis sur le canapé toute la journée est insupportable. Une femme m'a dit un jour : « Le monde est grand, mais mon mari est partout ! » Mais que l'on se redécouvre ou que l'on s'agace mutuellement, une chose est sûre : le couple évolue dans un monde où l'amour et la séduction ne sont plus tout à fait les mêmes. Aujourd'hui, les relations amoureuses ne se limitent plus aux interactions du quotidien ; elles se jouent aussi sur un terrain plus vaste, celui du numérique[297] [298].

Autrefois, une histoire commençait souvent par un regard échangé au détour d'une soirée ou un sourire timide dans un café. Aujourd'hui, il suffit d'un glissement de doigt sur un écran pour entrer en contact avec une infinité de partenaires potentiels. C'est pratique et plus facile pour rencontrer, certes, mais cela a aussi transformé les attentes et les codes relationnels. Les applications de rencontre contrairement aux idées reçues ne sont pas uniquement le terrain de chasse des aventuriers d'un soir : une majorité d'utilisateurs y cherchent une relation stable, même si la diversité des intentions peut semer la confusion et générer quelques quiproquos (Sumter, Vandenbosch et Ligtenberg, 2017).

L'impact du numérique ne s'arrête pas aux premiers échanges. Grâce aux réseaux sociaux, on peut aujourd'hui connaître une personne avant même de lui avoir parlé. En quelques clics, il est possible de remonter une décennie de sa vie et de se faire une idée – souvent biaisée – de qui elle/il est. Ce trop-plein d'informations peut être une arme à double tranchant : il nourrit parfois les fantasmes et l'idéalisation, mais il peut aussi entraîner des

---

297. https://www.ordrepsy.qc.ca/-/le-couple-et-les-nouvelles-technologies-utilisation-des-reseaux-sociaux-et-de-la-pornographie-en-ligne

298. Martin, O. et De Singly, F. (2002). « Le téléphone portable dans la vie conjugale. Retrouver un territoire personnel ou maintenir le lien conjugal ? » Réseaux, nos 112-113(2), 212-248. https://shs.cairn.info/revue-reseaux1-2002-2-page-212?lang=fr

jugements hâtifs sur un détail anodin. Après tout, est-ce qu'un selfie maladroit datant de 30 ans avec une coupe de cheveux douteuse est vraiment un critère rédhibitoire ? Les réseaux sociaux n'ont pas seulement complexifié les débuts d'une relation, ils ont aussi renforcé la jalousie. Avant, on interprétait un retard suspect ou un sourire un peu trop appuyé. Aujourd'hui, tout est matière à enquête : un « like » sous la photo d'un(e) ex, un commentaire ambigu ou une story visionnée un peu trop rapidement. Une étude a d'ailleurs démontré que plus on passe de temps à scruter l'activité numérique de son partenaire, plus la jalousie et l'anxiété relationnelle augmentent (Daspe, Vaillancourt-Morel, Lussier et Sabourin, 2018). Certains vont même jusqu'à suivre discrètement l'activité en ligne de leur moitié, cherchant dans chaque interaction une potentielle menace. Et le pire, c'est qu'on ne peut même plus rompre en paix : impossible d'effacer complètement quelqu'un de sa vie quand un algorithme s'obstine à nous rappeler son existence en nous suggérant ses nouvelles publications ou en nous ressortant, au pire moment, des souvenirs « d'il y a trois ans jour pour jour ».

Dans ce contexte ultra-connecté, les thérapeutes de couple voient émerger de nouvelles tensions conjugales. On ne se dispute plus seulement pour savoir qui doit sortir les poubelles, mais aussi pour comprendre pourquoi un message est resté en « vu » ou qui a liké quelle photo. Le numérique peut autant renforcer un couple qu'il peut le fragiliser, tout dépend de l'usage qu'on en fait. Une étude menée par l'Université de Montpellier a d'ailleurs révélé que les couples qui définissent des règles claires autour des réseaux sociaux et qui communiquent sur leur usage du numérique ont 60 % plus de chances de préserver une relation stable et harmonieuse. Et ce bouleversement ne concerne pas que les jeunes générations.

À l'âge de la ménopause, alors les repères affectifs tanguent parfois, l'hyperconnexion peut être un nouvel obstacle. Si ces outils permettent de rester en contact, ils imposent aussi des codes relationnels difficiles à appréhender. La pression du paraître, omniprésente sur les réseaux, pèse autant sur les hommes que sur les femmes, mais elle peut être particulièrement pesante à une période où l'image de soi est déjà mise à l'épreuve. Dans un monde où les échanges se digitalisent et où les algorithmes ne laissent jamais vraiment place à l'oubli, la question n'est plus seulement de savoir comment rencontrer quelqu'un, mais comment s'épanouir dans ce paysage numérique. Et le couple dans tout ça ? Il doit aussi apprendre à se déconnecter pour mieux se retrouver. Une étude de l'Université de Lyon montre que les couples hyperconnectés ont trois fois moins de conversations intimes qu'il y a vingt ans. Le phubbing – cette fâcheuse habitude d'ignorer son partenaire pour scroller sur son téléphone – est devenu une nouvelle forme d'érosion de la relation. Pourtant, la technologie peut aussi être un atout. Ceux qui instaurent des moments sans écran, comme des dîners, des soirées ensemble ou même des week-ends en mode déconnexion, affichent un niveau de satisfaction conjugale 30 % plus élevé. En fin de compte, le plus grand défi du couple moderne est peut-être simplement d'apprendre à se regarder à nouveau… sans écran interposé.

Comment retrouver une sexualité épanouie à la ménopause ? D'abord, en retenant que le désir féminin ne fonctionne pas comme un interrupteur « on/off ». Il est influencé par la fatigue, le stress, l'image de soi, le vécu personnel et la qualité de la relation de couple. Une étude de l'INSERM a démontré que les femmes qui bénéficient du soutien de leur partenaire sont 40 % plus susceptibles de conserver une vie sexuelle active après la ménopause.

Voici quelques pistes pour raviver la flamme sans passer par la case « frustration ». Le dialogue, c'est le b.a.-ba. Si une femme ne se sent pas comprise, elle aura encore moins envie de se rapprocher de son partenaire. Il ne s'agit pas de transformer la discussion en interrogatoire médical (« Alors, sur une échelle de 1 à 10, comment évalues-tu ta sécheresse vaginale ? »), mais d'aborder le sujet avec bienveillance et sans tabou. Parler, c'est déjà désamorcer bien des blocages. Dans cette période de transition, il faut aussi redonner aux préliminaires la place qu'ils méritent. L'époque du « 3 minutes chrono » est révolue. Avec la ménopause, la lubrification naturelle peut être moins efficace, d'où la nécessité d'adopter des préliminaires plus longs, plus sensuels, centrés sur le plaisir mutuel. Des solutions existent pour améliorer le confort, comme les lubrifiants à base d'eau, les gels hydratants vaginaux ou encore les traitements locaux aux œstrogènes, à envisager avec un professionnel de santé. Explorer d'autres formes de sensualité. La sexualité ne se résume pas à la pénétration. Beaucoup de couples découvrent que les massages, les caresses, la tendresse et même l'humour sous la couette peuvent être tout aussi satisfaisants. Une étude de l'Université de Toulouse souligne que le plaisir féminin à la ménopause ne disparaît pas, il évolue. Ce qui évolue aussi, c'est la perception de soi. La ménopause peut provoquer un sentiment de perte de féminité, et ce n'est pas anodin : 53 % des femmes interrogées par l'IFOP estiment que la prise de poids, l'apparition des rides et la perte de tonicité affectent leur confiance en elles. Un partenaire attentif, qui valorise et rassure sa compagne, a bien plus de chances de raviver la flamme que n'importe quelle solution miracle.

L'homme est une femme comme un autre. Nous vieillissons ensemble. La relation se transforme, mais elle ne doit pas s'éteindre. Le secret réside dans le dialogue, l'envie de se redécouvrir. Ce n'est pas la fin de la vie amoureuse. Un homme m'a dit un jour : « Je croyais que tout était fini… et en fait, on a appris à s'aimer autrement. » C'est bien là tout l'enjeu.

5.

MÉNOPAUSE ET TRAVAIL

La ménopause devrait-elle être une préoccupation sur le plan professionnel ?

En 2023, 66 % des femmes françaises âgées de 15 à 64 ans étaient actives, un taux légèrement au-dessus de la moyenne européenne, qui s'établissait à 65,8 %. Si cette proportion illustre une insertion professionnelle croissante, elle ne reflète pas pour autant une véritable équité dans le monde du travail. Les inégalités persistent notamment à travers une concentration plus marquée des femmes dans des emplois précaires, des rémunérations inférieures à celles de leurs homologues masculins et une moindre représentation aux postes de direction[299]. Travailler n'est pas seulement une nécessité économique pour les femmes, c'est aussi un facteur essentiel d'indépendance et d'épanouissement personnels, mais aussi un moteur pour l'économie et une nécessité pour la pérennité du marché du travail dans un contexte de transition démographique. Une enquête intéressante menée par le BIT et Gallup[300] a demandé aux femmes et aux hommes de 142 pays s'ils préféraient que les femmes aient un emploi rémunéré, restent au foyer et s'occupent de leur famille, ou bien fassent les deux à la fois.

299. « Taux d'emploi féminin » – *Europe* | *L'Observatoire des Territoires*. (s. d.). https://www.observatoire-des-territoires.gouv.fr/taux-demploi-feminin-europe
300. Qu'est-ce qui pénalise les femmes face à l'emploi ? (s. d.-b). InfoStories. https://webapps.ilo.org/infostories/fr-FR/Stories/Employment/barriers-women

Les résultats montrent que pas moins de 70 % des femmes – quelle que soit leur situation d'emploi ou non – préféreraient avoir un emploi rémunéré. Et 66 % des hommes partagent cette opinion[301].

Dans les décennies à venir, avec le vieillissement de la population et le recul de l'âge de départ à la retraite, les femmes de plus de 50 ans représenteront une part de plus en plus importante de la main-d'œuvre. Toutes les femmes actives connaîtront la ménopause. Alors que les entreprises ont progressivement intégré des dispositifs liés à la maternité et, plus récemment, à la gestion des menstruations, rares sont les initiatives prévues aujourd'hui pour accompagner les salariées face aux bouleversements de la ménopause. Cet état physiologique naturel dans le continuum de la vie d'une femme s'accompagne de symptômes pouvant impacter la vie professionnelle : fatigue persistante, insomnies, anxiété, troubles de la concentration, bouffées de chaleur invalidantes, douleurs articulaires… Autant de manifestations qui, selon une étude menée en Suisse en 2023, concernent près de 70 % des femmes ménopausées. De plus, 68 % d'entre elles déclarent souffrir du « brouillard mental », une altération de la mémoire et de la concentration qui peut nuire directement à leur efficacité professionnelle[302]. Par ailleurs, l'expérience de la ménopause est influencée par l'environnement de travail, tant sur le plan physique que psychologique et psychosocial. De nombreux facteurs, modifiables, peuvent soit atténuer, soit aggraver les symptômes ressentis par les femmes.

Cette interaction bidirectionnelle exige une prise de conscience et une action concertée de toutes les parties prenantes : les femmes concernées, les employeurs, les professionnels de santé, les instances juridiques et les gouvernements. Ignorer cet enjeu, c'est compromettre non seulement le bien-être et la performance des femmes en milieu professionnel, mais aussi la productivité et l'équité au sein des organisations.

---

301. Qu'est-ce qui pénalise les femmes face à l'emploi ? (s. d.). InfoStories. https://webapps.ilo.org/infostories/fr-FR/Stories/Employment/barriers-women#what-women/data-by-country

302. https://www.rts.ch/articles/2024/article/briser-le-tabou-de-la-menopause-au-travail-28437469.html

Les répercussions sur la productivité apparaissent significatives. Bloomberg a rapporté en 2021 que les pertes de productivité liées à la ménopause pourraient atteindre 150 milliards de dollars (137,2 milliards d'euros) par an. De son côté, une estimation similaire de la Mayo Clinic a chiffré le coût pour les entreprises américaines à 26 milliards de dollars (23,8 milliards d'euros) par an[303]. Ces chiffres illustrent que la ménopause n'est pas seulement une question de santé individuelle, mais un véritable enjeu économique et sociétal. En l'absence de mesures adaptées, de nombreuses femmes se voient contraintes de réduire leur temps de travail, voire de quitter leur emploi. Les symptômes de la ménopause ne sont pas les seuls à précipiter le départ des femmes ; le manque de reconnaissance et l'absence de dispositifs d'accompagnement au sein des entreprises y contribuent tout autant. Par peur d'être jugées moins performantes ou moins fiables, un tiers des salariées concernées préfèrent taire leurs difficultés plutôt que d'en parler à leur hiérarchie. « Une patiente, cadre dans une grande compagnie d'assurances, m'a confié en consultation qu'elle rencontrait de plus en plus de difficultés à gérer ses émotions au travail. Ses sautes d'humeur l'entravaient dans son rôle de manager, où garder son sang-froid était essentiel. Elle passait également beaucoup plus de temps à organiser et structurer ses tâches, par crainte de commettre des erreurs, ce qui ralentissait son efficacité et ajoutait une charge mentale supplémentaire. » « Une autre patiente, navigante dans une grande compagnie aérienne, m'a expliqué à quel point ses bouffées de chaleur devenaient invivables. En plein vol, dans des espaces exigus et en perpétuelle promiscuité avec les passagers et l'équipage, elle se sentait mal à l'aise, parfois même "sale", à cause des sueurs excessives. Cette sensation d'inconfort constant, couplée à l'impossibilité de répondre immédiatement à un besoin aussi basique que celui de se rafraîchir, ajoutaient une détresse supplémentaire à son quotidien professionnel. »

---

303. http://fr.euronews.com/business/2024/10/11/irlande-labsence-de-politiques-relatives-a-la-menopause-pourrait-nuire-aux-entreprises

Au-delà de la ménopause, l'âge est, de manière générale, le principal facteur influençant la baisse de certaines performances au travail. Une étude menée par l'OCDE souligne que si l'expérience et l'expertise augmentent avec l'âge, certaines capacités cognitives, comme la rapidité d'exécution ou la flexibilité mentale, peuvent décliner à partir de 50 ans. Ce phénomène touche les deux sexes, mais les femmes doivent composer avec les effets supplémentaires de la ménopause, souvent dans un contexte où elles ont déjà dû surmonter d'autres freins professionnels au cours de leur carrière.

Dans un marché du travail où la fidélisation des talents devient un défi majeur, les entreprises ont un intérêt fort à mieux intégrer cette réalité dans leurs politiques de gestion des ressources humaines. Certaines ont déjà amorcé un changement. En Irlande, le syndicat SIPTU (Services, Industrial, Professional and Technical Union) a élaboré une politique dédiée à la ménopause sur le lieu de travail, insistant sur la nécessité d'aménagements individualisés pour les salariées qui en ressentent le besoin[304]. En France, les *Laboratoires Vichy* se sont associés au Groupement d'études sur la ménopause et le vieillissement hormonal (GEMVi) pour rédiger une « tribune d'engagement ». Ce manifeste, baptisé #Menopositivity, poursuit un double objectif : d'une part, briser le silence autour de la ménopause, et d'autre part, inciter les entreprises à mieux accompagner la qualité de vie au travail de leurs salariées ménopausées.

Sur le plan institutionnel, le Royaume-Uni a également pris des mesures. Le 28 juillet 2022, la Commission des femmes et de l'égalité de la Chambre des communes britannique a publié un rapport intitulé « Menopause and the workplace » (La ménopause et le milieu de travail), abordant les défis auxquels font face les femmes ménopausées dans le monde professionnel et leurs difficultés rencontrées en période de ménopause sur leur lieu de travail, notamment en matière de discrimination, de stigmatisation et de maintien en emploi. En réponse à ce rapport, le gouvernement britannique a publié le 24 janvier 2023 le document intitulé *Menopause and the workplace: Government Response to the Committee's First*

304. www.iuf.org

Report of Session 2022-2023[305]. Dans sa réponse, le gouvernement britannique a reconnu l'importance de mieux prendre en compte ce sujet et il a formulé plusieurs recommandations pour encourager les entreprises à adopter des politiques plus adaptées, notamment en ajustant les conditions de travail et en luttant contre la stigmatisation liée à l'âge et à la ménopause, mais a rejeté certaines propositions, telles que l'ajout de la ménopause en tant que caractéristique protégée dans la loi sur l'égalité de 2010 et la mise en place d'un congé spécifique pour la ménopause. Le gouvernement britannique conscient des enjeux sanitaires et économiques a approuvé la nomination d'un « Menopause Employment Champion » pour promouvoir la sensibilisation et le soutien aux femmes ménopausées sur le lieu de travail. Ces rapports mettent en lumière les efforts en cours pour améliorer les conditions de travail des femmes traversant la ménopause et les mesures envisagées pour les soutenir efficacement.

La France commence à intégrer la ménopause dans ses politiques de santé publique et sur le lieu de travail, en s'appuyant de plus en plus sur des indicateurs statistiques et économiques. En considérant que chaque année, environ 500 000 femmes entrent dans cette phase, portant à près de 14 millions le nombre total de femmes ménopausées dans le pays. *(Source : INSEE, 2023.)* Dès 55 ans, elles seront toutes concernées par cette transition hormonale, pourtant largement ignorée dans les dispositifs de santé et les politiques de gestion des ressources humaines. Alors même que plus de la moitié de la population féminine traversera un jour cette étape, la ménopause reste un sujet secondaire, notamment en milieu professionnel, bien que la grande majorité des femmes ménopausées soient encore en activité. Avec l'espérance de vie d'aujourd'hui, une femme en France vivra environ un tiers de sa vie après être entrée en ménopause, rendant indispensable une meilleure prise en compte de ses implications sur la santé et le bien-être au travail. Conscient de ces défis, le gouvernement

305. https://committees.parliament.uk/publications/33631/documents/183795/default/

a amorcé une réflexion sur la question. Le 18 octobre 2024, une mission parlementaire sur la ménopause a été lancée, dirigée par la députée Stéphanie Rist, pour améliorer l'information, le suivi médical et la prise en charge des femmes. Le 21 janvier 2025, une proposition de loi a été déposée pour renforcer la prévention et adapter les conditions de travail des salariées, encourageant les entreprises à mieux soutenir leurs employées pendant cette phase[306].

Ces actions témoignent d'une évolution des mentalités et d'une reconnaissance progressive des conséquences de la ménopause sur la vie professionnelle. Toutefois, ces initiatives restent encore trop rares, et il est essentiel d'encourager une transformation plus large du monde du travail, afin de préserver l'expérience et les compétences des femmes à toutes les étapes de leur carrière.

La question n'est pas de considérer la ménopause comme un problème, mais de reconnaître qu'elle fait partie du cycle naturel et mérite d'être prise en compte au même titre que d'autres étapes clés de la vie des femmes, telles que la maternité, et intégrée dans leur parcours professionnel. Valoriser l'expérience des salariées, proposer des aménagements adaptés, former les managers et les professionnels de santé à mieux comprendre ces priorités : autant de leviers qui permettraient non seulement de limiter les départs prématurés de collaboratrices expérimentées, mais aussi d'optimiser la performance collective des entreprises.

L'histoire du travail féminin a toujours été une conquête progressive. Après la reconnaissance des congés maternité, la mise en place de politiques d'égalité salariale et la lutte pour une meilleure représentativité des femmes aux postes de décision, il est temps d'inclure la ménopause comme une réalité incontournable du monde professionnel. Une entreprise qui sait s'adapter aux différentes étapes de la vie de ses employés est une entreprise plus stable, plus forte, et plus rentable.

306. « Santé des femmes au travail : des maux invisibles » – *Le rapport – Sénat.* (s. d.). Sénat. https://www.senat.fr/rap/r22-780-1/r22-780-111.html

À la question « La ménopause devrait-elle être une préoccupation sur le plan professionnel ? », la réponse est sans équivoque : oui, absolument. Ignorer ce sujet, c'est compromettre la santé des employées, la productivité et l'équité en entreprise. À l'inverse, intégrer la ménopause dans les politiques internes permet de favoriser l'inclusion, de retenir des talents et d'améliorer la compétitivité des organisations.

Alors, parlons de la ménopause sans tabou dans le monde du travail aujourd'hui. Quels sont les symptômes de la ménopause susceptibles d'affecter le travail ? Dans quelle mesure cette période influe sur la productivité et la performance des entreprises ? Et surtout, quels leviers concrets peuvent être mis en place pour améliorer la place des femmes dans le monde du travail à cet âge clé de leur carrière ? Enfin, nous aborderons comment une meilleure visibilité de cette réalité peut contribuer à briser les tabous, à combattre les stéréotypes liés à l'âge et au genre, et à favoriser un environnement professionnel où les femmes de tous âges trouvent leur juste place.

Symptômes, perceptions et soutien des entreprises : ce qui freine ou pas la participation économique des femmes !

La ménopause n'est pas une maladie, mais une transition naturelle qui survient à des âges variés et peut être déclenchée précocement par certaines pathologies. Les symptômes qui l'accompagnent varient considérablement : si certaines femmes traversent cette période sans heurts, d'autres subissent des bouleversements plus marqués, en particulier lorsque la ménopause est induite. C'est pourquoi la ménopause se manifeste différemment d'une femme à l'autre en milieu professionnel. Cette diversité d'expériences est influencée non seulement par les symptômes eux-mêmes, mais aussi par les caractéristiques physiques et psychosociales de l'environnement de travail.

Pourtant, entre silence et appréhensions, nombreuses sont celles qui minimisent cette période, comme si la reconnaître risquait de nuire à leur crédibilité professionnelle. Les faits sont éloquents : plusieurs études montrent que certains symptômes de la ménopause peuvent compliquer la vie au travail. Mais au-delà des manifestations physiques, c'est toute une dimension bio-psycho-culturelle qui façonne la manière dont elle est vécue et perçue en entreprise.

Ainsi, bien au-delà d'une simple volonté d'améliorer le bien-être des salariés, l'adaptation des conditions de travail à cette réalité physiologique s'inscrit pleinement dans la responsabilité sociale et légale des entreprises. Entre idées reçues, stéréotypes sur la productivité et l'absence de prise en compte dans les politiques RH, le véritable problème n'est pas tant hormonal que sociétal. Heureusement, la parole se libère peu à peu, permettant de déconstruire l'image de cette transition et d'en faire un sujet légitime. Autant d'évidences qui, dans un monde où la performance est reine, peuvent peser lourd.

La mise en place d'actions et de démarches en milieu professionnel repose avant tout sur l'engagement volontaire et volontariste des dirigeants, quelle que soit la thématique abordée. Sans une réelle implication de leur part, toute initiative risque d'être compromise ou de rester lettre morte. De plus, selon les législations en vigueur dans chaque pays, les employeurs disposent à la fois de droits et d'obligations en matière de santé au travail. En France, l'article L. 4121-1 du Code du travail impose à l'employeur de prendre les mesures nécessaires pour assurer la sécurité et protéger la santé physique et mentale des travailleurs. Cette obligation souligne l'importance de l'anticipation et de la prévention, y compris sur des sujets encore peu intégrés comme la ménopause en entreprise.

Les médecins en santé au travail et leurs équipes pluridisciplinaires ont un rôle fondamental à jouer dans l'accompagnement des femmes ménopausées en milieu professionnel. Leur mission s'étend au-delà du diagnostic clinique pour englober une approche globale, incluant l'ergonomie du poste de travail, l'évaluation physique et un soutien psychologique adapté. Grâce à leur expertise, ils facilitent l'expression des difficultés rencontrées par les salariées et proposent des solutions adaptées en collaboration avec les employeurs. La réalisation d'études de poste et l'aménagement des conditions de travail sont des pistes pertinentes pour atténuer les conséquences de la ménopause sur l'activité professionnelle. En outre, leur position stratégique leur permet de coordonner l'accompagnement médical en orientant les employées vers des spécialistes tels que les gynécologues, médecins généralistes, psychiatres ou psychologues, assurant ainsi une prise en charge complète. Les médecins du travail conseillent les employeurs, les services RH et les membres élus des instances représentatives du personnel sur les risques spécifiques à chaque secteur d'activité. Ils proposent des démarches et des actions ciblées afin de les réduire, voire les éliminer. Cet accompagnement personnalisé permet non seulement d'assurer la sécurité et le bien-être des salariées, mais aussi d'optimiser les conditions de travail en tenant compte des réalités propres à chaque entreprise. Dans cette démarche, l'application des principes d'ergonomie est nécessaire. Adapter le poste de travail aux besoins individuels, et non l'inverse, est un principe fondamental qui doit guider l'aménagement des espaces professionnels et la conception des équipements.

Enfin, les services de santé au travail en lien avec des spécialistes peuvent organiser des ateliers de prévention sur la ménopause, présentant cette transition de manière globale. L'objectif ne se limite pas à informer les femmes concernées, mais surtout à sensibiliser l'ensemble des collaborateurs, afin de lever les incompréhensions, les interrogations et les tabous liés à ce sujet encore trop souvent méconnu. En instaurant un dialogue ouvert et cohérent, ces initiatives contribuent à normaliser la ménopause en milieu professionnel favorisant un environnement de travail plus serein.

Alors, plutôt que de voir cette transition comme un frein, ne serait-il pas temps de repenser notre rapport au travail et d'apprendre à mieux l'intégrer ? Et si nous en faisions un moteur de reconnaissance, une opportunité de mettre en lumière un simple constat : la ménopause ne remet en cause ni le talent, ni le savoir-faire, ni l'expérience des femmes. Aucune étude scientifique n'a jamais démontré qu'un déséquilibre hormonal faisait disparaître les compétences professionnelles, malgré la persistance des fausses croyances. Il est temps de leur opposer la réalité et de rendre visibles l'expertise, la résilience et la contribution de toutes les femmes, à chaque étape de leur vie.

Dans les pages suivantes, nous explorerons ensemble les symptômes les plus susceptibles d'influencer la vie professionnelle des femmes ménopausées, en nous appuyant sur les données issues de la littérature scientifique. Cette approche nous permettra de mieux comprendre les mécanismes en jeu, leur impact réel et les défis qu'ils posent dans le monde du travail.

Ménopause et travail : les symptômes physiques ont-ils un réel impact ?

La définition de la ménopause s'est imposée tardivement, illustrant le temps qu'il a fallu pour reconnaître cette transition naturelle comme un sujet sanitaire et socio-économique à part entière. Cette reconnaissance tardive complique aujourd'hui encore la production d'études scientifiques fiables sur son impact dans le monde professionnel. En effet, la variabilité des symptômes, tant en intensité qu'en nature, ainsi que leur expression souvent subjective, rendent difficile l'obtention de données rigoureuses. De plus, les réticences et le manque de dialogue autour de cette transition conduisent de nombreuses femmes à minimiser ou à passer sous silence leurs symptômes, compliquant ainsi le recueil de données et compromettant la rigueur analytique. Dans le milieu du travail, cette sous-déclaration complexifie la mise en place de mesures adaptées, retardant la prise en compte efficiente de la ménopause dans les politiques professionnelles.

Bouffées de chaleur sans climatisation et sans filtre

Les bouffées de chaleur et les sueurs nocturnes figurent parmi les symptômes les plus fréquents et les plus invalidants chez les femmes en transition ménopausique ou ménopausées. « *Une analyse groupée utilisant les données de 21 312 femmes (âge médian de 50 ans) dans huit études menées au Royaume-Uni, aux États-Unis, en Australie et au Japon a révélé que la prévalence globale des symptômes vasomoteurs était de*

40 %, allant de 13 % à 62 %[307] ». De nombreux travaux les identifient comme les manifestations les plus citées et décriées, que ce soit à travers des auto-questionnaires, des examens médicaux ou des analyses de données statistiques. Ces symptômes peuvent générer une gêne quotidienne et un inconfort significatif, mais aussi impacter directement la vie professionnelle en entraînant une réduction des horaires de travail, des absences répétées et une diminution de la productivité. On note néanmoins des variations selon les postes occupés en effet chez les femmes employées, les bouffées de chaleur étaient légèrement ou significativement plus fréquentes. En revanche, parmi celles exerçant un travail occasionnel, les symptômes musculo-squelettiques constituaient les manifestations les plus courantes et les plus sévères de la ménopause[308].

Au-delà des effets physiques immédiats des bouffées vasomotrices, ils ont également des retentissements cognitifs et émotionnels, rendant l'adaptation au travail encore plus complexe. Oublier où l'on a posé son stylo une fois, c'est banal. Dix fois dans la journée, la routine de travail se transforme en un véritable jeu de piste.

Sur le plan professionnel, de nombreuses femmes rapportent des troubles de la concentration, une diminution de l'attention portée aux détails et des difficultés d'apprentissage[309], qui peuvent les rendre moins efficaces. Les fluctuations hormonales et les symptômes vasomoteurs peuvent nuire à la clarté mentale, entraînant une sensation de confusion ou une difficulté accrue à gérer plusieurs tâches simultanément. Imaginez une opératrice qui, en plein

---

307. Chung, H., Pandeya, N., Dobson, A. J., Kuh, D., Brunner, E. J., Crawford, S. L., Avis, N. E., Gold, E. B., Mitchell, E. S., Woods, N. F., Bromberger, J. T., Thurston, R. C., Joffe, H., Yoshizawa, T., Anderson, D. & Mishra, G. D. (2018). "The role of sleep difficulties in the vasomotor menopausal symptoms and depressed mood relationships: an international pooled analysis of eight studies in the InterLACE consortium." *Psychological Medicine*, 48(15), 2550-2561. https://doi.org/10.1017/s0033291718000168
308. Yoeli, H., Macnaughton, J. & McLusky, S. (2021). "Menopausal symptoms and work: a narrative review of women's experiences in casual, informal, or precarious jobs." *Maturitas*, 150, 14-21. https://doi.org/10.1016/j.maturitas.2021.05.007
309. https://committees.parliament.uk/publications/8995/documents/152634/default/

contrôle qualité, se retrouve en pleine bouffée de chaleur. Quand on doit vérifier des centaines de pièces à la chaîne, la moindre distraction peut faire la différence entre un produit parfait et une erreur qui déclenche une alerte qualité. Mais avec un cerveau qui joue à cache-cache avec la concentration, repérer une anomalie devient plus pénible et génère plus de stress, ce même sur-stress qui va avoir un effet négatif sur ces symptômes en les exacerbant.

L'impact social de ces symptômes ne doit pas être sous-estimé. L'embarras conféré par les bouffées de chaleur et les sueurs soudaines peut affecter les relations avec les collègues et les clients, créant parfois un malaise et un retrait involontaire. Cette incompatibilité perçue entre les manifestations de la ménopause et l'image de professionnalisme attendue accentue l'inconfort et le stress des employées concernées. Les bouffées de chaleur et les sueurs nocturnes ne sont pas exactement des alliées de l'élégance et du charisme professionnels. Si l'on reprend l'exemple de la patiente hôtesse de l'air, elle véhicule à nous autres passagers et à ses collègues une image soignée et glamour. Mais lorsqu'une bouffée de chaleur soudaine ou des sueurs incontrôlables la frappent en plein vol, le décalage avec cette attente peut être frappant. En quelques secondes, elle passe d'un sourire impeccable à l'air épuisé d'une coureuse de marathon en plein sprint final. Difficile de rester impeccable quand son uniforme commence à coller, que l'on cherche discrètement un moyen de se rafraîchir et que l'on tente, tant bien que mal, de masquer son inconfort. L'image de maîtrise et de professionnalisme prend un coup, et avec elle, la confiance en soi. À ce moment-là, l'hôtesse n'a qu'une seule mission : survivre à la vague de chaleur tout en maintenant son sourire de circonstance.

Ces symptômes ont également pour conséquence une fatigue compensatoire et une humeur perturbée. Difficile de rester patiente quand on oscille entre fatigue intense et irritabilité expresse. Un simple « Tu peux me passer ton agrafeuse ou ta clé à molette ? » peut se transformer en une mission de survie pour l'interlocuteur, selon l'intensité des symptômes du jour.

Dans les auto-questionnaires, les femmes utilisent fréquemment des termes comme « se sentir sale » ou « être agressive » pour exprimer leur perception face à ces symptômes, soulignant ainsi le décalage entre leur état physique et émotionnel et les exigences du monde du travail. Cette discordance renforce souvent un sentiment de malaise et d'isolement[310], rendant encore plus difficile la gestion quotidienne de cette transition hormonale et professionnelle. Les femmes témoignent de l'importance du soutien sur les lieux de travail face à cette problématique.

Face à ces difficultés, certains dispositifs évolutifs peuvent améliorer la santé mentale et physique des employées concernées. Cependant, si l'impact des bouffées de chaleur et des sueurs nocturnes semble évident, il est encore difficile de l'évaluer précisément d'un point de vue statistique. Les études actuelles reposent souvent sur des auto-questionnaires[311], ce qui introduit une variabilité dans l'interprétation et la gradation des symptômes. Les résultats divergent selon les études, ne permettant pas toujours de conclure de manière définitive sur un effet mesurable : la performance au travail. Ce sont avant tout des ressentis, un embarras et une altération de la qualité de vie qui ressortent, rendant nécessaire une approche plus rigoureuse dans la collecte des données.

Cette observation sur la collecte des données et leur analyse statistique s'applique à l'ensemble des symptômes qui seront abordés par la suite. Les variations individuelles, la subjectivité des ressentis et les méthodologies d'évaluation hétérogènes rendent parfois difficile une mesure précise de leur relation causale sur la vie professionnelle. La ménopause en milieu de travail est une thématique encore relativement récente dans la recherche scientifique et sociologique. Si les premières études ont permis de mettre en lumière des enjeux cruciaux et des pistes d'amélioration, elles doivent se poursuivre et se perfectionner afin d'affiner

---

310. Jack, G., Bariola, E., Riach, K., Schapper, J., Pitts, M. & Sarrel, P. (2014). "Work, Women and the Menopause: An Exploratory Study." *Academy Of Management Proceedings*, 2014(1), 11645. https://doi.org/10.5465/ambpp.2014.11645abstract

311. Whiteley, J., DiBonaventura, M. d, Wagner, J. S., Alvir, J. & Shah, S. (2013). "The impact of menopausal symptoms on quality of life, productivity, and economic outcomes." *Journal of women's health* (2002), 22(11), 983-990. https://doi.org/10.1089/jwh.2012.3719

la compréhension des effets possibles de la ménopause sur l'activité professionnelle et d'identifier les meilleures stratégies d'adaptation.

Pour mieux gérer ces symptômes en entreprise, il est temps de passer à l'action avec des solutions simples mais efficaces. D'abord, la température des locaux : si on peut climatiser les serveurs informatiques pour éviter qu'ils surchauffent, on devrait pouvoir en faire autant pour les employées en pleine bouffée de chaleur. La température des locaux doit être modulable avec un air qui circule afin de limiter l'inconfort des bouffées de chaleur, tandis que des équipements sanitaires propres, avec un accès facilité à un point d'eau, voire à des douches, permettraient aux employées de se rafraîchir en toute discrétion.

Côté équipements de protection, il est aussi temps de laisser tomber les armures anti-sueur. On a bien inventé des tissus qui régulent la température pour les astronautes, alors pourquoi pas pour les travailleuses au sol ? Les équipements de protection individuelle devraient privilégier des matériaux plus absorbants et thermiquement adaptés en privilégiant des matières respirantes qui facilitent l'évaporation de la sueur, pour éviter que les vêtements professionnels ne deviennent une contrainte supplémentaire.

Enfin, l'aménagement d'espaces de repos aérés et dédiés permettrait aux salariées de s'accorder quelques minutes de répit, réduisant ainsi les symptômes inconfortables et évacuant bien des « moments de solitude » liés à la ménopause. Un simple instant de calme peut faire toute la différence, en contribuant à améliorer le bien-être au travail et à maintenir la performance au quotidien. Petite note à l'attention de tous : ces espaces ne sont pas exclusivement réservés aux femmes ménopausées ! Tout salarié peut bénéficier de ces aménagements, car après tout, un environnement de travail plus confortable et apaisant est une bonne nouvelle pour tout le monde en termes de qualité de vie au travail ou QVT.

La qualité de vie au travail est souvent mise en avant comme un axe majeur de prévention en entreprise. La QVT est un processus concerté, permettant d'agir sur le travail à des fins de développement réciproques des personnes et de l'entreprise. Pourtant, elle repose trop souvent sur des discours bien rodés et des actions décalées des véritables attentes. Un baby-foot et un flipper, aussi sympathiques soient-ils, ne régleront pas les bouffées de chaleur ou les troubles du sommeil. Dans le cas spécifique de la ménopause, ce n'est pas de simples bonnes intentions que les salariées ont besoin, mais d'un véritable dialogue – un échange constructif où chaque acteur devient un partenaire actif, loin d'une communication purement symbolique. Il s'agit d'écouter, comprendre et agir, en proposant des solutions concrètes et adaptées aux réalités du quotidien professionnel.

L'objectif n'est pas de révolutionner l'organisation des entreprises, mais d'ajuster intelligemment les conditions de travail pour qu'elles prennent en compte cette phase de la vie sans perturber leur fonctionnement. L'application de la règle des 3T – Toilettes, Temps, Température – pourrait être une approche efficace, une équation gagnante pour éviter les sueurs froides… et surtout les chaudes !

Troubles du sommeil et fatigue au travail : le mal silencieux

La ménopause s'accompagne de nombreux symptômes. Parmi eux, la fatigue chronique et les troubles du sommeil figurent parmi les plus impactants, influençant la concentration, la productivité et la santé globale au travail. Cette fatigue persistante n'est pas simplement une lassitude passagère, mais un épuisement physique et mental profond qui réduit les capacités de récupération et nuit aux performances professionnelles. Une étude menée par l'INSERM (2020) révèle que près de 60 % des femmes ménopausées souffrent de troubles du sommeil sévères, notamment des insomnies, des réveils nocturnes fréquents et une baisse de la qualité du sommeil paradoxal. L'American Menopause Society a également mis en évidence que les femmes ménopausées ont deux fois plus de risques de souffrir de fatigue chronique et de somnolence diurne que les femmes pré-ménopausées, ce qui se traduit par une baisse de vigilance et une augmentation du risque d'erreurs au travail.

Les conséquences de cette fatigue chronique en milieu professionnel sont multiples. Dans les métiers nécessitant une forte concentration, comme les professions administratives, juridiques ou médicales, les troubles du sommeil affectent principalement la mémoire de travail, la concentration et la prise de décision. Une étude de l'Université Paris Cité sur la qualité de vie au travail des femmes ménopausées a montré que ces symptômes augmentent la charge mentale et peuvent conduire à une perte de confiance en soi et un sentiment d'inefficacité professionnelle. Dans les métiers nécessitant un effort physique important, comme ceux de l'industrie, du commerce ou du secteur médical, la fatigue augmente le risque d'accidents du travail, ralentit la récupération musculaire et accroît la vulnérabilité aux douleurs musculo-squelettiques. Une infirmière de nuit, par exemple, peut souffrir d'une accumulation de fatigue due aux horaires décalés, aggravée par les perturbations du sommeil induites par la ménopause. De même, une caissière ou une employée de la logistique peut ressentir une fatigue généralisée qui limite sa capacité à maintenir son endurance tout au long de la journée, entraînant une baisse de productivité et une multiplication des arrêts maladie.

À cette équation déjà complexe s'ajoute l'impact des nouvelles technologies. L'hyperconnexion et l'usage intensif des écrans perturbent encore plus le sommeil, notamment en altérant la production de mélatonine, essentielle pour réguler l'endormissement. Et dans un contexte professionnel où la réactivité est devenue une norme, les sollicitations numériques constantes empêchent une véritable coupure avec le travail, retardant le moment du repos et augmentant la charge cognitive.

Face à ces enjeux, la France a introduit le droit à la déconnexion dans le Code du travail depuis 2016, un dispositif visant à protéger les salariés contre les intrusions professionnelles en dehors des horaires définis. Certaines entreprises ont mis en place des restrictions d'envoi d'e-mails en soirée et des politiques de régulation de l'usage des outils numériques professionnels, afin de garantir une meilleure récupération. Orange et Axa, par exemple, ont instauré des protocoles interdisant l'envoi de messages professionnels après une certaine heure, afin d'éviter une surcharge mentale et de favoriser un sommeil réparateur. Ces initiatives ont été reprises par d'autres entreprises et, aujourd'hui, il n'est pas rare de voir des chartes du droit à la déconnexion incluses dans les politiques internes de nombreuses sociétés. Toutefois, la problématique demeure pour les personnes éligibles en télétravail, où la frontière entre vie professionnelle et personnelle devient plus floue. Les salariés doivent s'autoréguler sous la vigilance de leurs employeurs afin d'éviter des horaires à rallonge, un phénomène qui peut aggraver la fatigue et perturber encore plus le cycle du sommeil.

D'autres pays ont réfléchi sur les horaires de travail comme, par exemple, British Telecom au Royaume-Uni qui a introduit un programme de flexibilité des horaires pour permettre aux salariées de mieux gérer leur fatigue et leurs cycles de sommeil. En France, des entreprises comme Carrefour et L'Oréal ont instauré des groupes de parole et des séances de sensibilisation, afin d'encourager un dialogue ouvert sur les besoins spécifiques des femmes ménopausées.

Dans le secteur industriel, des ajustements de postes ont été réalisés pour réduire la charge physique des travailleuses concernées, en intégrant des sièges ergonomiques, des surfaces de travail ajustables et des pauses obligatoires plus fréquentes. Ces initiatives ont montré des résultats encourageants, en diminuant les taux d'absentéisme et en améliorant la qualité de vie au travail des employées concernées. Dans certaines entreprises du secteur médical, des espaces de repos dédiés ont été installés, offrant aux salariées la possibilité de se reposer en cas de fatigue intense.

Par ailleurs, de nombreuses entreprises encouragent leurs salariés à la pratique d'une activité physique régulière, reconnue pour ses effets bénéfiques sur la gestion du stress et l'amélioration du sommeil. Certaines structures proposent une participation financière pour l'inscription à des salles de sport, tandis que d'autres mettent directement à disposition des espaces dédiés à la pratique sportive, parfois accompagnés de coachs professionnels pour aider les salariés à intégrer l'exercice dans leur quotidien. Ces initiatives permettent non seulement d'améliorer la condition physique et la résistance à la fatigue, mais aussi de favoriser la récupération et la qualité du sommeil.

Outre ces initiatives organisationnelles, des approches individuelles permettent également d'atténuer les effets des troubles du sommeil liés à la ménopause. Les thérapies cognitivo-comportementales pour l'insomnie (TCC-I) ont montré leur efficacité dans la régulation du sommeil. La mise en place d'une routine technologique adaptée, incluant l'arrêt des écrans une heure avant le coucher, contribue aussi à améliorer la qualité du repos. Des pratiques comme la méditation, la sophrologie et le yoga sont de plus en plus recommandées pour réduire le stress et améliorer la relaxation avant le coucher. Certaines entreprises intègrent désormais ces approches dans leurs politiques de santé au travail, proposant des séances de relaxation et des ateliers sur la gestion du sommeil.

Les troubles du sommeil et la fatigue liés à la ménopause sont encore trop souvent ignorés dans le monde du travail, malgré leur impact significatif sur la performance et le bien-être des employées. Une évolution des politiques publiques pourrait permettre une meilleure prise en compte des besoins spécifiques des femmes ménopausées. En Espagne et en Angleterre, une proposition de loi vise à instaurer un congé spécifique pour les femmes en période de ménopause sévère, similaire au congé menstruel déjà appliqué dans certains pays. Aux Pays-Bas, des initiatives législatives ont été introduites pour inclure la ménopause dans les critères d'adaptation du poste de travail, permettant aux femmes concernées de bénéficier de conditions plus flexibles, comme le télétravail, en supervisant les horaires de connexion pour maintenir un équilibre harmonieux entre la vie professionnelle et la vie personnelle, la modulation des horaires ou la possibilité de prendre des pauses supplémentaires sans compromettre les organisations de travail en tenant compte des spécificités de chaque entreprise.

Les troubles musculo-squelettiques quand le corps fait grève !

Les troubles musculo-squelettiques (TMS) sont aujourd'hui la première cause d'indemnisation pour maladie professionnelle en France[312]. Depuis 2003, leur incidence a augmenté de 60 %, un chiffre qui témoigne de leur impact croissant sur la santé des travailleurs et sur l'organisation du travail. En 2015, les TMS représentaient plus de 87 % des maladies professionnelles ayant entraîné un arrêt de travail ou une réparation financière en raison de séquelles. Parmi ces pathologies, le mal de dos occupe une place significative, représentant 20 % des accidents du travail. La France n'a pas l'exclusivité des douleurs musculo-squelettiques. Une enquête européenne sur les conditions de travail menée en 2015 a révélé que les maux de dos (44 %) et les douleurs musculaires du cou et des membres supérieurs (42 %) sont les deux premiers problèmes de santé rapportés par les travailleurs. Et 30 % des travailleurs européens se plaignaient également de douleurs musculaires aux membres inférieurs. Ce fléau n'épargne personne, et on pourrait presque dire que le mal de dos est en train de devenir un langage universel du monde du travail.

Les TMS sont les petits parasites du monde professionnel : on ne les voit pas venir, mais ils s'installent confortablement. Ils correspondent à des troubles de l'appareil locomoteur pour lesquels l'activité professionnelle peut jouer un rôle dans la genèse, le maintien ou l'aggravation. Les TMS affectent principalement les muscles, les tendons et les nerfs, c'est-à-dire les tissus mous[313]. Durant l'activité professionnelle, des microlésions se créent dans les tissus et lors des phases de récupération, le corps procède à une « autoréparation ». Quand les possibilités de réparation sont insuffisantes, on parle d'« hyper-sollication ».

Plusieurs facteurs contribuent à l'apparition des TMS. Les postures contraignantes, comme le fait de travailler en position accroupie, les bras tendus ou le dos courbé, génèrent une tension musculaire excessive, notamment au niveau du dos, des épaules et des poignets. Les gestes répétitifs, exécutés à une cadence élevée,

312. https://www.ameli.fr/assure/sante/themes/tms/comprendre-troubles-musculosquelettiques
313. https://www.inrs.fr/risques/tms-troubles-musculosquelettiques/ce-qu-il-faut-retenir.html

favorisent la fatigue musculaire et augmentent le risque de lésions tendineuses, ce qui est fréquent dans les emplois nécessitant un travail à la chaîne ou une utilisation intensive d'un clavier. Les conditions climatiques extrêmes, comme le travail dans un environnement froid, humide ou soumis à des vibrations, contribuent également à la tension musculaire et aux douleurs chroniques. Par ailleurs, les contraintes psychosociales et organisationnelles, telles qu'une charge de travail excessive, un manque d'autonomie ou un stress permanent, peuvent aggraver la fatigue musculaire et limiter les capacités de récupération du corps.

Si ces affections touchent l'ensemble des travailleurs, les femmes ménopausées figurent parmi les populations les plus vulnérables, combinant les effets de la ménopause avec des conditions de travail parfois inadaptées. La ménopause est marquée par une diminution des œstrogènes et de la progestérone. Ces hormones assurent le maintien de la masse musculaire, de la densité osseuse et de la lubrification des articulations. Leur diminution entraîne une augmentation de la fatigue musculaire, une perte de force, une réduction de la souplesse articulaire et un ralentissement du processus de récupération après l'effort. Ainsi, chez les femmes ménopausées, les douleurs musculo-squelettiques sont souvent exacerbées, notamment au niveau du dos, des épaules et des membres supérieurs. Une étude du Baromètre Santé 2021 montre que près de 60 % des femmes déclarent souffrir de douleurs liées aux TMS, un chiffre supérieur à celui des hommes. Ces douleurs, souvent considérées comme normales à cet âge, sont pourtant un véritable handicap dans la vie professionnelle, affectant la capacité à travailler sur de longues périodes, la concentration et la productivité.

Dans certains métiers physiquement exigeants, comme les soins de santé, l'industrie ou la logistique, ces douleurs peuvent entraîner une augmentation des arrêts de travail, une perte de motivation et une détérioration du bien-être général. En France, l'Agence nationale de sécurité sanitaire (ANSES) a montré une corrélation directe entre les TMS et la fréquence des arrêts prolongés chez les femmes en période de ménopause.

À l'échelle mondiale, la prise en compte de la ménopause dans le cadre du travail est encore limitée, bien que son impact soit significatif. Une enquête européenne sur les conditions de travail en 2015 révèle que 44 % des travailleurs souffrent de maux de dos, tandis que 42 % déclarent des douleurs musculaires au niveau du cou et des membres supérieurs. Ces douleurs, exacerbées chez les femmes ménopausées, sont un frein majeur à la poursuite de leur carrière dans de nombreux secteurs.

L'environnement et les organisations de travail influent directement sur la santé et la performance des salariés et des salariées ménopausées en particulier. Cette période accentue la fatigue, perturbe la thermorégulation et fragilise les muscles et les articulations, augmentant ainsi la sensibilité aux troubles musculo-squelettiques (TMS). Pourtant, l'organisation du travail, l'aménagement des espaces et l'équipement des employées ne sont pas toujours adaptés à ces réalités. Certaines entreprises ont pris en compte ces facteurs en réajustant leurs locaux, en améliorant le confort thermique, en adaptant les équipements de protection individuelle (EPI) et en favorisant une plus grande autonomie dans la gestion du travail, tout en intégrant des solutions favorisant l'activité physique pour atténuer les douleurs musculaires et articulaires.

Il est révolu le temps où un bureau standardisé convenait à tout le monde. Les femmes ménopausées, plus sujettes aux douleurs lombaires et articulaires en raison de la baisse des œstrogènes, ont besoin d'un poste de travail qui s'adapte à elles, et non l'inverse. Dans les bureaux, plusieurs entreprises ont investi dans des fauteuils ergonomiques avec soutien lombaire renforcé, afin de préserver la posture et d'éviter les crispations musculaires. Ces sièges sont souvent accompagnés de bureaux ajustables en hauteur, permettant aux employées d'alterner entre position assise et debout pour limiter la pression sur les hanches et la colonne vertébrale. Dans l'industrie et l'artisanat, où les postures prolongées sont plus contraignantes, les plans de travail réglables et les repose-pieds se généralisent. Certains secteurs, comme la grande distribution ou l'hôtellerie, ont intégré des tapis antifatigue pour les postes en station debout, réduisant ainsi la sensation de jambes lourdes et les tensions musculaires. Bien entendu, la mise à disposition de ces équipements ne suffit pas à garantir leur efficacité. Leur utilisation optimale nécessite une formation appropriée, dispensée par des salariés spécialement formés ou par les médecins en santé au travail. Ces derniers peuvent intervenir directement sur site pour animer des sessions de formation, sensibiliser les employées aux bonnes pratiques et s'assurer que chaque dispositif sort utilisé de manière adéquate afin d'en maximiser les bénéfices et de prévenir tout risque d'accident ou de mauvaise manipulation.

Pendant longtemps, les équipements de protection individuelle ont été conçus en fonction de standards masculins, sans véritable prise en compte des différences morphologiques. Pourquoi un équipement professionnel devrait-il être calibré uniquement pour un homme d'1 m 80 et 80 kilos ? C'est pourtant ce qui s'est passé, rendant l'utilisation des EPI inadaptée et parfois même dangereuse pour les salariées. Heureusement les choses évoluent dans le bon sens : par exemple, les fabricants de chaussures de sécurité ont compris que toutes les travailleuses n'avaient pas envie de porter des bottes massives dignes d'un chantier du BTP. Des modèles plus légers et plus conformes à la morphologie féminine permettent de réduire la pression sur les genoux et les chevilles, limitant ainsi les douleurs articulaires. Les harnais de sécurité, utilisés en maintenance ou en aéronautique, ont également été repensés pour éviter les compressions inutiles au niveau de la poitrine et des épaules. Dans la logistique, les gants de travail ont été ajustés à la taille des mains féminines, garantissant une meilleure préhension des outils réduisant les tensions sur les doigts et les poignets. Quant aux vêtements professionnels, souvent trop larges ou mal ajustés, ils sont désormais conçus pour offrir plus de confort et de liberté de mouvement, évitant ainsi les contraintes musculaires. Je me rappelle un échange avec une salariée cascadeuse fascinante et lumineuse qui me racontait que, lors de ses cascades impliquant des chutes, ses homologues masculins pouvaient dissimuler des genouillères et des coudières sous leurs pantalons et leurs vestes, alors que dans le cadre des doublures d'actrices vêtues de robes, de jupes et de chemisiers courts, l'utilisation de ces protections pourtant essentielles devenait un véritable casse-tête. Cet exemple illustre bien la nécessité de concevoir des équipements qui prennent en compte la diversité des corps et des conditions de travail, afin de permettre à chacun et chacune d'exercer leur métier en toute sécurité, quel que soit leur âge ou leur tenue.

Si la climatisation réglée par les collègues jeunes en tee-shirts pouvait être reconsidérée, ce serait un grand pas pour l'humanité… et un énorme soulagement pour les femmes ménopausées. Les bouffées de chaleur suivies de frissons ne sont pas une légende, et la régulation thermique devient une question clé pour le bien-être compte tenu de leurs impacts sur les articulations et les muscles. Certaines entreprises ont installé des thermostats individuels aux postes de travail, permettant d'ajuster la température sans déclencher une guerre ouverte entre les frileux et les adeptes du courant d'air. Dans les open spaces, des ventilateurs individuels et des textiles thermorégulants sont désormais mis à disposition pour limiter l'inconfort. Dans les métiers où le froid est omniprésent, comme l'agroalimentaire ou l'hôpital, des vestes chauffantes intelligentes permettent de maintenir une température corporelle stable sans gêner les mouvements.

Les contraintes organisationnelles pèsent particulièrement sur les femmes ménopausées, qui jonglent avec la fatigue, les douleurs diffuses et les variations hormonales imprévisibles. Offrir davantage de liberté dans la gestion des horaires et des responsabilités limite l'accumulation du stress et des tensions physiques. Dans certaines entreprises, des horaires flexibles permettent aux salariées de commencer plus tard après une nuit difficile ou d'adapter leurs missions en fonction de leur niveau d'énergie. Dans le secteur du soin où les rotations de nuit sont particulièrement éprouvantes, plusieurs établissements ont réduit le nombre de nuits consécutives afin de préserver la récupération et la qualité de vie des salariées. Le télétravail et le travail hybride constituent également des pistes sérieuses, en évitant les déplacements longs et fatigants et en permettant un aménagement du rythme de travail selon les besoins.

Les managers et dirigeants d'entreprise sont des acteurs prépondérants dans l'accompagnement auprès des salariées en transition ménopausique ou des collaborateurs plus âgés. Ils ne sont ni des coachs de vie ni des «nounous», comme on l'entend parfois dans les échanges informels, mais des leaders dont la mission est de motiver et d'inspirer. Leur soutien peut se traduire par une meilleure répartition des tâches, un encouragement à développer de nouvelles compétences ou une valorisation des savoir-faire acquis au fil des années. Un management rigide, basé sur des schémas de travail standards et inflexibles, ne permet pas d'exploiter pleinement les talents de chacun et ne prend pas en compte les réalités physiques et cognitives qui peuvent évoluer avec l'âge. À l'inverse, un management souple, ancré dans l'échange et la reconnaissance des expertises individuelles, favorise un environnement de travail plus efficace et plus humain. Loin d'être une simple question d'aménagement des conditions de travail, il s'agit aussi de valoriser l'expérience et les connaissances accumulées. Encourager l'autonomie, adapter les responsabilités et ajuster les charges de travail permettent d'éviter une surcharge qui, couplée aux douleurs musculo-squelettiques et à la fatigue chronique, peut infléchir la performance et la productivité. Loin d'être un frein, l'expertise en métier des salariées ménopausées et des collaborateurs plus âgés constitue une véritable richesse pour l'entreprise, favorisant à la fois la fidélisation des talents et le compagnonnage avec les jeunes générations. Ce partage de savoir-faire permet d'instaurer une culture gagnant-gagnant, où les plus expérimentés transmettent des compétences utiles tout en valorisant leur rôle, tandis que les nouvelles recrues bénéficient d'un apprentissage concret et adapté aux réalités du terrain. À condition que leur place soit pensée en fonction de leurs forces et non de limitations passagères, cette complémentarité crée une dynamique vertueuse, renforçant la cohésion et la transmission intergénérationnelle, au bénéfice de tous.

Le dialogue occupe une place centrale dans cette approche. Prendre le temps de comprendre les besoins spécifiques des salariées et identifier les ajustements possibles instaurent un climat de confiance et de cohésion. Favoriser des moments d'échange réguliers renforce non seulement la solidarité entre collègues, mais évite aussi l'isolement que peuvent ressentir celles qui traversent des périodes de fatigue ou de douleurs articulaires. Ce sentiment de soutien collectif contribue à maintenir l'engagement et la motivation, tout en assurant une dynamique de travail plus équilibrée et productive.

L'efficacité professionnelle passe aussi par une meilleure gestion du temps et de la concentration. Certaines techniques d'organisation sont particulièrement adaptées aux femmes ménopausées, leur permettant de préserver leur énergie et d'éviter l'épuisement. La méthode Pomodoro, qui repose sur des cycles de travail courts entrecoupés de pauses, est une approche efficace pour maintenir la vigilance, notamment lorsque les troubles du sommeil perturbent la concentration en journée. D'autres outils, comme la matrice d'Eisenhower qui aide à hiérarchiser les tâches, ou la méthode GTD (Getting Things Done), qui structure l'organisation quotidienne, permettent d'alléger la charge mentale et d'éviter l'accumulation de tâches ressenties comme inatteignables.

En adoptant une approche flexible, en favorisant l'écoute et en encourageant l'autonomie, il devient possible de transformer cette période de transition en un tournant positif dans l'évolution professionnelle. Les entreprises qui intègrent ces principes créent un cadre de travail où la diversité des parcours et des âges devient une force plutôt qu'une contrainte.

Enfin, longtemps négligée, l'activité physique fait désormais partie des solutions privilégiées pour soulager les douleurs musculaires et améliorer la santé générale des salariées. Et inutile d'imaginer une salle de sport dans chaque bureau : parfois, de petits ajustements suffisent à faire toute la différence. Certaines entreprises ont introduit des ballons ergonomiques en remplacement des chaises classiques. Ces assises dynamiques permettent de renforcer les muscles du dos et du ventre, tout en favorisant une posture plus naturelle. D'autres encouragent des pauses actives avec des exercices de stretching ou de relaxation guidée. Ces sessions, organisées le matin ou après la pause déjeuner, aident à réduire les tensions musculaires et à améliorer la concentration. Des initiatives plus engageantes voient également le jour, comme les espaces dédiés à la pratique du yoga ou de la gymnastique douce, adaptés aux besoins des salariées ménopausées. Dans certains secteurs, des échauffements collectifs sont proposés en début de journée pour préparer le corps aux efforts répétés, limitant ainsi les risques de blessures et de fatigue excessive.

L'intégration de la ménopause dans les politiques de santé au travail marque une avancée concrète vers des espaces et des organisations professionnelles plus inclusifs. Entre l'aménagement des bureaux, l'adaptation des équipements, la régulation thermique, un management participatif et l'encouragement du mouvement, ces ajustements offrent aux salariées la possibilité de poursuivre leur carrière sans subir des charges évitables. Il ne s'agit pas simplement d'améliorer le quotidien des femmes concernées, mais de bâtir un environnement où chaque employé(e), à chaque étape de sa vie, peut grandir professionnellement. Et si, au passage, cela évite quelques tensions musculaires sur les lieux de travail, c'est un bonus pour tout le monde !

Troubles cognitifs : un oubli dans le monde professionnel féminin

Les troubles de la concentration et cette impression de brouillard mental touchent davantage les femmes en transition ménopausique ou ménopausées que celles qui ne traversent pas encore cette période. Fatigue chronique, troubles du sommeil et stress se superposent et s'accentuent, affectant directement les capacités cognitives et émotionnelles. Dans la sphère professionnelle, les conséquences sont diversement éprouvées et mesurables : des erreurs répétées, des difficultés accrues à prendre des décisions, un sentiment d'inefficacité qui pousse certaines à redoubler d'efforts pour masquer leurs difficultés. Cette surcompensation épuise, dégrade l'estime de soi et conduit parfois à la retiration d'arrêts de travail de courte durée au début et de plus en plus longs, à une réduction du temps d'activité, voire à une démission contrainte. Cette mise en retrait professionnelle a des conséquences financières directes, notamment sur le pouvoir d'achat immédiat, la retraite et l'accès à une stabilité économique.

Pourtant, la majorité des femmes souhaitent poursuivre leur carrière, conscientes que le travail est non seulement une source de revenus, comme me disait une amie « soyons honnête et réaliste, il faut bien payer les factures, on ne vit pas d'amour et de tisane à la sauge » mais aussi parce que le travail est un vecteur puissant de lien social, d'épanouissement personnel et d'indépendance et, parfois, d'une bouffée d'air frais face aux ados en crise à la maison ou à votre conjoint qui semble, lui aussi, perdre la mémoire à en croire ses questions récurrentes sur la perte soudaine de ses chaussettes, de ses clés de voiture, etc. Faute de reconnaissance et de prise en charge adaptée, beaucoup de femmes mettent en place des stratégies d'adaptation qui finissent par les épuiser. Elles multiplient les tentatives d'autorégulation et les efforts constants pour maintenir leur performance au sein de l'entreprise. Elles consultent plus souvent divers praticiens – quand elles ont accès aux soins – pour soulager leurs maux. Ce constat souligne l'urgence de repenser l'accompagnement des femmes ménopausées, tant sur le plan individuel qu'organisationnel au travail.

Sur le plan personnel, des solutions existent pour améliorer le bien-être et la gestion des symptômes. Les thérapies cognitivo-comportementales permettent d'appréhender l'anxiété et la fatigue avec des techniques de gestion du stress et des exercices de relaxation adaptés. L'activité physique régulière comme le yoga ou la méditation, très répandus en Inde et en Asie, sont des outils de régulation hormonale et émotionnelle et ils apportent en plus une aide précieuse pour améliorer la qualité du sommeil et la vitalité générale. Sur le plan médical, les traitements hormonaux peuvent être proposés et seront adaptés au cas par cas, des solutions naturelles, à base de plantes comme des infusions de maca ou d'actée à grappes noires, offrent des alternatives aux femmes souhaitant éviter les traitements conventionnels. Mais au-delà des démarches individuelles, ces efforts doivent être soutenus et complétés par une transformation au sein des entreprises. En France, certaines entreprises ont déjà amorcé une réflexion sur le sujet, à l'image d'EDF, qui a mis en place un dispositif de sensibilisation et des formations destinées aux managers pour mieux comprendre les enjeux de la ménopause. D'autres, comme la BBC au Royaume-Uni, ont instauré des politiques d'aménagement des horaires, permettant aux employées de moduler leur temps de travail en fonction de leur état de fatigue. En Inde, Tata Steel, une entreprise à prédominance masculine, a mis en place des politiques de bien-être spécifiquement destinées aux femmes en milieu de carrière, en intégrant des pauses plus longues et un accès facilité à des services médicaux spécialisés. En Amérique du Sud, certaines entreprises textiles, où la main-d'œuvre féminine est majoritaire, commencent à proposer des dispositifs de flexibilité – comme des horaires de travail aménagés, des pauses plus fréquentes, un allègement temporaire des responsabilités, ou encore un soutien psychologique et médical adapté – pour alléger la charge de travail des femmes traversant cette transition. La reconnaissance par les organisations de travail que ces moments de transition peuvent être éprouvants physiquement ou mentalement est un plus pour les employées. Faire en sorte que le cadre professionnel s'adapte pour offrir plus de souplesse, au lieu d'imposer une pression constante, contribue à maintenir le bien-être, la santé et l'équilibre entre vie professionnelle et personnelle.

Les initiatives peuvent également prendre des formes plus innovantes, comme en Australie où certaines entreprises offrent des « menopause buddies »[314]. Ce sont des collègues formés pour accompagner et soutenir les employées qui en ressentent le besoin. Une autre piste, expérimentée en Espagne, consiste à instaurer des espaces de discussion anonymes où les femmes peuvent partager leur expérience et obtenir des conseils de leurs pairs.

La flexibilité des horaires, l'adaptation des tâches en fonction des compétences et non de l'état hormonal, la mise en place d'un dialogue ouvert sont autant d'actions qui permettent aux femmes de poursuivre leur carrière sans devoir se justifier ou se surmener. Un employeur qui reconnaît la valeur et l'expertise de ses collaboratrices, tout en tenant compte des transitions majeures de leur vie – telles que la grossesse, le retour de congé maternité ou la ménopause – crée un climat de confiance propice à l'engagement sur le long terme. En instaurant des dispositifs de flexibilité adaptés, comme l'aménagement des horaires, le télétravail, la réduction temporaire de la charge de travail ou encore un accompagnement

314. https://menopausebuddies.alitu.com/1?order=newest

individualisé, il favorise un environnement de travail plus humain, inclusif et respectueux des réalités de chacun. Offrir cette latitude, plutôt que de maintenir une pression constante, permet de préserver la santé, le bien-être et l'équilibre entre vie professionnelle et personnelle, au bénéfice de toutes et tous.

Loin d'être des privilèges, ces mesures représentent des solutions concrètes pour soutenir l'employabilité des femmes tout en valorisant pleinement leurs compétences. Adapter les tâches selon les aptitudes et non selon l'état hormonal, instaurer un dialogue ouvert et respectueux, ou proposer une organisation du travail plus souple sont autant d'actions réelles et efficaces qui permettent aux femmes de rester pleinement actives sans se sentir mises à l'écart. Pour les employeurs, il ne s'agit pas seulement d'un geste de soutien, mais d'un véritable investissement stratégique. Une collaboratrice écoutée, comprise et accompagnée est plus engagée, plus productive et plus fidèle. Adapter le cadre de travail aux réalités biologiques des femmes, c'est faire le choix d'un climat social apaisé et d'une performance durable.

Au-delà des aménagements liés à la santé, la formation et l'acquisition de nouvelles qualifications sont des axes de développement majeurs pour assurer la pérennisation des savoirs dans une économie mondiale agressive et ultra-compétitive. Contrairement à ce que l'on pourrait croire, le cerveau ne se met pas en veille avec l'âge – il est doté d'une capacité d'adaptation incroyable, pour peu qu'on le stimule. Acquérir de nouvelles connaissances, et s'adapter aux évolutions constantes du marché du travail sont autant de moyens mesurables et objectifs pour cultiver la confiance en soi et dissiper cette sensation – infondée – d'être dépassé et laissé sur le bas-côté. Une réflexion plus approfondie s'impose sur ces thématiques, car la formation continue ne se limite pas à un simple outil d'apprentissage : elle constitue un levier essentiel pour affirmer sa place dans le monde professionnel, préserver l'employabilité des femmes en période de transition ménopausique et leur offrir l'opportunité de se réinventer dans leur parcours. Pour les entreprises, il s'agit d'une formidable opportunité de valoriser une main-d'œuvre qualifiée, riche d'une expérience précieuse, en lui offrant les moyens d'évoluer avec aisance dans un environnement professionnel en perpétuelle mutation. Dans un monde 4.0 où les compétences numériques prennent une place prépondérante, l'accompagnement des femmes dans la maîtrise des nouvelles technologies est fondamental. Se rapprocher des outils informatiques, des logiciels collaboratifs ou des méthodes de gestion optimisées permet de réduire le sentiment d'être dépassé et de favoriser une transition fluide vers un environnement de travail plus digitalisé. Pour celles qui occupent des postes exigeant une charge mentale élevée, des formations spécifiques en gestion du temps et en optimisation des tâches peuvent être mises en place afin de leur permettre d'adopter des techniques favorisant la concentration et la productivité sans épuisement inutile. L'intégration de pratiques issues des neurosciences, telles que la méditation en pleine conscience ou l'entraînement à la neuroplasticité, offre également une voie efficace pour renforcer la résilience face aux changements cognitifs passagers. Et sur le plan collectif, la coordination entre les différents acteurs impliqués dans le processus décisionnel ainsi que la planification et la programmation rigoureuses des décisions par chaque membre en fonction de ses attributions et de ses missions constituent des éléments fondamentaux. Ces paramètres garantissent des décisions de qualité, conformes aux lois en vigueur et aux attentes des bénéficiaires. Une organisation efficace et une synchronisation fluide entre les intervenants permettent non seulement d'optimiser la pertinence des choix stratégiques, mais aussi d'assurer une mise en œuvre cohérente et atteignable[315].

En intégrant ces initiatives dans leur politique de gestion des ressources humaines, les entreprises ne font pas qu'apporter un soutien ponctuel à leurs salarié(e)s : elles contribuent à un changement culturel de fond. En reconnaissant et en gratifiant l'expérience des femmes de plus de 50 ans, elles envoient un message clair : la compétence et l'intelligence ne se mesurent pas à l'âge. L'expertise

315. DRAFAT. N. (2023). « La prise de décision dans les organisations : l'interface de la perception du décideur et du processus normalisé par les lois en vigueur », *Revue Française d'Économie et de Gestion*, volume 4, numéro 3, p. 386-404.

acquise au fil des années est un atout considérable pour toute organisation. Ainsi, en combinant des aménagements modulables, un accès facilité aux soins, des formations ciblées et un dialogue ouvert, les entreprises participent activement à la construction d'un environnement de travail plus responsable et équitable. Cette approche ne bénéficie pas uniquement aux femmes ménopausées : elle ouvre la voie à une culture professionnelle où l'âge est pris en compte avec respect et intelligence, favorisant un climat de confiance profitable à l'ensemble des collaborateurs.

Troubles de l'humeur au travail : l'autre charge mentale

Les bouleversements émotionnels liés à la ménopause ne sont pas seulement une épreuve intime, ils s'invitent aussi dans la sphère professionnelle avec une force parfois déconcertante. Les variations d'humeur soudaines, l'irritabilité ou encore les accès de tristesse inexplicables sont autant de manifestations qui viennent ébranler l'image que les femmes projettent au travail. Ces fluctuations, perçues comme un manque de maîtrise de soi, entament la crédibilité et l'autorité des personnes concernées. Dans les milieux où la prise de décision est cruciale, ces changements émotionnels peuvent être interprétés, à tort, comme un signe d'instabilité, une perte de fiabilité, voire une diminution des compétences. C'est particulièrement vrai pour les professionnelles exerçant dans des environnements où l'exemplarité est requise – management, santé, éducation – où elles doivent incarner un modèle de patience, de calme et de bienveillance.

Pour celles qui occupent des postes à faible autonomie, où le niveau décisionnel est restreint et où les marges de manœuvre sont réduites, l'impact peut être encore plus pesant. Ne pouvant pas ajuster leur rythme de travail en fonction de leurs besoins physiologiques, elles se retrouvent enfermées dans un sentiment d'impuissance, craignant que leur émotivité passagère ne soit perçue comme une faille. Une amie assistante juridique a résumé la situation de la manière suivante : « Les sautes d'humeur ajoutent une couche supplémentaire à ma charge mentale déjà bien lourde. Un instant, je suis une source d'inspiration et de gentillesse et la minute suivante, j'ai l'envie irrépressible de lancer mes dossiers sur le premier qui ose me demander un rapport "urgent pour hier". C'est un peu comme si ma patience avait décidé de prendre des congés payés sans prévenir, alors je souffle, je souffle ! ». Certaines développent même une forme de paranoïa professionnelle[316], convaincues que leur entourage remarque leur vulnérabilité et que leur valeur au sein de l'entreprise est remise en question. Ce climat de suspicion intérieure s'accompagne souvent d'une culpabilité insidieuse : elles s'inquiètent de ne plus être aussi performantes, de ne plus répondre aux exigences du poste, et redoutent que cette phase transitoire ne laisse une empreinte durable sur leur parcours professionnel.

L'un des défis majeurs réside dans « l'omerta » qui entoure encore largement ces symptômes. Par peur d'être jugées ou isolées, de nombreuses femmes préfèrent taire leurs difficultés, s'astreignant à une endurance silencieuse qui ne fait qu'aggraver leur santé mentale et physique. Faute de dialogue, ces bouleversements restent perçus comme des « problèmes individuels » et non comme une réalité biologique universelle… L'absence de soutien, qu'il soit institutionnel ou personnel, et la méconnaissance du sujet perpétuent l'invisibilisation.

Les solutions ne passent pas uniquement par le stoïcisme ou l'hibernation sous une couette. D'un point de vue individuel, il est essentiel de rappeler que ces symptômes ne sont ni une fatalité ni une preuve d'incompétence. Du côté personnel comme pour les précédents symptômes, un accès facilité aux soins est primordial : consultations spécialisées, thérapies cognitivo-comportementales pour apprivoiser les émotions, et discussions ouvertes sur l'éventualité d'un traitement hormonal ou de solutions alternatives naturelles. La pratique d'une activité physique régulière, l'engagement dans des activités culturelles stimulantes et le maintien de relations sociales épanouissantes sont de véritables bouffées d'oxygène, des échappatoires qui permettent de recharger ses batteries aussi bien mentalement que physiquement. Ces instants, loin des contraintes professionnelles et du tumulte du quotidien, offrent

316. https://healthtalk.org/

une parenthèse salutaire où l'on peut se renouer avec soi-même et évacuer le stress accumulé.

Il appartient aussi aux organisations de prendre part à cette dynamique de changement. Certaines entreprises ont déjà compris qu'il valait mieux retenir et préserver leurs employées expérimentées plutôt que de les pousser à bout. Formation des managers, aménagement des horaires, reconnaissance des symptômes naturels, création de groupes de parole ou mise en place de coachs spécialisés – autant d'initiatives qui permettent aux femmes de ne pas vivre cette période comme une épreuve solitaire.

La dépression n'était pas dans la fiche de poste ?

La ménopause constitue une période de transition physiologique marquée par une série de bouleversements hormonaux, psychologiques et sociaux. De nombreuses études ont mis en évidence une augmentation de la vulnérabilité psychique au cours de cette phase, en particulier durant la périménopause et la ménopause. Les manifestations les plus fréquemment rapportées incluent des fluctuations de l'humeur, une irritabilité accrue, des troubles du sommeil, une anxiété généralisée, ainsi que des symptômes dépressifs. Dans certains cas, on observe l'apparition de dépressions sévères, voire d'états psychotiques, bien que ces derniers restent rares.

Selon l'Organisation mondiale de la santé (OMS), la santé mentale se définit comme « un état de bien-être dans lequel la personne peut se réaliser, surmonter les tensions normales de la vie, accomplir un travail productif et fructueux et contribuer à la vie de sa communauté ». La santé mentale est aujourd'hui reconnue comme une composante essentielle de l'équilibre global d'un individu. Elle ne se résume donc pas à l'absence de troubles psychiques, mais englobe la capacité d'une personne à s'épanouir, à faire face aux défis du quotidien, à participer de manière constructive à la vie sociale et à exercer une activité professionnelle de manière satisfaisante. Un bon état de santé mentale suppose ainsi un bien-être psychologique durable, qui permet à chacun de maintenir sa stabilité émotionnelle, son autonomie et ses interactions sociales.

Sur le plan médical, les troubles psychiques sont classés en deux grandes familles. La première regroupe les troubles les plus fréquents, d'intensité légère à modérée, comme les troubles anxieux, les épisodes dépressifs ou encore certaines formes d'addiction. La seconde concerne les pathologies plus sévères, souvent chroniques, telles que les troubles bipolaires, les troubles psychotiques (dont la schizophrénie) et les dépressions majeures persistantes. Ces affections peuvent affecter de façon notable la qualité de vie et entrainer une prise en charge adaptée et continue. Chez les personnes âgées, les formes les plus courantes de troubles psychiques sont la dépression et les maladies neurodégénératives, en particulier la maladie d'Alzheimer, qui touchent aujourd'hui environ 1,2 million de personnes en France[317].

Le lien entre troubles mentaux et risque suicidaire est bien documenté. En France, les personnes âgées sont particulièrement concernées : le taux de suicide chez les 75 ans et plus atteint 33,3 pour 100 000 habitants, un chiffre nettement supérieur à celui des autres tranches d'âge, malgré une tendance globale à la baisse. En 2016, près d'un tiers des suicides enregistrés concernaient des personnes de plus de 65 ans, soit environ 2 700 décès. Ces chiffres soulignent l'importance du lien social et de la reconnaissance de la place des aînés dans la société, deux éléments protecteurs face au risque suicidaire.

La ménopause, en raison des bouleversements hormonaux qu'elle entraîne, constitue une période à risque pour l'équilibre psychique de nombreuses femmes. La chute progressive des œstrogènes altère le fonctionnement des neurotransmetteurs comme la sérotonine et la dopamine, essentiels à la régulation de l'humeur. Ce déséquilibre biologique peut fragiliser la santé mentale, en particulier chez les femmes déjà vulnérables sur le plan psychologique. Mais ces facteurs hormonaux n'agissent pas seuls : cette transition s'accompagne souvent de pressions psychosociales intenses – remaniement de l'image de soi, transformation corporelle, solitude, surcharge

317. https://www.mutualite.fr/actualites/les-10-chiffres-cles-de-lobservatoire-2021-sur-la-sante-mentale/

mentale, ruptures affectives, deuils ou réorientations professionnelles. L'ensemble de ces éléments, lorsqu'ils se cumulent, peut fortement affecter le bien-être émotionnel. Dans ce contexte, il est essentiel de distinguer les symptômes dépressifs d'une dépression caractérisée bien que les deux puissent sérieusement altérer la qualité de vie.

Les symptômes dépressifs se traduisent par une humeur morose, une perte d'intérêt ou de motivation pour les activités du quotidien, des troubles du sommeil ou de l'appétit. Ils sont fréquents, souvent sous-estimés, mais doivent être pris en considération, notamment lorsqu'ils deviennent chroniques, car ils peuvent entraîner des répercussions psychosociales importantes.

La dépression caractérisée, également appelée trouble dépressif majeur, correspond à un tableau clinique plus sévère. Elle se manifeste par une perturbation profonde et prolongée de l'humeur, durant plus de deux semaines, accompagnée d'une tristesse constante, d'une perte de plaisir, d'une grande fatigue, d'un ralentissement psychomoteur ou, au contraire, d'une agitation, ainsi que d'une altération significative du fonctionnement quotidien. La présence d'idées suicidaires constitue un critère de gravité[318]. Ce type de trouble répond à des critères diagnostiques précis, notamment ceux définis dans le DSM-5 – Diagnostic and Statistical Manual of Mental Disorders, Fifth Edition – et nécessite une prise en charge spécialisée, généralement par un psychiatre, incluant un traitement médicamenteux et/ou une psychothérapie. Le DSM-5 est le manuel de référence international publié par l'American Psychiatric Association (APA) pour le diagnostic des troubles mentaux. Il s'agit d'un outil utilisé par les professionnels de la santé mentale (psychiatres, psychologues, médecins généralistes, etc.) pour identifier, classifier et poser un diagnostic fiable des troubles psychiques. Il décrit de manière standardisée les critères cliniques nécessaires pour poser un diagnostic, en se fondant sur les symptômes observés, leur durée, leur intensité et leur impact sur le fonctionnement quotidien de la personne. Il est utilisé mondialement,

318. « Pour une prise en charge dès la périménopause des troubles de l'humeur et de la dépression ! » | Gynéco Online (2020, 1er janvier).

bien que certains pays (comme la France) s'appuient également sur la CIM-11 (Classification internationale des maladies, de l'OMS).

Bien que moins fréquente, la dépression caractérisée – qu'il s'agisse d'un premier épisode ou d'un épisode récurrent – survient plus souvent durant la période de transition ménopausique. Cette phase, souvent décrite comme une « fenêtre de vulnérabilité », est associée à un risque de dépression deux à quatre fois plus élevé que pendant la période précédant ou suivant la ménopause. Ce constat renforce la nécessité de vigilance et de dépistage précoce durant cette période sensible de la vie des femmes.

Les conséquences sur la vie professionnelle sont notables. La dépression est aujourd'hui l'une des principales causes d'absentéisme. En 2023, en France, le taux moyen d'absentéisme atteignait 5,17 %, avec une part importante due aux troubles psychiques. En 2022, ces derniers représentaient la deuxième cause des arrêts maladie, touchant 42 % des salariés. Au-delà des absences, les symptômes dépressifs et anxieux entraînent une baisse de productivité, une augmentation des erreurs, des tensions relationnelles et un désengagement progressif.

Face à ce bilan, l'accompagnement des femmes en période de ménopause dans le monde du travail devient une priorité de santé publique. Appuyées par des experts en risques professionnels, les entreprises peuvent agir à plusieurs niveaux. La sensibilisation des équipes et la formation des managers sont essentielles pour briser les tabous et encourager une culture d'écoute et d'inclusion. Des ajustements du cadre de travail peuvent là encore être proposés : aménagement des espaces physiques, accès facilité aux temps de pause, télétravail si les personnes sont éligibles et horaires flexibles. Une organisation du travail plus souple présente de nombreux avantages. Tout d'abord, elle contribue à renforcer la motivation des salariés. Selon Ryan et Deci (2002), la motivation dépend directement du niveau d'autonomie accordé aux individus : avoir la liberté de choisir sa façon de travailler stimule fortement la motivation motivée. Cela permet également de réduire le poids des contraintes extérieures imposées, sources d'épuisement. Une étude récente (« Employees With Flexible Work Hours Are Healthier ») montre que les employés bénéficiant d'horaires flexibles se sentent moins stressés et dorment mieux, principalement parce qu'ils peuvent ajuster leurs horaires à leur rythme naturel. De même, libérés de contraintes rigides, les salariés peuvent exprimer plus librement leur créativité. Cette autonomie favorise également la prise de responsabilité, car le sentiment de confiance par un cadre souple pousse naturellement à s'impliquer davantage. Enfin, disposer de plus d'autonomie permet aux employés d'apprendre en permanence : confrontés à de nouvelles tâches ou responsabilités, ils développent continuellement leurs compétences et deviennent ainsi de meilleurs professionnels.

Intégrer le sujet de la ménopause dans les politiques de santé au travail et de qualité de vie permet également d'anticiper les besoins spécifiques des collaboratrices concernées.

Des espaces de parole ou des réseaux de soutien entre pairs peuvent être instaurés pour favoriser l'échange et rompre l'isolement. Il est également pertinent de mettre en place des canaux anonymes pour signaler ses difficultés, sans crainte de stigmatisation.

Sur le plan thérapeutique, plusieurs approches peuvent être combinées. Le traitement hormonal de la ménopause peut, chez certaines femmes, améliorer, voire réduire les symptômes dépressifs. Les antidépresseurs sont indiqués dans les formes modérées à sévères, avec un traitement dont la durée conseillée est de 12 semaines et il devra être systématiquement réévalué. La psychothérapie est efficace pour aider à mieux vivre cette transition. Enfin, une hygiène de vie adaptée – alimentation équilibrée, activité physique régulière, gestion du stress par la relaxation ou la méditation – complémente cet arsenal thérapeutique.

Reconnaître les liens entre santé mentale, ménopause et vie professionnelle, c'est ouvrir la voie à une approche plus globale, humaine et responsable de l'accompagnement des femmes. Il ne s'agit pas juste de traiter des symptômes, mais de créer un écosystème de soutien permettant à chacun de traverser cette étape de vie dans la dignité simplement, la santé et la reconnaissance de ses besoins spécifiques.

Invisibles à 50 ans ? pas si vite

Dans le monde du travail, la ménopause reste l'un des derniers tabous. Un mot qu'on chuchote à la machine à café, entre deux réunions sur la « performance », comme si le corps féminin n'avait pas sa place dans le tableau Excel des ressources humaines. Et pourtant, la ménopause ne relève ni de l'intime honteux ni du secret médical. Ce phénomène touche principalement les femmes autour de la cinquantaine, à un moment charnière de leur trajectoire professionnelle, où elles disposent d'un savoir, d'une expérience et d'une légitimité souvent construits sur des décennies d'engagement, mais qui se trouvent soudainement fragilisés par des représentations sociales tenaces. Comme si l'expérience accumulée perdait de sa valeur dès lors qu'elle accompagnait de transformations corporelles. Ce glissement s'inscrit dans un phénomène plus vaste que l'on peut qualifier d'âgisme genré : une forme de discrimination qui ne relève ni uniquement de l'âge, ni strictement du genre, mais qui naît précisément de leur croisement. Une double peine où l'on cesse d'être perçue comme productive parce qu'on ne correspond plus à l'image attendue – ni jeune, ni masculin, ni infatigable.

Sur le plan sociologique, la ménopause est encore trop souvent perçue à travers un prisme négatif, comme le signe d'un déclin, d'une « perte » – de fertilité, de jeunesse. Dans l'imaginaire collectif, et plus particulièrement dans les environnements de travail marqués par des modèles dominants virilisés implicites, elle symbolise un passage vers l'invisibilité. La femme ménopausée devient la grande absente des récits professionnels, rarement représentée dans les discours valorisants ou citée à titre exceptionnel, elle est le plus souvent écartée, voire décrite comme moins dynamique ou moins « utile » que ses homologues plus jeunes ou masculins. Ce regard social influe directement sur les conditions de travail, les possibilités d'évolution et, plus subtilement encore, sur la reconnaissance honorifique de ces femmes dans les collectifs.

D'un point de vue économique, les conséquences sont mesurables. L'éviction tacite des femmes de plus de 50 ans du marché du travail, qu'elle soit directe ou insidieuse, entraine un appauvrissement de leur situation à long terme. L'impact sur les carrières, les salaires, les retraites est considérable, d'autant plus qu'il s'additionne aux inégalités structurelles déjà existantes entre hommes et femmes. Certaines études pointent ainsi que les femmes quittent plus fréquemment leur emploi ou réduisent leur activité professionnelle durant cette période, faute de soutien, de flexibilité ou d'une reconnaissance adaptée de leurs besoins spécifiques. Pourtant, cette tranche d'âge correspond aussi à un moment de forte expertise, d'autonomie décisionnelle et de stabilité émotionnelle, que les entreprises gagneraient à intégrer plutôt qu'à évincer.

Côté médias, les choses bougent, mais timidement. La ménopause commence à se faire une place dans les discours publics, grâce aux prises de parole de femmes influentes ou aux campagnes menées par certaines marques et associations en quête d'authenticité. Cependant, le ton reste souvent très marketing : on parle bien-être, gestion personnelle, astuces pour rester « au top », comme si tout pouvait se régler avec quelques gouttes d'huile essentielle, un bon legging et une crème liftante. Depuis des décennies, on nous susurre – parfois à grand renfort de publicités criardes – que la beauté serait l'apanage de la jeunesse. Comme si vieillir revenait peu à peu à s'effacer du cadre. L'industrie, fidèle au poste, entretient ce mythe avec ferveur : crèmes aux promesses aussi souples que la peau qu'elles prétendent lisser, élixirs embouteillés vendus comme antidotes au temps, visages trop lisses, trop jeunes, censés incarner des âges qu'ils n'ont même pas atteints. On nous retouche, on nous filtre, on nous redessine. Comme si nos changements corporels étaient des anomalies. Mais ces années qui passent ne sont pas des fautes à corriger. Ce sont des moments de vie. Des récits gravés avec patience, portés avec panache. Nous ne les subissons pas – nous les revendiquons. Fièrement. Pleinement. Sans nostalgie trafiquée ni quête de jeunesse à crédit.

La ménopause n'est pas un déclin. C'est une étape naturelle. Une transformation que chacune vit à sa manière, selon son parcours, ses ressources, son histoire. C'est dans cette pluralité d'expériences que peut émerger le *Ménopower* – une force tranquille, lucide, qui affirme : « Je n'ai plus vingt ans, et c'est précisément là que réside ma force. » C'est une manière de reprendre pleinement possession de sa voix, de son corps, de sa place. Et d'inviter les marques, les médias et les institutions à faire évoluer leurs regards : à représenter cette réalité avec justesse, sans l'atténuer ni la travestir. Car regarder cette étape de la vie en face, c'est aussi reconnaître pleinement celles qui la traversent.

Si la question de la ménopause s'impose peu à peu dans les environnements professionnels et les campagnes de communication des entreprises, cet intérêt, bien qu'encourageant, reste souvent circonscrit à des actions symboliques ou superficielles. Les initiatives mises en place, bien qu'elles aillent dans le bon sens, ne s'accompagnent pas toujours d'une remise en question des cadres sociaux et organisationnels existants. On perçoit une volonté d'accompagnement, mais celle-ci prend fréquemment la forme de dispositifs génériques, sans réel ancrage dans les expériences vécues. La ménopause continue d'être pensée comme une affaire individuelle, unc transition que chacune devrait « bien gérer », tandis que les enjeux collectifs et les aspects structurels sont rarement mis en lumière. Les questions liées au travail, à l'aménagement des parcours professionnels ou à la reconnaissance institutionnelle de cette étape de vie restent rarement interrogées. Des avancées existent, mais nous sommes encore loin d'un authentique changement.

Dans le domaine de la recherche, il est vrai que peu d'enquêtes prennent en compte la double dimension biologique et sociologique de la ménopause, ni ne confrontent les vécus des femmes à ceux des hommes dans le même contexte professionnel. Ce manque de données genrées et croisées fausse la compréhension globale des effets de l'âge sur la carrière, en laissant croire que les difficultés rencontrées par les femmes sont « convenues », quand elles relèvent en grande partie des constructions sociales et d'un manque d'adaptations structurelles. Des études comparatives réellement rigoureuses entre hommes et femmes d'âges similaires voient le jour. Le rapport 2019 de l'Agence nationale pour l'amélioration des conditions de travail Anact – établissement public à caractère administratif français créé en 1973, et placé sous la tutelle du ministère du Travail intitulé « Les femmes seniors dans l'emploi, état des lieux » est un document thématique qui s'attache à explorer en profondeur la situation des femmes âgées de plus de 50 ans sur le marché du travail. Ce rapport s'intéresse à une problématique majeure, située au croisement de deux formes de discriminations souvent imbriquées: celles liées à l'âge et au genre. Il met en évidence les obstacles spécifiques que rencontrent les femmes de plus de 50 ans dans l'accès à l'emploi ou le maintien en activité. Fondé sur des données statistiques solides, il analyse les mécanismes de ces inégalités et propose des pistes d'action concrètes. Parmi elles figurent la promotion de la formation continue, l'adaptation des conditions de travail, la lutte contre les stéréotypes persistants, ainsi que la diffusion de bonnes pratiques dans les entreprises. Le rapport accorde aussi une attention particulière à des enjeux souvent invisibilisés mais essentiels: la reconversion professionnelle, la précarité, l'accès à la retraite ou encore l'impact de la ménopause sur les trajectoires professionnelles[319]. À l'issue de ce rapport, un guide pratique a été développé en juillet 2024 offrant des pistes d'actions concrètes pour anticiper l'allongement de la vie professionnelle des seniors[320].

Les conclusions de ce rapport – que je partage avec vous – rejoignent celles formulées dans d'autres publications officielles notamment européennes, à l'image du rapport britannique "*Menopause and the workplace*".

Les femmes et les hommes ne partagent pas les mêmes réalités professionnelles, et même lorsqu'ils exercent des métiers similaires, leurs conditions concrètes de travail diffèrent sensiblement. Cette disparité se traduit par une exposition inégale aux risques professionnels et aux formes de pénibilité. Les hommes occupent davantage les postes physiquement exigeants ou à risques visibles – exposition au bruit, à la chaleur, au port de charges lourdes, travail de nuit, vibrations, ou encore manipulation de produits toxiques – autant de situations facilement identifiables, mesurables et souvent mieux encadrées par les dispositifs de prévention. À l'inverse, les femmes sont plus souvent confrontées à des contraintes moins «spectaculaires», mais tout aussi délétères: gestes répétitifs,

319. Les femmes seniors dans l'emploi, état des lieux. **https://www.anact.fr**
320. *Travail des seniors* – Anact – 11-07-2024

postures inconfortables, sollicitations constantes du public, manque d'autonomie, exposition à des agents biologiques ou à des produits chimiques, notamment dans les secteurs du soin, du nettoyage ou de l'esthétique comme la coiffure. Ces pénibilités, plus discrètes, tendent à passer sous le radar des dispositifs institutionnels de reconnaissance, d'autant qu'elles s'accompagnent fréquemment de conditions d'emploi précaires, comme le temps partiel subi ou les horaires fractionnés.

Les enquêtes statistiques, notamment l'enquête SUMER (Surveillance médicale des expositions aux risques professionnels) de 2010, ont mis en évidence ces écarts. Elles révèlent que les femmes sont plus souvent soumises à des pressions organisationnelles : interruptions fréquentes de tâches, impératifs d'urgence, rythme de travail soutenu, relations difficiles avec le public, ainsi qu'à une exposition accumulée aux agents biologiques. Elles sont également surreprésentées dans les postes où le travail sur écran est omniprésent. Dans les métiers du soin et de l'aide à la personne, majoritairement féminisés, les salariées doivent conjuguer des efforts physiques (station debout prolongée, gestes répétitifs, port de charges) avec une forte charge émotionnelle, souvent en situation d'isolement, notamment à domicile – un environnement privé où leur travail demeure largement invisible, tout comme leurs compétences.

Sur le plan des risques psychosociaux (RPS), les inégalités sont tout aussi marquées. Le modèle de Karasek[321], outil de référence en la matière, distingue plusieurs facteurs : la « demande psychologique » (charge mentale liée à l'intensité et à la complexité du travail), l'« autonomie décisionnelle » (marge de manœuvre laissée au salarié pour organiser et exécuter ses tâches) et le « soutien social » (aide des collègues et de la hiérarchie). C'est le croisement de ces facteurs qui permet d'identifier des situations de souffrance au travail.

321. Giorgio, M.-T. (2024, 24 février). Questionnaire de Karasek ! Mesure du stress professionnel. AtouSante. https://www.atousante.com/risques-professionnels/stress-professionnel-questionnaire-karasek/

Ainsi, ce que l'on appelle «job strain» – ou tension au travail – désigne une situation professionnelle caractérisée par une forte demande psychologique couplée à une faible autonomie. Ce déséquilibre crée un terrain propice à l'épuisement, à l'anxiété, voire au burn-out, surtout lorsqu'il s'accompagne d'un manque de soutien social (collègues ou hiérarchie peu aidants). Selon les analyses secondaires de l'enquête SUMER menées par la DARES, en lien avec des organismes publics comme l'Anact, 30,9 % des femmes y étaient exposées en 2010, contre 24,4 % des hommes. Cette inégalité est en grande partie liée à la répartition sexuée des emplois : les femmes occupent plus fréquemment des postes avec peu de marge de manœuvre, un encadrement hiérarchique serré, un moindre soutien social, et sont soumises à des pressions organisationnelles fortes, comme des délais serrés ou des tâches souvent interrompues.

Un autre indicateur, appelé «iso-strain», vient renforcer cette analyse : il combine une forte demande psychologique, une faible autonomie et un faible soutien social. Il s'agit là de la configuration la plus à risque en matière de santé mentale et physique. En 2010, 15,6 % des femmes y étaient exposées, contre 13,3 % des hommes. Ces résultats traduisent une inégalité structurelle dans la qualité de vie au travail entre les sexes.

Ces différences ne se limitent pas aux conditions immédiates de travail, elles s'inscrivent aussi dans le parcours de vie au travail. Selon l'enquête SIP (Situations de travail et itinéraires professionnels) 2007 de la DARES, les carrières féminines ressemblent parfois à un chemin semé d'embûches. Les carrières féminines sont souvent discontinues, précaires et marquées par une faible progression. Les femmes restent plus longtemps sur un même poste non par amour de la routine, favorisant l'usure professionnelle, et elles accèdent moins fréquemment aux promotions. Les interruptions de carrière, notamment pour des raisons familiales ou du fait de l'organisation du travail, ne sont pas de vraies respirations, mais plutôt des passages forcés qui laissent des traces sur la santé.

En définitive, la pénibilité et les risques professionnels ne se répartissent ni équitablement ni de manière visible entre les sexes. Tandis que les pénibilités masculines sont souvent physiques – bruit assourdissant, charges herculéennes, horaires nocturnes –, objectives et encadrées, celles des femmes – des gestes mille fois répétés, une tension émotionnelle constante, ou encore des rythmes hachés par des injonctions contradictoires – sont diffuses, marginalisées, renvoyant à l'image des petites mains. Cette dissymétrie, profondément ancrée dans la division sexuée du travail, appelle à des politiques de prévention différenciées, adaptées aux spécificités des parcours et des réalités professionnelles des femmes.

Pour bien vieillir ensemble dans les espaces professionnels, il devient urgent de sortir d'une approche centrée uniquement sur la performance immédiate, qui invisibilise les transformations liées à l'âge et valorise une jeunesse perçue comme norme implicite et de mieux redéfinir les facteurs de reliques professionnels auxquels sont exposés tous les salarié(e)s selon les caractéristiques humaines. Il s'agit de redéfinir des critères de valorisation du travail, en intégrant les spécificités des trajectoires féminines et en adaptant les organisations aux différentes étapes de la vie. Cela passe par la formation des dirigeants et des managers, l'élaboration de politiques RH sensibles au genre et à l'âge en lien avec les membres élus des instances représentatives du personnel, la possibilité d'aménagements flexibles et de matériels fonctionnels, mais aussi par une évolution du regard collectif sur ce que signifie vieillir au travail. Redonner une place centrale à la parole des femmes concernées, soutenir la production de données scientifiques genrées et promouvoir une culture du travail inclusive, où l'expérience ne serait pas une menace mais une richesse, constituent des pistes concrètes pour dépasser cet âgisme genré. Il ne s'agit pas de médicaliser à outrance un phénomène naturel, mais bien de reconnaitre les transformations qu'il implique et d'en faire un moteur pour réinventer nos rapports au travail, à la productivité et à l'humain.

Mais soyons objectifs : les hommes aussi ne sont pas épargnés. Eux peuvent aussi se retrouver mis à l'écart, en particulier lorsqu'ils s'éloignent des normes de performance, de disponibilité 24 h/24 et 7 j/7 ou de leadership traditionnellement valorisées et, de facto, on leur fait sentir qu'ils ne sont plus « bankable ». Leur employabilité se trouve éprouvée avec le temps, surtout dans des secteurs en pleine mutation ou dans des environnements fortement concurrentiels où la jeunesse et l'agilité sont érigées en modèles de réussite.

La discrimination liée à l'âge ne connaît pas de genre unique ; elle prend simplement des formes différentes selon les parcours, les contextes et les attentes sociales. Dès lors, repenser le rapport au vieillissement au travail ne peut être un combat réservé aux femmes : il s'agit d'un enjeu collectif, profondément intergénérationnel, qui invite à redéfinir les valeurs et les conditions de l'engagement professionnel à tous les âges de la vie. Pour sortir de cette logique d'exclusion silencieuse, des solutions fédératrices doivent être suggérées.

Parmi les leviers concrets : encourager la communication intergénérationnelle permet non seulement de transmettre les savoir-faire, et aussi de déconstruire les représentations stériles liées à l'âge, créer des espaces d'échange réels entre jeunes actifs et salariés expérimentés, valoriser le compagnonnage, où l'on apprend des autres sans hiérarchie figée. On pourrait aussi démocratiser la formation continue à tous les âges, pas seulement pour les cadres ou les juniors en reconversion flash éclair. Une étude de l'UNESCO souligne d'ailleurs que l'apprentissage tout au long de la vie joue un rôle majeur dans la préservation de la santé mentale et le développement d'un sentiment durable d'accomplissement personnel.

Les politiques RH peuvent également intégrer des dispositifs de parcours allégés ou réaménagés pour les salarié(e)s en fin de carrière. Des espaces de parole pour discuter librement des transformations liées à l'âge – qu'elles soient physiques, psychologiques ou organisationnelles. La reconnaissance des trajectoires diverses et des temporalités personnelles dans la gestion des carrières peut permettre d'en finir avec l'injonction du modèle linéaire, toujours descendant, et d'ouvrir la voie à une pluralité d'engagements professionnels.

Enfin, inscrire la question de l'âge dans les politiques d'inclusion, au même titre que le genre, l'origine ethnique ou le handicap, favoriserait une approche plus transversale et égalitaire. Il ne s'agit pas seulement de prolonger les carrières en s'usant, mais de garantir des conditions de travail durables saines, dignes, et sources de sens jusqu'au bout. Car à l'horizon se profile la retraite, cette nouvelle étape est souvent chargée d'incertitudes, mais aussi de nouvelles opportunités. Comment l'enrichir pleinement ? Comment lui donner une vraie valeur humaine et sociale ? L'anticiper ne consiste pas seulement à mettre de l'ordre dans ses finances : c'est aussi ouvrir un espace de projection, cultiver des désirs, rêver des possibles[322].

Revaloriser l'expérience, reconnaître les métamorphoses du corps et de l'esprit, adapter les environnements de travail aux réalités humaines : voilà comment construire une culture professionnelle où l'on vieillit ensemble – sans s'excuser, sans s'effacer et, surtout, sans s'opposer les uns aux autres.

---

322. https://www.sudouest.fr/lachainetv7/emissions/la-sante-dabord/videos/2024/11/25/xr5158q

CONCLUSION

Au fil de ces pages, j'espère vous avoir convaincu que la ménopause n'est ni une maladie ni une fin. Chaque femme traverse cette étape différemment : pour certaines, ce sera bouffées de chaleur et nuits agitées, pour d'autres, une énergie renouvelée et une sérénité inattendue. Ce qui importe, c'est d'accueillir ce changement avec lucidité et sans culpabilité, en mobilisant intelligemment ses ressources internes et son réseau professionnel. Et rappelez-vous que les symptômes finiront par s'estomper !

Aujourd'hui, il est crucial de remettre la ménopause à sa juste place : non plus dans le placard poussiéreux des tabous, mais au cœur des échanges quotidiens. Parlons-en ouvertement entre femmes, abordons-la sans gêne ni crainte avec les professionnels de la santé, exigeons des entreprises une écoute réelle et des médias une représentation fidèle. Car mieux comprendre cette période, c'est permettre à chacun de s'affranchir des idées reçues, de s'émanciper pleinement et de retrouver confiance en soi.

Mais cette démarche individuelle ne suffit pas. Il est impératif que les pouvoirs publics et les gouvernements s'emparent sérieusement du sujet en mettant en place des politiques de santé adaptées, garantissant à toutes les femmes un accès équitable aux soins appropriés sur le long terme. Les symptômes associés à la ménopause méritent une prise en charge personnalisée et durable, accompagnée d'une éducation thérapeutique systématique, portée par des professionnels de santé formés et sensibilisés. Le moment est également venu de rétablir la vérité sur les traitements hormonaux, qui ne sont ni miraculeux ni dangereux par nature, mais une option thérapeutique à considérer selon chaque situation personnelle. Il est essentiel d'offrir aux femmes des solutions sur mesure, incluant des conseils simples et concrets d'hygiène de vie. La recherche, quant à elle, doit être soutenue activement par les pouvoirs publics pour garantir un accompagnement innovant, cohérent et fondé sur des données fiables – afin que chaque femme puisse reprendre pleinement la main sur sa santé et son bien-être.

Et surtout, ne réduisons pas la ménopause à une simple question médicale. Gardons à l'esprit que c'est un phénomène naturel qui nous invite à réfléchir au sens même du vieillissement. Car bien vieillir, cela se prépare, s'anticipe et se cultive. La ménopause nous pousse ainsi à redécouvrir une liberté profonde : celle de ne plus devoir correspondre aux attentes absurdes d'une société traditionnelle obsédée par la jeunesse éternelle. Cette liberté nous invite à nous affirmer sans réserve, à nous affranchir des injonctions inutiles, à réinvestir notre corps, nos désirs et nos choix, et à revendiquer notre place dans la société, en tant que citoyennes actives, visibles et indiscutablement légitimes.

Ce cheminement se fait avec les hommes, nos partenaires et complices précieux. Cette émancipation que nous visons ne les exclut pas, au contraire, elle les implique résolument. Le monde que nous désirons construire est solidaire, fondé sur le partage, le respect et l'amour de l'autre, dans ses forces comme dans ses fragilités.

La ménopause n'est pas une épreuve à mener seule. Comme l'écrivait *Christiane Collange*, journaliste et écrivaine française : «*La ménopause est un passage obligé, mais c'est aussi une formidable opportunité de réinventer sa vie.*» Plutôt que de la redouter ou de la dissimuler, regardons-la en face – non comme un renoncement, mais comme une étape de vie qui révèle, qui recentre, et accueillons-la avec humour et audace. On ne dira pas que c'est l'âge de raison – soyons sérieux, nous l'avons atteint depuis bien longtemps ! Mais disons que c'est certainement l'âge où l'on se donne enfin la permission de vivre selon ses propres règles. Et rien que pour cela, la ménopause mérite d'être célébrée haut et fort : après tout, on n'est jamais aussi libre que lorsqu'on cesse définitivement de vouloir plaire à tout le monde.

Alors vive le *Menopower* – et que chacune reprenne le pouvoir sur sa propre histoire !

REMERCIEMENTS

Écrire ce livre a été une aventure intérieure et intellectuelle. Rien de ce parcours n'aurait été possible sans les présences, les voix et les regards de celles et ceux qui m'ont entourée.

Je remercie du fond du cœur mes parents, pour leur appui discret et indéfectible. Leur confiance m'a portée plus loin que je n'aurais su le dire.

À mes sœurs, Saunia et Sabrina, et mes alliées de toujours Carine et Laure, pour leur complicité, leur humour et cette force fraternelle qui me suit partout.

À Robert et Alexandre, les hommes chers à mon cœur, pour leur tendresse, leur patience et leur soutien sans condition. Merci d'avoir été là quand mes phrases ne tenaient plus debout – et moi non plus.

À Armand, Caroline, James et Yéhouda, relecteurs attentifs, pour leurs remarques, leurs doutes éclairants et leur regard exigeant. Merci pour vos encouragements quand je voulais tout effacer…

À tous les copains, copines, camarades de galère ou de génie qui m'ont écoutée radoter sur mon plan, qui m'ont dit « c'est super » même quand ce n'était pas clair, ou qui ont juste répondu « vas-y, fonce ! » au bon moment. Vous avez été mes boosters de confiance, mes éditeurs officieux, la définition même d'ami·e·s fidèles.

À celles et ceux qui m'ont confié un morceau de leur histoire : merci. Vos récits ont nourri ce livre et donné du sens à chaque page.

Ma profonde gratitude à Hélène et Ronald, mes préfaciers de cœur, pour l'honneur de leurs mots et leur accompagnement empli de douceur et de générosité. Leur soutien a illuminé ce chemin.

Et enfin, un immense merci à mon éditrice, Sophie Rossier, pour sa gentillesse, son professionnalisme et son accompagnement attentif. Son regard m'a guidée avec confiance dans cette première aventure éditoriale. Merci d'avoir cru en moi.

Parus dans la même collection :

Écrit à la manière d'un abécédaire de A à Z, ce livre traite de notre bien-être palpable, celui du corps et de ses enzymes, protéines, vitamines, cellules, organes mais aussi du subtil qu'on ne peut voir ni soupeser. Il propose des éclaircissements sur la physiologie de notre organisme, des conseils en abondance pour une vie harmonieuse, et des recettes culinaires & médicinales abordables pour prendre soin de notre bien-être. Ses 26 chapitres sont autant de portes grandes ouvertes sur un voyage en soi-même afin de mieux se comprendre et décrypter notre corps quand il s'exprime, pour lui apporter toutes les richesses dont il a besoin. Doté d'un index de plusieurs centaines d'entrées, « Prenons soin de nous » aborde également le bien-être spirituel avec des réponses lumineuses à vos réflexions.

Des bienfaits de l'aneth à ceux du zinc, Fabienne Burguière passe en revue tout ce qui devrait constituer une alimentation quotidienne équilibrée. Entre autres conseils et informations essentiels pour notre santé, elle présente les avantages et les inconvénients des différents types de farines, avec ou sans gluten, nous explique comment supplémenter notre alimentation si l'on choisit de se passer de protéine animale, ou encore nous propose toute une série d'astuces pour éviter le teint terne, les prises de poids ou le manque d'énergie. Tous ces bons comportements alimentaires ayant pour objectif d'éviter les carences ou de prévenir tant que possible l'apparition de maladies graves à moyen ou long terme. À travers ses recettes savoureuses, elle nous encourage à réduire certains aliments et à en favoriser d'autres, pour manger en conscience.

Conçu comme un abécédaire, ce livre écrit par une praticienne humaniste soucieuse des préoccupations quotidiennes de ses patients (changements hormonaux, perte de cheveux, libido en berne, etc) nous invite à opter pour une alimentation qui favorise la jeunesse et la joie sans prise de tête ni renoncement à la gourmandise.

Vous souffrez de douleurs réelles qui n'ont aucune explication physique et pour lesquelles les examens médicaux ne décèlent RIEN? Vos douleurs chroniques sont de type neuroplastique et elles ne sont pas «dans votre tête». Fibromyalgie, lombalgies, troubles musculosquelettiques sont quelques-unes des pathologies dont souffrent 1,5 milliard d'individus dans le monde.

Dans ce guide, l'autrice nous invite à découvrir des techniques ludiques, efficaces et validées par les dernières études en neurosciences: reprogrammation du cerveau (éducation thérapeutique, *somatic tracking*, écriture expressive, autohypnose, art-thérapie, etc.), bien-être (yoga, méditation, prāṇāyāma, etc.) et développement personnel (visualisation, programmation neurolinguistique, communication non violente, etc.).

«*Bye bye douleurs chroniques* est un ouvrage soigneusement rédigé et richement documenté qui sera d'une aide précieuse pour toute personne souffrant de douleurs chroniques. Il contient des conseils avisés ainsi que des outils pratiques pour "désapprendre" votre douleur!»

Dr Howard Schubiner, fondateur du *Mind Body Medicine Program*

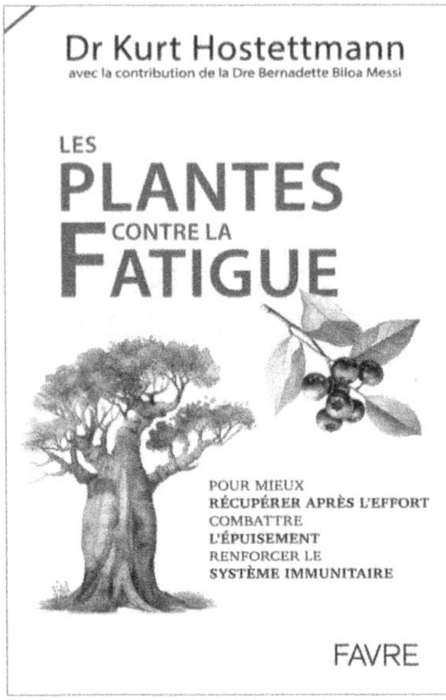

La fatigue: un mal universel et des plantes comme alliées naturelles

Qu'elle soit passagère ou chronique, la fatigue touche toutes les classes d'âge et se manifeste sous diverses formes. De nombreuses plantes, dites adaptogènes, apportent un soulagement lors de stress, surmenage, anxiété et maladies comme le covid par exemple. D'autres permettent d'améliorer ses performances et de mieux récupérer après un effort physique. Beaucoup d'entre elles sont utilisées depuis des siècles dans la médecine traditionnelle chinoise et la médecine ayurvédique indienne.

Le professeur **Kurt Hostettmann** est une figure internationale dans le domaine des phytomédicaments avec plus de 650 publications scientifiques et 20 livres traduits dans plusieurs langues.

En raison de leur anatomie et leur rôle fondamental dans la reproduction, les femmes ont des affections que les hommes ne subissent pas. De plus, certaines maladies connues aux deux genres sont nettement plus fréquentes chez les femmes, comme les cystites et les varices. Dans les médecines traditionnelles de diverses civilisations et depuis les temps les plus reculés, on trouve des recettes à base de plantes pour aider la femme dans sa vie sexuelle et reproductive.

Le professeur Hostettmann, spécialiste internationalement reconnu en phytochimie, fait ici la somme de cet héritage séculaire et des connaissances les plus avancées de la science d'aujourd'hui pour vous proposer un guide complet et sérieux sur les bienfaits naturels des plantes.

Il présente les plantes qui soulagent et soignent les affections typiquement féminines, de la puberté à la ménopause.